新文科建设教材
物流与供应链系列

SUSTAINABLE SUPPLY
CHAIN MANAGEMENT

可持续供应链管理

马鹏 ◎ 主编
张玉行　刘云志 ◎ 副主编

清华大学出版社
北京

内 容 简 介

本书依据物流管理国家一流专业建设的要求，系统地介绍了学习可持续供应链管理所应掌握的相关知识。教材共分10章，详细阐述了可持续供应链管理导论、绿色供应链的运营管理、绿色供应链的协调管理、绿色供应链风险管理、低碳供应链的运营管理、低碳供应链的协调管理、碳金融背景下低碳供应链的发展、闭环供应链的主要回收模式、闭环供应链的协调管理以及几种不同可持续供应链之间的联系。

本书能够作为物流管理、供应链管理等本科专业以及管理科学与工程、物流工程与管理等硕士专业学生提升科学素养、增强可持续供应链管理建模与分析能力、提高课程论文和毕业论文撰写水平的实践性教材，适合作为高校各专业大学生和研究生提升可持续供应链研究能力的教材。

本书封面贴有清华大学出版社防伪标签，无标签者不得销售。
版权所有，侵权必究。举报：010-62782989，beiqinquan@tup.tsinghua.edu.cn

图书在版编目（CIP）数据

可持续供应链管理/马鹏主编. —北京：清华大学出版社，2024.9
新文科建设教材. 物流与供应链系列
ISBN 978-7-302-66118-4

Ⅰ．①可… Ⅱ．①马… Ⅲ．①供应链管理－高等学校－教材 Ⅳ．①F252.1

中国国家版本馆 CIP 数据核字(2024)第 085123 号

责任编辑：朱晓瑞
封面设计：李召霞
责任校对：王荣静
责任印制：丛怀宇

出版发行：清华大学出版社
网　　址：https://www.tup.com.cn，https://www.wqxuetang.com
地　　址：北京清华大学学研大厦A座　　邮　编：100084
社 总 机：010-83470000　　邮　购：010-62786544
投稿与读者服务：010-62776969，c-service@tup.tsinghua.edu.cn
质 量 反 馈：010-62772015，zhiliang@tup.tsinghua.edu.cn
课 件 下 载：https://www.tup.com.cn，010-83470332

印 装 者：北京鑫海金澳胶印有限公司
经　　销：全国新华书店
开　　本：185mm×260mm　　印　张：13.75　　字　数：317千字
版　　次：2024年9月第1版　　印　次：2024年9月第1次印刷
定　　价：49.00元

产品编号：095524-01

前　言

什么是可持续供应链？目前关于可持续供应链的学术研究较多，但是教材偏少。由于世界各国当前对可持续发展的关注，可持续供应链的相关研究成为21世纪20年代持续的研究热点。现在有很多关于绿色供应链、闭环供应链、低碳供应链的学术研究，其实从某种意义上讲，它们都属于可持续供应链的范畴，但是又有一定的区别。具体来说，绿色供应链的概念最初是由美国密歇根州立大学的制造研究协会在1996年提出的，当时提出这个概念的目的，是基于对环境的影响，从优化利用资源的角度来考虑制造业供应链的发展问题。也就是说，从产品的原材料采购期开始进行追踪和控制，使产品在设计研发阶段就遵循环保规定，从而减少产品在使用期和回收期给环境带来的危害。在当时，绿色供应链只包含保护环境和节约能源两层含义，就是用最少的能源、最绿色的材料制造出最环保的产品。低碳供应链是指在企业的正常生产中，在信息流、知识流、物流等环节正常运转的保障下，对企业生产的环境效益、资源效益、经济效益等问题进行充分考虑的前提下，对生产过程（如加工、采购、生产、仓储、包装、使用、消费等）进行具有低碳意义的改造。低碳供应链的最主要特点就是能对企业与环境之间的资源效益、经济效益和环境效益进行有效的协调，以低消耗、低排放、高效率为基本特征，建立符合可持续发展理念的经济增长模式。闭环供应链是2003年提出的新物流概念，其在传统供应链的基础上新增回收、检测/筛选、再处理、再配送或报废处理等一系列作业环节和相关网络，将各个逆向活动置身于传统供应链的框架下，并对原有流程进行重组，形成一个新的闭环结构，使所有物料都在其中循环流动，实现对产品全生命周期的有效管理，减少供应链活动对环境的不利影响。绿色供应链、低碳供应链、闭环供应链之间既有区别，又有紧密的联系。很多学生或初级学者会产生疑问，绿色供应链和低碳供应链是不是一样的？如果是一样的，为什么需要构建出两个不同的概念？鉴于此，本书用不同的章节分别介绍这两个概念及闭环供应链的相关内容，系统阐述不同的可持续供应链的结构特点及其之间的区别和联系。

本书由马鹏担任主编，负责全书的结构设计、组织编写工作。全书编写分工如下：第1、5、7、10章由马鹏、袁琴、卢雨佳编写，第2、3、4章由张玉行编写，第6、8、9章由刘云志编写。由于编写水平有限，书中难免存在疏漏之处，敬请广大读者批评指正。

本书在编写过程中参考了有关书籍和资料，由于篇幅原因未能将所有的参考资料列出，在此对所有资料作者表示衷心的感谢。

编　者

2024年6月

目 录

第 1 章　可持续供应链管理导论 ·· 1
 1.1　可持续供应链管理的产生与发展 ·· 1
 1.2　可持续供应链管理的核心理念 ·· 8
 1.3　可持续供应链的主要分类 ·· 11
 1.4　绿色供应链概况 ·· 14
 1.5　低碳供应链概况 ·· 18
 1.6　闭环供应链概况 ·· 21
 思考题 ·· 25
 案例讨论 ·· 25

第 2 章　绿色供应链的运营管理 ··· 26
 2.1　绿色运输 ··· 26
 2.2　绿色包装 ··· 36
 2.3　绿色流通加工 ·· 50
 2.4　绿色技术 ··· 56
 思考题 ·· 59
 案例讨论 ·· 59

第 3 章　绿色供应链的协调管理 ··· 60
 3.1　绿色供应链协调问题 ·· 60
 3.2　绿色供应链的协调机制 ·· 65
 3.3　绿色供应链协调的激励问题与供应契约 ··· 67
 思考题 ·· 74
 案例讨论 ·· 74

第 4 章　绿色供应链风险管理 ·· 75
 4.1　绿色供应链风险管理概述 ·· 75
 4.2　绿色供应链风险的识别与分析 ··· 79
 4.3　绿色供应链风险管理的措施 ··· 84

4.4 重构弹性绿色供应链 ·························· 87
　　思考题 ·························· 90
　　案例讨论 ·························· 91

第 5 章 低碳供应链的运营管理 ·························· 92
　　5.1 低碳采购 ·························· 93
　　5.2 低碳制造 ·························· 97
　　5.3 低碳支付 ·························· 100
　　5.4 低碳物流 ·························· 103
　　5.5 低碳供应链管理中的逆向物流系统 ·························· 106
　　思考题 ·························· 108
　　案例讨论 ·························· 108

第 6 章 低碳供应链的协调管理 ·························· 109
　　6.1 低碳供应链协调问题 ·························· 110
　　6.2 提高低碳供应链协调性的方法 ·························· 113
　　6.3 低碳供应链协调运作的激励机制 ·························· 115
　　6.4 法律、法规和政策对低碳供应链的影响 ·························· 120
　　思考题 ·························· 121
　　案例讨论 ·························· 122

第 7 章 碳金融背景下低碳供应链的发展 ·························· 123
　　7.1 碳金融概述 ·························· 123
　　7.2 碳金融对低碳供应链的影响 ·························· 132
　　7.3 碳金融的未来趋势 ·························· 140
　　思考题 ·························· 145
　　案例讨论 ·························· 145

第 8 章 闭环供应链的主要回收模式 ·························· 146
　　8.1 零售商回收 ·························· 147
　　8.2 制造商回收 ·························· 149
　　8.3 第三方回收 ·························· 152
　　8.4 在线回收 ·························· 153
　　8.5 混合回收 ·························· 155
　　思考题 ·························· 157

  案例讨论 ·· 158

第9章　闭环供应链的协调管理 ·· 159
 9.1　闭环供应链的协调问题 ·· 159
 9.2　提高闭环供应链协调性的方法 ··· 162
 9.3　闭环供应链协调运作的激励机制 ·· 164
 思考题 ·· 173
 案例讨论 ··· 173

第10章　几种不同可持续供应链的联系 ··· 174
 10.1　绿色、低碳及闭环供应链的区别 ·· 174
 10.2　绿色、低碳及闭环供应链的交叉融合 ···································· 180
 10.3　闭环、绿色及低碳供应链的发展趋势 ···································· 186
 10.4　可持续供应链的发展方向 ·· 193
 思考题 ·· 200
 案例讨论 ··· 200

参考文献 ·· 201

第1章

可持续供应链管理导论

1.1 可持续供应链管理的产生与发展

1.1.1 供应链与可持续概念的提出

供应链的概念源于20世纪80年代末彼得·德鲁克提出的"经济链",而后经由迈克尔·波特发展成为"价值链",最终演变为"供应链"。马士华将供应链定义为:"围绕核心企业,通过对工作流、信息流、物流、资金流的协调与控制,从采购原材料开始,制成中间产品及最终产品,最后由销售网络把产品送到消费者手中,将供应商、制造商、分销商、零售商直到最终用户连成一个整体的功能网链模式"。供应链扩展了企业的经营模式,包含了所有加盟的节点企业,从原材料的供应开始,经过不同企业的零件制造、部件组装、产品装配、产品分销等过程,直至交付给最终用户。供应链不仅是连接供应商到用户的物流链、信息链、资金链,还是一条增值链,物料在供应链上因加工、包装、运输等过程而实现增值,给相关企业及整个社会带来效益。

供应链的概念从扩大生产的概念发展而来,它将企业的生产活动向前和向后延伸。向前延伸就是生产之前的活动,包括计划生产、采购材料等阶段;向后延伸是指将生产活动延伸至产品的销售和服务阶段。因此,供应链就是通过一系列活动,如计划、获得、存储、分销、服务等,在顾客和供应商之间形成的一种联系,从而使企业能够满足内外顾客的需求。

供应链管理就是对从供应商的供应商到直接、间接客户的整条供应链结构上发生的物流、信息流和资金流进行计划、控制、协调和反馈的一种现代企业管理模式,是通过对整个供应链系统进行操作、控制和优化,最大限度地降低系统成本,满足客户需要,实现供应链整体效率优化而采用的一种集成的管理活动和过程,是从供应商、制造商、销售商到最终用户为追求共同经济利益最大化的、涉及多企业和企业内部管理各方面的跨行业管理。作为一种集成创新的理念,供应链管理指导参与者在目标和行为统一的基础上整合企业间的资源,以使企业获得可持续的、稳定的竞争优势。

目前被广泛接受的关于可持续发展的定义是1987年布伦特兰(Brundtland)提出的:"可持续发展是既能满足当代人的需求又不危及后代人满足其需要能力的发展。"该定义涉及两个重要的概念：首先是需要的概念，特别是世界各国人民的基本需要，应将这一点放在优先的地位来考虑；其次是限制的概念，即环境对技术状况和社会组织满足眼前和将来需要的能力施加的限制。它包含了三个层面的可持续发展：经济的可持续发展、社会的可持续发展和生态的可持续发展，只有这三个领域协调统一、全面发展，才可能真正实现可持续发展。

人们对可持续发展的认知过程经历了一个从生存到发展再到可持续发展的漫长历程。可持续发展特别强调整体的、内生的和综合的含义，是自然—社会—经济这个复杂系统中的行为矢量，它揭示了"发展、协调、持续"的系统本质，反映了"动力、质量、公平"的有机统一，创建了"和谐、稳定、安全"的人文环境，并且体现了"速度、数量、质量"的绿色运行。

可持续性一方面是一个包含生态、经济和社会的宏大概念，另一方面又可以与具体产品、机构和行为结合形成一个庞大的体系。可持续发展已经成为企业管理、生产和运营不可或缺的部分。从宏观角度衡量，可持续供应链强调了供应链合作伙伴间和业务职能之间能够有效协调管理物流、信息流和资本流，实现经济、社会可持续性的目标；从微观角度衡量，可持续发展是针对企业供应链管理的具体问题。例如，逆向物流和废物处理、供应链安全等关乎可持续管理的技术。

1.1.2　可持续发展与供应链管理的融合

在社会关系复杂、历史发展变化的动态竞争环境下，企业之间的竞争逐渐演变成了供应链之间的竞争。供应链管理的发展大致经历从企业功能管理到内部整合，再到企业外部整合，最后到企业间资源整合与能力形成的内外部集成这四个阶段。在此发展过程中，从最先关注生产力水平、产品质量和成本等与经济效益有关的因素，到关注生态环境，再到社会责任问题逐渐被提及。20 世纪 80 年代，全球变暖这一现象真正引起了人们对可持续发展的关注；20 世纪 90 年代，臭氧层空洞的出现引发了人们对生态环境的关注，社会责任逐渐被提及；90 年代末期，国际标准化组织颁布了 ISO14001 环境认证体系，出台了 SA8000 社会责任国际标准，说明了可持续发展中生态环境、社会责任和经济效益的发展是息息相关的。国际标准化组织建议企业在贸易伙伴之间收集信息和公开交流，以环保的方式规范业务流程，以 ISO14001 为基准实现环境目标，以减轻其对环境所带来的负面影响。

1996 年，国际学术界首先开始关注供应链中的环境问题，绿色供应链管理应运而生；随着欧盟制定的两个绿色供应链相关法规的正式实施（即 2005 年 8 月 13 日正式实施的 WEEE（Waste Electrical and Electronic Equipment，报废电子电气设备）指令和 2006 年 7 月 1 日启动实施的 RoHS（Restriction of Hazardous Substances，关于限制在电子电器设备中使用某些有害成分）指令，绿色供应链管理的研究得到飞速发展。WEEE 的目的是通过鼓励重复使用、回收和其他形式处理废物，以此防止电气和电子废物的堆积，而 RoHS 则用于限制某些有害物质的使用，如电子设备中的铅等。学者们对绿色供应链管理进行了探讨，但是却很少涉及供应链社会责任方面的研究。21 世纪初频繁出现的社会问题引起了人们对社会责任的广泛关注，也引发了学者们对社会责任问题的研究，直到 2010 年 11 月，国际标准化组织颁布了 ISO26000 社会责任指南，将企业的供应链管理从对环境的关注拓展到了对社会责任的关注。

由于 21 世纪以来资源环境问题日益突出，中国政府也出台了一系列法律法规，以推动企业绿色供应链管理。2007 年 3 月 1 日和 2011 年 1 月 1 日，我国分别启动实施了中国版 RoHS 和 WEEE 法规。党的十八大提出了现代化建设总体布局的"五位一体"，把生态文明建设提高到与经济建设、政治建设、文化建设、社会建设同样重要的战略高度。由于传统环境管理的局限性，生态环境部、国家发改委和工信部纷纷出台相关政策，推动重点地区、重点行业和重点领域的绿色供应链管理，其中最具代表性的是工信部的《绿色制造工程实施指南（2016—2020 年）》，将绿色供应链管理作为重要的试点和示范项目加以支持和推广。随后，中国移动、华为、海尔等企业纷纷致力于绿色供应链管理。另外，由于日益突出的社会问题，国务院国有资产监督管理委员会从 2008 年起要求央企率先承担企业社会责任，因此央企已经启动社会责任实践并延伸到供应链中，在参与国际竞争时更为注重承担保护环境的社会责任。

在传统的供应链发展中，企业追求利润最大化，往往忽视经营过程中对环境的保护和对社会的影响。在接下来的发展中，企业需要逐步考虑环境因素，侧重于提高产品和工艺的环保性，更为注重社会因素的影响。企业主动承担社会发展和人类进步的责任，主要体现在相关利益拥有者的责任和担当方面。环境因素是为了更好地服务经济因素。一方面，保护环境、珍惜资源的意识有利于企业转向绿色生产，通过对新原料、新工艺的研发和创新增大利润空间；另一方面，企业主动承担社会责任的意识不仅能为企业经营者带来长期且稳定的保障，而且有利于企业在行业内以及社会上树立良好形象，达到产品宣传的效果和目的，获得市场竞争优势。

因此，为了系统地解决传统供应链管理与生态环境、社会责任的相容性问题，人们开始将可持续发展的理念引入到供应链管理中，使关注环境的绿色供应链管理理念得到推广。之后，社会维度也逐步被纳入绿色供应链的概念中，进而被衍生为可持续供应链管理的概念，于 2007 年被国外学者正式提出。图 1-1 为可持续发展和供应链管理的融合过程。

虽然可持续供应链管理的发展时间较短，但是从可持续发展和供应链的融合过程可以看出，可持续供应链管理对供应链以及供应链上的企业来说是从战略层面协调经济、社会和环境这三个维度的底线，其能有效管理供应链中的物流和信息流，形成供应链的经济、环境和社会三者的双向环形结构，从而为企业带来较大的竞争优势和长期的经济利益。

可持续性的管理通常被定义为在实现企业利益与股东权益最大化的同时，将来自环境、经济和社会可持续性的风险最小化而采取的一种企业运营战略，而可持续供应链管理则是将可持续发展的理念融合到供应链管理的理念当中，以此得到的一种适应现在及未来的管理模式。可持续供应链管理着眼于未来收益而并非当下盈利。由于企业支出与收入的比值较不乐观，因此实施可持续供应链管理对企业而言存在风险系数，但其对企业同时也是一种激励，能够督促企业调整发展计划和战略，提高企业的抗风险能力，

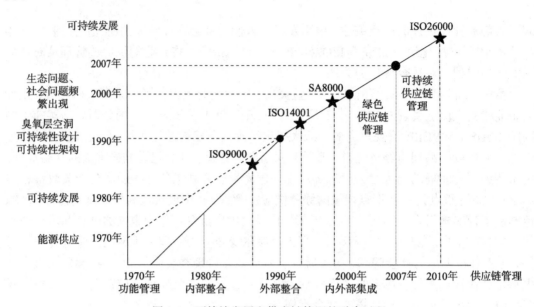

图1-1 可持续发展和供应链管理的融合过程

使企业管理体系不断完善,更有助于企业长期稳定发展,对于企业而言是一种长期价值。从长期来看,增加员工福利、积极履行社会责任、使用环保型材料等不仅保护了员工的身体健康,调动了员工积极性,而且提高了产品质量,提高了生产效率,使企业获得了良好的形象,也有助于企业产品的销售和推广,企业的收益也会随之增加。因此,实行可持续供应链管理可以为企业带来长期价值。

但社会经济的快速发展带来了诸多弊端,一方面,由于环境污染在全球范围内愈演愈烈,人们的身体健康和生活方式都产生了巨大的改变。另一方面,由于不可再生资源的逐渐枯竭以及人民群众环保意识的逐渐加强,消费者的购买行为也表现出他们的绿色偏好,各个国家和地区都开始重视环境问题和社会问题,企业也响应号召,通过可持续供应链管理,减少生产过程中不必要的消耗和浪费,提高企业自身的经济收益,同时也树立了企业的环保形象,带来了经济效益的提升。

可持续供应链管理侧重于不断创新技术和优化内部管理,使资源利用率提高,这主要体现在经济、环境、社会三个方面。从经济角度看,可持续供应链要求经济发展在追求质量的同时也追求效率,换言之,经济增速平稳加快的同时还要提高发展质量;从环境角度看,在保护人们生存环境不被破坏、经济平稳较快发展的同时,要注意开采资源与自然承载能力之间的协调,提高自然资源的有效利用率;从社会因素角度看,无论是经济还是环境,主要目的都是提高人们的生活水平和质量,创建和谐、公平、自由平等、健康、有保障的社会环境,打造"以人为本"的社会。

随着时代发展,企业在社会责任方面的压力越来越大,包括环保问题、可持续发展问题等,既要考虑经济利益,又要考虑社会利益,而有时社会利益和经济利益是不协调的。为促进企业整体的可持续发展,企业要在追求自身发展的过程中同时顾及经济繁荣、环境保护和社会福利三方面的平衡,因此,综合考虑可持续发展的经济、社会和环境三维度目标,对供应链中的物流、信息流和资金流以及供应链上企业间的合作进行管理是很有必要的。

可持续供应链管理是为增进企业和企业所在供应链的长期经济效益，通过系统地协调跨组织的核心业务流程，对组织的社会、环境和经济目标进行战略的、透明的集成和实现。

综合来看，可将可持续供应链管理定义为：通过整合经济、环境和社会因素与关键的组织业务系统以创建协调的供应链，这些系统旨在有效地管理与采购、生产和分销相关的产品或服务，以满足利益相关者的要求，并在短期和长期内提高组织的盈利能力、竞争力和弹性。总之，可持续供应链管理是寻找企业内部生态效率平衡点的过程，亦即寻找一个以最少资源消耗产生最少污染的最优化损益平衡点。

扩展阅读 1-1　可持续供应链管理的定义

根据以上定义可知，可持续供应链管理有以下特征。

（1）与传统供应链管理相比，可持续供应链除了要考虑经济目标，还需考虑经济、社会与环境整体效益的最大化。

（2）供应链上的企业合作应更加紧密。在整条供应链上，企业可以通过更加紧密的合作来共同承担社会责任，从而获得整体效益的最大化。

（3）虽然可持续供应链管理是基于经济、社会、环境这三重底线，但生存是企业的基石，企业在考虑这三者的平衡时应该从宏观的立足点出发，即在不同的环境下，企业需要考虑不同的战略。

可持续供应链管理与绿色供应链管理相比最大的不同在于，前者在追求经济效益的同时不仅考虑生态环境方面的影响，而且还系统地、整体地协调环境保护和社会责任，追求三重底线的最大化平衡，在每个环节将企业与自然、企业与社会的可持续发展理念贯穿于整个供应链，并有效管理物流、资金流、信息流以及供应链上企业间的合作。

1.1.3　可持续供应链管理的发展

近年来，随着全球化的发展，中国经济从过去的粗放式高增长转变为集约化高质量发展、新技术推动制造业转型升级的模式，经济发展与竞争方式正在发生质的变化。同时，全球贸易环境恶化、经济贸易冲突加剧也使企业对经济发展的态度愈加谨慎。因此，越来越多的企业日益重视可持续供应链的建设与投入，以期提升供应链竞争力，在保障供应、降低成本、提升效率、控制风险等方面获得重要助益，进一步把可持续能力融入企业战略与运营管理中，与安全、质量、内控建设结合，并探索以供应链创新与变革推动企业经营管理的创新与变革，构建客户、企业、供应商共同组成的生态系统。当前，安全稳定、可持续发展的供应链不仅被定位为企业发展的核心竞争力，而且逐渐演变为产业链可持续发展的关键，并上升为国家战略，获得了政府的大力支持与推动。

与过去相比，更多参与者的相互作用将导致供应链变得越来越复杂，也导致地理上不相交的实体竞相为客户提供服务，增加了公司面临的风险。因为不同的文化和行为以及不同的政府政策可能面临冲突，很多企业可能在更长、更分散的供应链中出错，所以，维持供应链需要更好地信息共享、更清晰的可见性和可验证性。此外，低效、繁重的交易和欺诈行为以及供应链实体之间的不协调可能会引发许多并发症，为了解决这些问题，许多学者和从业者将注意力集中在发展可持续供应链管理之上，对该领域的研究可以响应企业、监管机构和消费者对可持续发展的呼吁，因为它非常关注环境、社会和经济效益。

近年来，可持续供应链经常被引入，作为一种能够赋予企业权力并帮助它们在市场上获得竞争地位的手段。从传统供应链管理到可持续供应链管理的转变迫使中小企业修改其现有的供应链以满足可持续性的要求。可持续发展理论指导企业执行不同类型的实践，如在产品生命周期结束时将产品返还给生产者，以环保的方式处理退货，在各个层面传播环保战略等。因此，对企业而言，最重要的问题是当前实施的供应链信息系统是否能够以足够的安全性、清晰性和稳健性支持产品和服务所需的信息，从而得到充分信任。

由于价格战和公众对优质产品和服务的高需求，大多数制造商和服务提供商不断处于冲突之中。为了实现低价和高质量，企业需要客户支持并将创新技术集成到系统中。然而，有报告显示，客户经常会遇到不同的问题（如产品质量低下、延迟交货而没有事先提醒、由于人为疏忽导致产品错误交付、收到损坏的产品、产品价格高、交货程序太慢等），这导致客户的不满并使他们给出负面反馈，最终失去对产品的兴趣，从而导致企业整体绩效下降，引发供应链的可持续性危机。因此，在可持续供应链管理中人们开始应用区块链技术，而在可持续供应链的发展过程中，结合区块链技术也是一种必然趋势。

在可持续供应链管理中，企业需要以可持续发展思想为指导，对整个供应链环境进行战略性的规划与设计，并制订详细的规划细则，这种整体性的制度安排优化了供应链内部的信息传递过程，降低了供应链的整体信息成本，从而产生竞争优势。当前一些服务型的企业往往利用先进的信息技术（如区块链）优化整个企业同供应链上利益相关者之间的信息共享流程，极大地降低了交易成本，使企业在竞争中获得了优势。

随着互联网的发展，供应链实现了时空契合，其将生产和市场连接起来，实现了跨区域管理，缩短了供应链上信息传输的时间，不断满足多种多样的需求。企业应该利用好大数据技术，不断探索智慧供应链的发展，同时也可以运用人机交互技术，通过运用虚拟现实技术将自身的优势和辅助系统融合，以提高生产和物流的质量，实现可持续发展。由于供应链管理中涉及多方参与人员，企业可以利用信息共享和集成以完成供应链中各个流程的分析、优化和协同。此外，智能合约是区块链技术的一种形式，其能够保证合同的双方履行承诺，降低监督和执行的成本，从而有效促进可持续供应链管理的实现。

区块链技术在金融、医疗保健、食品行业和供应链等各个领域的广泛应用，极大地改变了行业。区块链通常是指一个安全的、共享的、分布式的账本，它包括一个交易列表，用于记录交易数据或其他信息，通过共识机制保证收集和共享数据的安全性和信任，其本身在没有达成共识的情况下是不可修改的。区块链技术试图为智能网络的数据移动性做好准备，可以显著提高可持续供应链管理的生产力和透明度，因此，许多公司要么已经开始实施这项技术，要么正在考虑实施，以提高他们的业务质量。

区块链中的数据加密能使信息共享更加透明、高效和可信。区块链主要有四个特征：①它旨在跨网络分布和同步信息。因此，它激发了企业共享他们的数据。②区块链包括智能合约，是指参与者之间预先创建并存储在区块链中的协议。智能合约是一种计算机协议，其被设计用于数字化促进、验证或执行合同的协商条款，允许可靠的交易，无须任何第三方的干预，因为它是完全自动化的，这些协议决定是否应允明确的操作（例如，给定的付款）。除了通常由商定的加密货币支付外，此类合约还能够概述一些功能和条件，例如，使用非货币元素在一系列交易中验证资产。这样的过程向网络中的不同参与者保证，每个人都在规则下扮演他们的角色。③区块链是通过点对点（P2P）网络创建的，在该网络中，所有相关方都需要就交易验证达成一致，这有助于将不精确或可能欺诈的交易排除在数据库之外。④数据不变性意味着约定的交易会被记录下来并且不会被改变，并可安排资产的来源，换句话说，对于任何资产，通过区块链都可以知道它在哪里，曾经在哪里，以及在其整个生命周期中发生了什么。

区块链在商业环境（任何单个实体都没有控制权时）中的主要优势在于它可以解决个人和机构之间的信息披露和相关问责问题，即便在各方利益不一致的情况下，区块链技术在供应链中也发挥着重要作用，如问责制、透明度、数据集一致性、成本降低和各种环境下的高效制造流程等，它被认为是"将数据串联成单独的块并存储在所有用户的计算机上"的技术。块中的数据因其作为交易的顺序而获得链的形式，为了纳入新记录，区块链需要通过共识机制取得供应链内所有合作伙伴的一致意见，此过程可保证链中所有节点的数据相同。而实时更新重要的数据，消除与各方内部记录进行费力且容易出错的核对过程的需要，则可以为供应链的每个成员提供更及时的可见性，以了解每个时间段内供应链正在进行的活动。此外，区块链可以成为大数据的来源，为企业和供应链带来显著好处，并且可以被广泛用于改进生产流程，降低企业成本。

区块链技术有可能颠覆市场并扩大业务范围。它采用去中心化的"去信任"数据库，允许在签约成员之间进行的大量交易和流程去中介化和去中心化。这项技术可以帮助不一致的供应链成员协调行动，从而实现集体目标。例如，全球物流巨头马士基报告称，在与IBM公司合作后，借助区块链进行海运集装箱管理可以节省数十亿美元，并通过开发航运保险区块链优化整个物流供应链流程，降低公司的运营成本并提高顾客满意度。

为了使区块链技术（以及随后的整个经济系统）有效运行，企业需要创造条件使个人和组织能够在基本记录的创建、存储和分发方面信任其他方。例如，在教育、医疗保健、金融和运输等服务行业，公司和组织通过第三方构建和维护记录。因此，在基于区块链的数字系统帮助下记录存储库时，需要防止人为错误或贪污腐败引发的错误。然而，在生产和提供服务方面，区块链技术反过来又需要一些相互关联的活动和数据，包括协调、规划和控制供应商与消费者之间的服务或产品。

区块链技术有助于实现供应链设定的目标，包括降低成本和风险以及提高质量、可靠性、速度、灵活性和可持续性等。可持续供应链管理主要以最小的成本和风险条件下适当和及时地提供服务和产品，因此，区块链技术对供应链的有效性将产生积极影响，加快流程并提高交易记录的可靠性和稳健性。但是，区块链数据仍然需要接受质量审核。

可持续供应链管理不断受到实务人士的重视，究其原因，既有解决全球环境问题、扩大品牌影响力的需要，也有它本身能创造竞争优势的因素。在工业 4.0 的推动下，区块链、人工智能、大数据、物联网等新技术在供应链领域的广泛应用改变了供应链的网络结构与信息传播方式，降低了可持续供应链的交易成本，使得它能够以较小的成本代价为整个供应链创造具有比较优势的价值，使企业在市场竞争中能获得更高的市场份额与利润。

例如，在区块链技术的帮助下，企业可以对整个供应链进行实时跟踪，通过区块链技术证明任务执行者的确切时间和位置，帮助参与者了解谁在执行哪些任务。区块链技术提供的实时跟踪选项有助于企业准确确定产品的位置和交付时间，使同一供应链中的所有公司都可以拥有和共享相同的信息，不仅能够提高供应链的效率，而且降低货物转接的成本和时耗。事实上，区块链技术的应用大大加快了数据传输的速度，有助于企业加强库存管理并降低成本。另外，区块链技术还为身份管理提供了有效的解决方案，为供应链中的所有参与者提供透明、可见、经过验证的身份，保证交易的安全性和可信度。区块链技术的应用对整个商业世界产生了许多积极的影响，已经对关键经济部门的所有端到端生产和商业模式造成了根本性的变化。可以说，区块链技术导致全球可持续供应链被重新思考、设计和塑造。

在可持续供应链管理中，区块链技术为运营管理提升了效率，提高了安全性、可追溯性和透明度；改善了供应链成员之间的合作，降低了供应链的成本。由于货物在整个供应链中都是可追溯的，因此区块链技术可以极大地增强消费者的信任。此外，该技术还可以防止跨供应链的产品欺诈问题，减少供应链面临的风险。

1.2 可持续供应链管理的核心理念

在全球资源紧张、环境恶化、温室效应不断加剧的情况下，在全球多个国家的倡议与努力下，人类就解决气候恶化问题达成了巴黎协议，各国相继制定了更为严格的环保法规，部分国家推出了碳税及碳交易市场。这些制度安排将使那些高能耗、高污染企业的交易成本上升，而采用可持续供应链管理的企业因为其适应性的制度安排，满足了相关国家的法律要求，反而能够获得更低的交易成本。部分东道国政府还会给予奖励性的制度安排，从而对这些供应链的企业群产生激励效应，提高整个供应链的绩效，获得一种外部性的收益，进而提供竞争优势。因此，为了能让供应链实现可持续发展的目标，企业必须具备强大的可持续供应链管理能力。在可持续供应管理中，企业必须坚持四个核心理念。

1.2.1 可持续发展理念

可持续发展的定义有许多不同的表达方式，但不管哪一种表达方式都认为可持续发展的核心是经济发展。此经济发展并不是传统的以牺牲资源和环境为代价的经济发展，而是"不降低环境质量和不破坏世界自然资源基础的经济发展"。有学者将可持续发展定义为"在保持自然资源的质量和其所提供服务的前提下，使经济发展的净利益增加到最大限度",还有人指出可持续发展是"今天的资源使用不应减少未来的实际收入"。

联合国所有会员国于 2015 年通过的《2030 年可持续发展议程》为现在和未来的人类和地球的和平与繁荣提供了共同蓝图,其核心是 17 项可持续发展目标。议程迫切呼吁所有国家(发达国家和发展中国家)在全球伙伴关系中采取行动。多数国家已认识到消除贫困必须与改善健康和教育、减少不平等现象和刺激经济增长的战略齐头并进——同时应对气候变化并努力保护属于全人类的海洋和森林。

而传统企业的发展存在高污染、高能耗和高排放的困境,需要通过绿色转型实现绿色采购、绿色制造、绿色物流和产品回收再利用等可持续供应链管理流程。在重构供应链的过程中,企业亟须提高创新能力以主动降低能源的消耗,尽快实现供应链的可持续发展。同时,企业不可忽视绿色回收环节,基于产品和处理成本的价值,采用不同的方案呈现绿色管理。此外,企业也可以通过提高创新能力和改进生产流程,以更快研制出绿色产品,缩短开发周期,实现可持续发展。

1.2.2 三重底线理念

1997 年,英国学者约翰·埃尔金顿(John Elkington)最早提出了三重底线的概念,他认为就责任领域而言,企业的责任可以分为经济责任、环境责任和社会责任。经济责任也就是传统的企业责任,主要体现为提高利润、依法纳税和对股东投资者的分红;环境责任就是履行环境保护职责;社会责任就是对社会其他利益相关方的责任。企业在履行企业责任实践时必须履行上述三个领域的责任,这就是企业责任相关的"三重底线理论"。

从某种意义上讲,三重底线像是某种类型的平衡记分卡,只有当企业开始衡量其社会和环境的影响时才能被称为对社会和环境负责的组织。因此,在今天的社会中,经济责任已经不是定义企业成功与否的唯一要素,越来越多的企业开始认同可持续性的发展理念,大部分企业则开始注重三重底线中的环境责任和社会责任,而不是单纯追求企业的利润。

现如今,无论是大型企业还是小型企业都迫切地想要调整其经营策略,使自身能够实现可持续的发展,他们纷纷寻求适合企业特性的发展战略,更加注重减少固体废物的排放和对自然资源的使用,加强员工的安全和福祉。从加强公共关系等方面看,企业开始注重公众对环境和社会的关注,并对潜在的、可持续发展的利润采取了更加务实的态度。在这些企业中,强生公司、福特公司和杜邦公司是追求可持续发展的先锋军,他们都基于本公司的情况发展了一套包含经济责任、环境责任和社会责任的可持续发展战略,并且在企业发展的进程中严格遵守了制定战略之初对可持续发展的承诺,实现了可持续供应链管理。

可持续供应链管理涉及可持续经济、可持续生态和可持续社会三方面的协调统一,要求企业在发展中讲究经济效率、关注生态和谐和追求社会公平,最终实现可持续发展目标。具体来说有以下几点。

(1)在经济可持续发展方面,鼓励经济增长而不是以环境保护为名限制经济发展,因为经济发展是国家实力和社会财富的象征,可持续发展不仅仅要重视经济增长的数量,更要追求发展质量。可持续发展要求改变传统的以"高投入、高消耗、高污染"为特征的生产模式和消费模式,实施清洁生产、以提高经济活动中的效益、节约资源、减少废弃物的产生。

（2）在生态可持续方面,要求经济建设和社会发展要与自然承载能力相协调。发展的同时必须保护和改善地球生态环境,保证以可持续的方式使用自然资源,使人类的发展需求被控制在地球的承载能力之内,即转变发展模式,从源头解决环境问题。

（3）在社会可持续发展方面,强调社会公平是环境保护得以实现的机制和目标。可持续发展指出世界各国的发展阶段不同、发展的具体目标也不尽相同,但发展的本质应包括改善人类生活质量、提高人类健康水平,应创造一个保障人类平等、自由、享受教育和人权、免受暴力的社会环境。也就是说,在人类的可持续发展系统中,经济可持续是基础,生态可持续是条件,社会可持续才是目的,人类应共同追求以人为本的自然—经济—社会复合系统的持续、稳定、健康发展。

可持续性来自对经济、环境和社会效益三个目标产生的一个平衡回报,只有在这三重底线的交汇处采取行动,企业或企业所在的供应链才能积极改善社会和自然环境,同时获取长期经济效益和持久竞争优势。图1-2揭示了三重底线与可持续发展的关系。

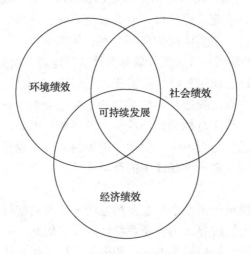

图1-2　三重底线与可持续发展的关系

1.2.3　合作理念

供应链管理是从"横向一体化"发展而来的,因此可持续供应链管理的实践非常强调合作能力,因为只有实现了合作伙伴之间的战略性合作,才能一起将整个供应链的利益最大化。可持续供应链上的企业都有自己的核心业务和核心能力,把这些企业的能力整合在一起最终形成真正的合力,是实现整个供应链目标的关键点。如果每个企业都只顾自身的利益,那么其将损害整个供应链的目标,最后影响所有企业的利益。因此,可持续供应链管理的核心企业要与合作方建立关系,建立一种战略性的合作伙伴关系,毕竟只有同时照顾合作伙伴的利益和诉求才能调动合作伙伴的积极性。另外,供应链中的节点企业通过合作也可以将自身的社会责任转嫁到供应商、制造商、销售商、顾客当中，从而实现资源配置的最优化以及社会福利的最大化。

1.2.4 协调理念

供应链管理涉及了很多企业在运营中的管理活动，为了实现供应链管理的目标，企业在运营活动中必须按计划协调运作，不能各自为政。所谓供应链协调就是通过将供应链上分散在各地的、处于不同价值增值环节的、具有特定优势的独立企业联合起来，以协调机制为前提、以协调技术为支撑、以信息共享为基础、从系统的角度出发，促进供应链企业内部和外部协调发展，在提高供应链整体竞争力的同时实现供应链成员企业效益的最大化。协调运作的另一个问题就是打破传统企业各自为政的分散决策方式，通过协调契约的设计让合作双方都能增加收益，同时达到供应链整体利益的最大化。

供应链的管理对象在生产制造企业外部需横跨供应商、制造商、销售商、消费者，在企业内部要打破部门墙，实现端到端的流程目标，因此，供应链纵向价值集成与内外部供应链的协调非常重要，既需要信息流、物流、资金流的集成与顺畅，又需要无缝对接、高效运作才能达到科学管理可持续供应链的效果。这种跨行业、跨企业、跨部门的协调需要各相关企业和企业内部相关部门、岗位树立高度的协调合作理念，以共同利益和任务目标为核心进行积极协作。但仅提高思想认识是不能保障协调效果的，所以企业还需要建立和完善协调制度并认真执行。

1.3 可持续供应链的主要分类

国务院办公厅印发的《关于积极推进供应链创新与应用的指导意见》（2017）对供应链的概念作出了明确定义："供应链是以客户需求为导向，以提高质量和效率为目标，以整合资源为手段，实现产品设计、采购、生产、销售、服务等全过程高效协同的组织形态"。随着信息技术的发展，供应链已发展到与互联网、物联网深度融合的智慧供应链新阶段，这一定义揭示了供应链管理的实质，体现了以客户为导向、端到端价值链协同、技术创新与供应链发展融合等当前最新的供应链管理理念，为我国未来供应链的发展指明了方向。

1.3.1 按发展内容侧重点不同分类

可持续发展理论是由 20 世纪 70 年代至 80 年代初学术界针对"增长的极限"大讨论而产生的，现在国际社会已普遍认可了可持续发展理论是全人类的共同发展战略。作为人类社会一个不可或缺的子系统，供应链的可持续发展状况决定了社会经济可持续发展的规模和速度、质量与可持续性。可持续供应链的发展可划分为三个阶段（表1-1）。

因此，按可持续供应链发展内容的侧重点不同可将其分为以下几类。

（1）闭环供应链。闭环供应链起源于 20 世纪 90 年代后期，是正向供应链与逆向供应链的整合，突出产品的闭环流动过程，侧重于强调物料的双向流动和价值恢复，以此

表 1-1 可持续供应链的发展历程

阶段	名称	特点
一	传统供应链	是从原料到顾客的供应链模式，体现以人为中心而不是以环境为中心的理念，对经济的考虑远超越了对环境的关注
二	绿色供应链	绿色环保被引入在产品全生命周期的每个阶段，从生产角度追求正向和逆向物流中的最小污染和价值回收
三	可持续供应链	引入了生态效率衡量机制，推动了可持续性与供应链的融合，实现了供应链的闭合管理。可持续供应链在系统操作和环境考量中融合了能源消耗和效率问题，以环境、能源和生态这三大要素为基础。在此系统中，能源和物质被认为是可以被再利用的，环境和能源可以相互转换，即将所有产出物重新投入回收系统，实现正向和逆向的双向物流、内部和外部资源的结合，使所有投入原料的回收再利用以及废弃物的转化利用得以实现

形成"资源—生产—消费—再生资源"的闭环反馈流程，如图 1-3 所示，重点考虑产品的回收、再制造、再利用和分销处理等问题。它是企业从采购到最终销售的完整供应链循环，包括了产品回收与生命周期支持的逆向物流，目的是对物料的流动进行封闭处理，减少污染排放和剩余废物，同时以较低的成本为顾客提供服务。因此，闭环供应链还对可持续发展具有重要意义，是可持续供应链的一种类型。

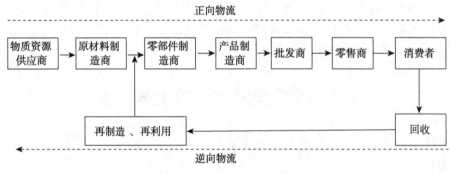

图 1-3 闭环供应链运作模式

（2）绿色供应链。绿色供应链是 1996 年由美国密歇根州立大学制造研究协会提出的，主要是基于环境效益，从资源优化利用角度考虑制造业供应链的可持续发展问题。绿色供应链的内容涉及供应链的各个环节，有绿色采购、绿色制造、绿色销售、绿色消费、绿色回收以及绿色物流，侧重于强调通过优化供应链各环节来减少或消除运作过程中的废弃物，主要出发点是消除环境影响。

（3）生态供应链。生态供应链是可持续发展思想在运作管理领域的具体应用，其基于系统观和整体观的指导，运用生态思维把经济行为对环境的影响固化在设计阶段，确保经济活动过程中供应链内的物质流和能量流对环境的危害最小，既追求经济效益又追求社会效益和生态效益，目的是达到人类、自然和社会的"三赢"，实现人与自然的共同繁荣和人类社会的可持续发展。生态供应链站在自然生态环境及人类可持续发展的高度优化整个供应链系统，应用生态工业学理论设计供应链中的供应商、制造商、分销商、零售商和最终用户的行为，以供应链中的物质、能量循环利用形成一个相互依存、彼此制约、共同发展的共生网络，其运作框架如图 1-4 所示。作为生态供应链的核心内容，生态型设计兼顾了经济效益和生态效益,其实质是通过对整体和局部的优化来降低各节点企业的环境影响,主要包括产品设计、原材料采购、产品生产、产品营销、产品回收和逆向物流。生态供应链侧重于强调模仿自然生态系统的能量交换、物质循环和信息传递过程,以维持生态系统的稳定性为目的。

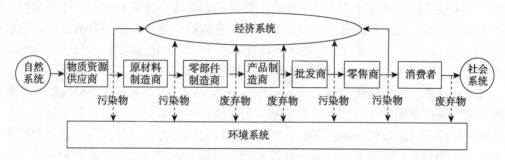

图 1-4 生态供应链管理的运作框架图

(4)低碳供应链。低碳供应链产生于 21 世纪的低碳经济背景之下,侧重于强调将低碳、环境保护思维融入所有的物流和供应链环节之中,形成从原材料采购到产业设计、制造、交付和生命周期支持的完整供应链体系。将碳足迹概念融入供应链管理研究领域分析供应链中的碳流可以看出,低碳供应链是一种温室气体排放量的实体流动过程,也表现为碳足迹的形式,从供应链中碳足迹的测量出发可以探讨碳足迹对供应链运输、采购等策略的影响。

上述各类供应链均将降低污染物排放、废弃物回收与循环利用等资源与环境问题纳入研究范畴,在研究目标上均强调经济利益与环境影响的统一与协调,以此实现可持续发展。

1.3.2 按范围不同分类

按供应链所涉及的范围可将可持续供应链分为以下两类。

(1)内部可持续供应链。内部可持续供应链是指企业内部产品生产和流通过程中所涉及的采购部门、生产部门、仓储部门、销售部门等组成的可持续供需网络。

(2)外部可持续供应链。外部可持续供应链是指企业外部的、与企业相关的产品生产和流通过程中涉及的原材料供应商、生产厂商、储运商、零售商以及最终消费者组成的供需网络。

内部可持续供应链和外部可持续供应链的关系在于,二者共同组成了企业产品从原材料、成品到消费者的供应链,故可以说,内部可持续供应链是外部可持续供应链的缩小化。如对于制造厂商,其采购部门就可被看作外部可持续供应链的供应商,他们的区别只在于外部可持续供应链的范围大,涉及企业众多,企业间的协调更困难。

1.3.3 按功能不同分类

根据可持续供应链的功能模式(物理功能、市场中介功能和客户需求功能)可以把供应链分为三类。

（1）高效率可持续供应链（efficient supply chain）。高效率可持续供应链主要体现供应链的物理功能，即以最低的成本将原材料转化为零部件、半成品、产品，并在供应链中实现运输成本最小化，是在满足了产品或服务供给要求的同时，能达到最低成本的供应链。它在设计时以降低成本为主题，应用的对象大都为产品差异性小、竞争激烈、利润率不高的企业。最典型的例子如连锁超市——它的目标是对每个门店的货物配送做到准确、及时，并力求成本最低，这要求供应链的各个环节（包括采购、运输、货物接收、库存、销售、退货等），都要在不影响销售额的条件下降低成本，实现可持续发展。

（2）快速反应可持续供应链（responsive supply chain）。快速反应可持续供应链主要体现了供应链的市场中介功能，即把产品分配到满足用户需求的市场，对未预知的需求作出快速反应等，是以快速响应客户的需求为宗旨的供应链，其目标是要在短时间内满足客户提出的要求。它与客户的联系比较紧密，需要具备额外的生产能力和运输能力以满足应急要求。

（3）创新型可持续供应链（innovative supply chain）。创新型可持续供应链主要体现供应链的客户需求功能，即根据最终消费者的喜好或时尚的引导而调整产品内容与形式，以此来满足市场需求，以满足客户不断变化的需求为重点。它与客户的关系更加紧密，更加强调灵活性，主要应用于市场产品变化较快的行业，如时装、手机、汽车等，其目标是针对多变的市场需求进行不断创新并作出及时灵敏的反应。

1.4　绿色供应链概况

随着环境压力的增加及资源的限制，特别是在欧盟、美国、日本等发达地区和国家相继出台保护政策的情况下，建设绿色环保型社会已成为我国相关企业，尤其是制造业企业发展面临的迫切任务之一。继 2006 年欧盟实施了 RoHS、WEEE 指令之后，2007 年欧盟另一项主要针对能耗产品的技术壁垒指令——《用能产品生态设计框架指令》（Eco-Design of Energy-using Products，简称 EUP 指令）出台，并正式被转化为欧盟成员国的法规。至此，传统的企业管理理念、管理运营模式难以适应新的经济环境。作为一种新兴的企业战略管理模式，绿色供应链管理越来越受到各国政府、企业及学术界的高度重视。我国制造业企业只有主动进行战略变革，充分利用绿色供应链管理和再制造技术带来的机遇才能继续在新的竞争环境中生存和发展。

1.4.1　绿色供应链的概念

绿色供应链的概念最早由美国密歇根州立大学的制造研究协会在 1996 年进行的一项名为"环境负责制造（ERM）"的研究中首次被提出，又称环境意识供应链（environmentally conscious supply chain）或环境供应链（environmentally supply chain，ESC）。它以绿色制造理论和供应链管理技术为基础，涉及供应商、制造商、分销商和消费者，是一种在整个供应链中综合考虑环境影响和资源效率的现代管理模式。目前，一些知名的跨国公司如福特汽车公司、丰田公司、惠普公司、IBM、宝洁集团、通用电气等都在积极实施绿色供应链管理以提高企业核心竞争优势。我国少数领先企业也已开始重视绿色供应链管理，如海尔作为我国最大的家电生产企业，通过推行包括绿色设计、绿色制造、绿色经营和绿色回收等方面的绿色供应链管理战略来推进资源循环利用，以此应对贸易壁垒。

国外有关绿色供应链的研究最初开始于绿色采购，有学者于1994年研究了一些产品对环境的影响，建议通过环境准则来选择合适的原材料，同时注重再生利用，进而在此基础上提出了绿色采购的概念。绿色供应链是从社会和企业的可持续发展出发对产品从原材料购买、生产、消费，直到废物回收再利用的整个供应链进行生态设计，通过供应链中各企业内部和企业之间的紧密合作，使整条供应链在环境管理方面协调统一，以此达到系统环境最优化。

国内有关绿色供应链管理的研究最初起源于对绿色制造的相关研究，有学者认为绿色供应链管理是一种在整个供应链内综合考虑环境影响和资源效率的现代管理模式，该模式以绿色制造理论和供应链管理技术为基础，涉及供应商、制造商、销售商和用户，其目的是使产品从物料获取、加工、包装、仓储、运输、使用到报废处理的整个过程中对环境的影响（负作用）最小、资源效率最高。

1.4.2 绿色供应链的流程

绿色供应链的流程主要包括计划环节、采购环节、制造环节、交付环节和逆向物流环节，在每个环节企业都应遵循绿色制造的要求，把整个供应链作为一个绿色系统进行管理。

（1）计划环节。绿色供应链以传统的供应链为基础，结合了制造技术、控制技术和网络技术等新的应用技术，目标是合理利用资源，降低成本，减少对环境造成的严重污染。为了实现上述目标，企业需要从产品设计、制造、装配、包装、运输、使用到报废后回收处理等所有环节均充分考虑资源和环境问题，最大限度地优先利用资源和减少环境污染。

作为首要的绿色供应链计划环节，主要考虑企业生产的产品，无论是本企业内部还是相关联的企业和使用者，都不能忽视资源利用和对环境的影响。作为链条中最重要的企业，核心企业需要设计一种全新的供应链运作模式，从设计的源头到采购、生产、销售、回收以及废弃物的处理均引入绿色的概念，从而全面杜绝任何形式的污染和浪费。

（2）采购环节。绿色采购就是在原有质量控制、价格可比较的标准基础上加入绿色标准，即要求供应商按照市场规律采用绿色原料、绿色工艺，实现对材料、能源的节约，进而达到源头控制，满足公众对环保产品的需求，提高产品的竞争力。

①绿色供应商的管理。过去企业是通过包括技术水平、产品质量、生产能力、价格、地理位置、可靠性、售后服务、供货期和柔性等指标考核和管理供应商的，而现在应该加入绿色评估要素，确定绿色供应商优先采购机制。在此阶段，企业需要考虑到供应商提供的材料是否具有污染性、生产制造过程是否是清洁的、运输过程是否能够节省能源

等因素。对绿色供应商的管理要充分体现最终产品的要求，结合供应商的实际困难，帮助部分供应商制订生产环境改善计划，以确保供应商的生产环境条件达到绿色标准，尽可能减少产品给环境带来的损害，以实现制造商、顾客和整个环境的"三赢"。

②实行一体化开发与建立一体化供应管理模式。绿色供应链的一体化开发是指核心企业与供应商建立战略伙伴关系，这种伙伴关系有利于改善双方之间的交流，实现共同的期望和目标，共担风险共享利益，共同参与产品和工艺开发，要求供应商从设计阶段就确定绿色制造机制，确保提高产品的绿色水平。

建立一体化供应链管理模式在于核心企业和供应商应共同设计一种能最大限度地降低成本的一体化供应链模式，建立信息共享平台，供应与需求双方可以共享库存数据，避免信息不对称决策可能造成的成本损失。供应与需求双方信息高度共享保证了供应与需求信息的准确性和实时性，双方可以及时交流生产计划、库存、质量等各方面的信息，以便出现问题时能够及时处理，形成制造商与供应商的协同管理，显著提高采购与供应的运作效率。

（3）制造环节。绿色供应链的制造环节不仅仅指制造、加工过程，还是一个包括产品设计、材料选择、产品加工、物流设计、包装设计以及产品拆卸等过程的大制造概念。

①绿色设计。绿色设计也称生态设计、环境设计等，其基本思想是在设计阶段就将环境因素和预防污染的措施纳入产品设计中，将环境性能作为产品的设计目标和出发点，力求使产品对环境的影响最小。对工业设计而言，绿色设计的核心是"3R"，即减少原料、重新利用、物品回收，不仅要减少物质和能源的消耗、有害物质的排放，而且要使产品及零部件能够方便地分类回收并得到再生循环或重新利用。绿色设计的主要内容包括：绿色产品设计的材料选择与管理、产品的可拆卸设计、产品的可回收性设计等。

②清洁生产。清洁生产是指不断采取改进设计、使用清洁的能源和材料、采用先进的工艺技术与设备、改善管理、综合利用等措施从源头削减污染，提高资源利用效率，减少或避免生产、服务和产品使用过程中污染物的产生和排放，以减轻或消除对人类健康和环境的危害。

清洁生产的定义包含两个全过程控制：生产全过程和产品生命周期全过程。对生产过程而言，清洁生产包括节约原材料和能源、淘汰有毒有害原料、在全部排放物和废弃物离开生产过程前尽最大可能减少排放物和废弃物的排放量及毒性；对产品而言，清洁生产旨在减少产品生命周期过程中从原料的提取到产品的最终处置对人类和环境的影响。

（4）交付环节。绿色供应链的交付环节实际上是一个交付的过程。这一过程包括两部分内容：一是从核心企业（制造商）到分销商或零售商的过程；二是从分销商或零售商到消费者的过程。

（5）逆向物流环节。逆向物流是指物资从产品消费点到产品来源点的物理性流动过程的计划、实施和控制，其涵盖了有关再利用材料与物品的所有活动，包括收集、拆卸和处理用过的产品、零件或原材料，使它们被有效地再利用。按成因、途径和处置方式的不同，根据不同产业形态可以将逆向物流分为投诉退货、终端使用退回、商业退回、维修退回、生产报废与副品以及包装六大类别。该物流过程主要包括产品回收、检验与分类、检修、分拆和再加工、报废处理等步骤。

1.4.3 实施绿色供应链管理的影响因素

绿色供应链管理应在整个供应链过程中考虑环境标准，为了环境友好地设计、采购、生产、分销、使用及再利用等而在供应链内部采取的管理策略和行动。影响实施绿色供应链管理的因素主要有以下几方面。

（1）企业管理能力。绿色供应链管理是一项复杂的系统工程，涉及的因素复杂繁多，因此对于企业的管理能力要求很高，制造企业自身管理能力在实施绿色供应链管理战略中起到重要的影响作用，其主要包括：企业资源整合能力、企业创新能力、企业风险管理能力、企业绩效管理能力等。

（2）企业绿色环保技术的应用。绿色供应链管理要求企业的研发需要考虑到原材料的环保性、资源优化配置、废弃物产生最少等各类环保因素。绿色生产技术需要综合考虑绿色工艺、生产资源、设备等因素，以便在生产的各个环节中都做到资源效益最大化，同时减少各个环节中的废弃物排放、资源剩余，从而降低对环境的影响。绿色设计严格遵守"3R"原则，即 reduce、reuse、recycle，减少环境污染和能源消耗，产品和零部件应能被回收再生循环或重新利用。

（3）企业间合作关系。企业合作（business cooperation）是指不同的企业之间通过协议或其他联合方式共同开发产品或市场、共享利益，以获取整体优势的经营活动。供应链管理中的合作伙伴关系需要考虑三类因素：企业协同管理能力、合作企业绿色管理水平、合作伙伴的选择。

（4）外部环境风险。当前我国制造企业在实施绿色供应链管理时必然受到绿色壁垒、资源约束、环境限制、政府政策等方面的外部环境因素影响。制造企业在绿色供应链管理中存在的市场压力主要来自供求压力、竞争压力以及企业本身的发展需求。环境资源约束对实施绿色供应链管理的影响明显时，资源丰富的企业可能为了经济利益而忽略对环境造成的影响，不重视绿色供应链管理中各环节的绿色效益；而资源紧缺的企业则必须在实施绿色供应链管理才能实现企业的长期发展时，绿色供应链管理的实施便迫在眉睫。绿色壁垒压力是指来自各类公约和法规的限制，在受到这些限制时，制造企业就必须采取绿色供应链管理来支持企业的发展。实施绿色供应链管理是一项高风险战略，政府政策能够为推进绿色供应链战略提供法制规范和保障。

（5）企业绿色文化建设。实施绿色供应链管理对企业人力资源素质、企业绿色文化建设提出了很高的要求，主要表现为企业员工的支持程度。企业高层对绿色供应链的认识应达到高度一致，并坚决支持绿色供应链管理的实施；如果企业高层意见不统一则会影响企业员工的执行力，同时阻碍其顺利实行。企业员工对企业绿色文化的认同和支持也很重要，如果企业员工对绿色供应链战略没有达成共识，不理解绿色供应链的意义，会严重影响实施绿色供应链管理的预期效果。

（6）企业绩效风险。企业实施绿色供应链的最终目的是使自身在市场竞争中获得核心竞争力和可持续发展的能力，因此企业必须关注绿色供应链的绩效，主要包括：企业经济绩效、环境绩效、绿色供应链的可持续性。

（7）信息化水平。信息化是指培养、发展以计算机为主的智能化工具为代表的新生产力，并使之造福于社会的历史过程，可以用以下三个指标来衡量：信息基础设施、信息化实施效果、信息化人力资源。在制造企业中，信息化水平高将会提高企业绿色设计、研发、采购、生产、销售等各个环节的效率，减小供应链过程中的"牛鞭效应"，提高整个绿色供应链管理的效率。

1.5 低碳供应链概况

近年来，二氧化碳等温室气体过量排放所导致的全球气候变暖为人类的生存和发展带来了严峻的挑战，如海平面上升、强降雨不断、干旱四起等。因此，转变人类生产和生活方式，实现可持续的低碳经济发展成为全球关注的热点。

1.5.1 低碳供应链的概念

随着低碳经济的提出，全社会开始关注生产活动的碳排放量及其对生态环境所造成的影响。作为实现低碳经济的一个重要组织形式——低碳供应链已经成为业界和理论界关注的热点。低碳供应链是指在供应链运作的全过程中运用适当的材料和合理的技术手段降低碳排放量，包括采购、运输、生产、销售、回收等环节，是一种封闭的物料流动和处理系统，可以减少污染排放和剩余废物。同时，许多世界一流的企业已经认识到，任何重大的碳减排行动都需要供应链的合作，这是因为在物料流动的过程中，在包括从物料供应、制造、销售、消费、回收到再利用的一条完整的链条中，各个环节都涉及能源的消耗和二氧化碳的排放，某些环节还是二氧化碳的排放大户。然而，在企业运作实践中存在着构建低碳供应链动力不足、运作绩效低下等问题。同时，供应链各成员企业对低碳理念的接受程度也不一致，这些因素都会影响低碳目标的实现。

1.5.2 实施低碳供应链管理的流程

实施低碳供应链管理能够协调社会环境与经济发展之间的关系、增强企业在国际和国内市场的核心竞争力、实现企业的可持续发展。企业实行低碳供应链管理需要从以下几方面考虑。

1）低碳采购：加强供应商选择和评价

低碳供应链管理以低碳采购为初始环节，制造业上下游企业可根据我国国情及供方企业经营发展的实际情况达成互惠互利的理念共识，遵循利益共享共建、风险共担的基本原则打造利益共同体。传统意义上的供应链采购管理是通过规范的采购流程不断优化供给双方之间的业务往来关系，最终形成一个优质的供应商群体，并通过招投标方式达到降低采购产品价格、提高采购产品质量和供应商服务水平的目的；而低碳供应链采购管理不光要遵循传统采购的原则和规定，更重要的是还要考虑选择低碳供应商，提供低污染的原材料等，避免使用有毒有害、有辐射性、高污染的材料，这是从源头上控制低碳供应链的首要环节。

2）低碳生产：实施低碳生产管理体系

低碳生产管理就是在产品研发阶段以低碳理念设计产品的整个生命周期。例如，采用低能耗、低污染的生产设备、设施，采用精益指导的理念，考虑产品和包装的可拆解性和可回收性等。首先，制造企业在建立运营企业管理体系时要成立低碳管理部门，制定碳排放的统计、监测和考核办法，建立健全低碳生产管理体系监督实施机制和制度保障；其次，企业要加快调整现有的生产体系，淘汰落后产能，改进生产工艺和技术，优化生产设备，在生产环节强化低碳节能效应；最后，企业应着眼于理念创新，以组织架构创新为基础，统筹和整合生产管理方法的创新，不断深入优化生产管理流程，重新思考制造业企业如何在绿色经济下实现低碳生产管理理念的再次创新，以此来推动制造企业的低碳供应链生产管理，提高企业的核心竞争力。

3）低碳物流：构建低碳供应链标准化体系

"标准化"是实现低碳物流的重要保障。标准体系的构建、关键技术标准的提出和制定，都是低碳物流体系建设的基础工作。国务院《物流业发展中长期规划（2014—2020年）》中将"大力发展低碳物流，推动节能减排，切实降低高能源消耗""加强低碳物流标准化建设"列为重点任务。这预示着：第一，低碳被纳入我国物流标准体系的建设工作中。物流标准体系是我国物流系统的总体规划，其为低碳物流管理工作明确了目标和发展方向。现阶段更应特别强调将低碳、环保、节能等因素加入到物流标准化体系当中。第二，企业积极参与低碳物流标准的制定。企业是低碳物流标准制定和实施的主体。从长期看，低碳物流标准的制定关系到企业的可持续发展问题，关系到企业自身的经济效益。企业参与标准化体系的制定，能够充分从自身实际情况出发，为低碳物流标准化体系的制定提供真实可靠的数据，使标准化体系的制定体现出科学性、合理性和可行性，更有利于低碳物流标准化体系快速、全面地被企业接受和实施。

4）低碳战略：做好降低成本长期发展规划

在国家宏观低碳环保发展趋势下，企业应尽快制定出适合本企业的低碳发展战略，为今后的低碳发展做好长期规划。在发展初期，企业研发成本会大大增加，但其在后期发展中会更加节能、高效，减少污染，最终会使企业降低成本，提高企业的信誉度和美誉度，使企业树立一个良好的社会形象。消费者的消费意识也会逐渐向低碳、环保方向发展，从而有效增强企业的竞争力。将低碳战略纳入到企业发展规划中，将从根本上解决企业的低碳环保问题，寻求经济效益和环境效益的双赢模式，实现低碳、环保的发展模式。

5）低碳营销：扩大宣传教育

国内制造企业在低碳营销中可以采取以下策略：第一，树立和完善低碳营销理念，将低碳环保意识纳入制造企业影响决策方案选择的因素中；第二，开发符合市场需求的低碳产品，在设计环节，既要考虑材质和制造工艺，又要考虑产品的包装回收和对生态环境的影响等多种因素；第三，选择销售渠道也要走低碳道路，快速推广和提升市场覆盖面的前提是首先做好低碳分销布局；第四，开展低碳推广，通过低碳产品交易会乃至深层次的低碳研讨会，通过有影响力的传媒和公关活动开展有效宣传，在公众心目中树立企业的低碳环保形象。

社会发展对企业提出了绿色经济的要求，走低碳供应链管理模式的道路符合时代发展的趋势。企业只有在自身战略、管理和营销等方面加以低碳供应链管理的调整才能提升自身的核心竞争力，在绿色经济发展中占据一定的市场份额，得以持续发展。

1.5.3 统筹发展低碳供应链

只有协同供应链各主体碳减排管理，统筹发展低碳供应链，促进区块链技术在低碳供应链管理的推广和应用，实现全球碳减排的协调和合作，才能打造满足双碳要求的低碳供应链。

首先，多措并举推动低碳供应链的发展。挪威、荷兰、瑞典、芬兰等国的实践经验和研究表明，碳税和碳交易两种碳减排政策虽然各有优缺点，但并不矛盾。总量控制和价格控制措施并不对立，二者协调配合、互补使用可避免碳交易价格和碳排放的波动，更好地在兼顾经济的同时降低供应链的碳排放。研究表明，碳交易和碳税政策的实施促进了供应链上、下游企业的合作，更好地实现了经济效益和环境绩效，也能与其他气候政策相兼容。由于交易、监管和检测的成本较高，相对而言，碳交易政策比较适用于管理碳排放量比较大的行业或企业，而碳税政策则比较适用于管理排放量小或者排放量大但比较分散的行业或企业。目前全国性碳交易市场只是将一些重点行业或企业纳入在内，可能导致碳泄漏，这就需要以碳税政策作为补充，对相关企业征收合理的碳税。同样，针对碳排放量不同和消费者低碳偏好不同的供应链，在实施复合碳减排政策时要灵活地进行区分，避免重叠或遗漏。在实施复合碳减排政策时，为了避免价格大幅波动，可以将碳交易价格控制在一个合理的区间之内；为了避免碳减排波动的影响，碳税税率要结合多方利益参考碳交易价格制定。另外，还需考虑与其他气候政策（如可再生能源政策）的兼容和协调，以保障碳交易或碳税政策减排的效果，更好地发挥各种政策实现双碳目标的作用。

其次，将区块链技术引入低碳供应链管理。区块链技术的可追溯性和不可篡改性将使碳足迹的追踪变得容易，也可以提高计算的准确性。消费者在购买低碳产品时，对碳标签所包含信息的信任问题也将得以解决。企业可以更全面准确地评估供应链各环节的碳排放，并从产品的设计、采购、生产、物流和销售各环节进行供应链结构调整，以降低产品全生命周期的碳排放。区块链中透明、可靠和实时的信息和智能合约可以更好地实现低碳供应链各主体之间的信息共享，促进碳减排的协作，也可为供应链各主体之间厘清碳排放责任提供更有效的保障。同时，借助区块链技术，政府可以构建数字化低碳管理平台，对企业实施灵活的动态碳补贴和征收动态碳税。区块链技术还可以帮助企业开发和管理碳资产，为碳交易的动态定价提供有效的依据，并提高碳交易的效率、降低碳交易成本，与物联网技术、机器学习技术和人工智能等技术相结合，实时接入碳排放数据，对数据进行统计和分析，此外，区块链技术还能自动生成碳足迹报告，并进行碳减排方案的模拟和优化。因此，区块链技术的应用可以较好地解决供应链信息可靠性和碳减排协作的问题，为多项减排政策措施的有效实施提供帮助。

最后，推动全球碳减排的协调和合作。虽然不同国家碳交易市场的设定目标、功能和实施机制等有所差别，但已有研究者提出国家之间可以合作，协调不同国家碳市场的碳配额分配、价格制定、市场管理等机制，实现全球碳市场的连接，更好地服务全球供应链的碳减排。已有研究表明，开征碳税更有利于国际协同，增强企业的低碳贸易竞争力。我国企业应学习低碳管理理念，引进先进的清洁环保技术和设备，实现生产过程的低碳化；学习国际物流的管理经验，引进低碳运输工具，提高运作效率，减少货物运输的碳排放。我国政府应积极参与全球碳减排政策的制定，修正碳排放的计算标准，提高国际贸易气候政策的有效性，承担大国碳减排的责任。

1.6　闭环供应链概况

对废旧产品进行再制造能够有效降低资源消耗、减少废弃物排放，有利于实现"低碳经济"。同时，回收再制造也符合党中央国务院"推进循环经济发展，加快建设资源节约型、环境友好型社会"的指示精神。几乎所有的国际著名汽车生产商均制定了严格的环境保护措施，并要求它们的供货商也同样遵守，其他企业也有类似的行动计划，如生产一次性照相机、打印机墨盒、复印机的企业，其产品回收活动及产品回收管理越来越被看作整个生产活动的一部分。国家和企业在回收再制造方面的努力提升了物料循环利用的理念，产生了与传统物流方向相反的逆向物流。含有逆向物流的供应链被称为逆向供应链，同时含有正向和逆向物流的供应链被称为闭环供应链。闭环供应链涉及供应商、制造商、分销商、零售商、消费者、回收商等众多合作实体，是一个复杂的系统。

1.6.1　闭环供应链的概念

在大力提倡循环经济和低碳经济以实现人类社会可持续发展的背景下，一种全新的供应链管理方式——闭环供应链管理被提出。有学者从不同的角度给出了各自的理解。例如，有的学者认为闭环供应链系统就是在传统正向供应链的基础上整合产品回收再造过程的逆向物流而形成的一种闭环系统，而针对回收产品的损害和缺陷对其进行修复、再利用是闭环供应链的一个显著特点，也是其与传统开环供应链最大的不同。闭环供应链是在逆向物流基础上发展起来的一个较新的研究领域，随着环境压力的增加及资源的限制，企业越来越重视废弃产品的回收再制造，其供应链行为正由传统的供应链向闭环供应链转变，在保证企业绩效的同时，高效利用资源，减少废弃产品对环境的破坏。

笔者在归纳总结已有闭环供应链定义的基础上借鉴现有学者的观点，尝试从循环和再造的角度给出闭环供应链的定义：它是由正向供应链和逆向供应链组成的闭合系统，包括了从原材料生产、产品制造、产品消费、废旧产品回收和再制造加工等一系列循环过程中物流、信息流和资金流双向移动的闭环系统，其实质就是通过对废弃物的回收再利用，减少废弃物的排放，从而降低其对环境的污染，同时以较低的成本为消费者提供优质服务。从闭环供应链的定义可以看出，闭环供应链包含两个要素：一为供应链，二为闭环。参照供应链管理的概念以及闭环供应链的运营目的，可认为闭环供应链管理是指以可持续发展理论和供应链管理的基本原理为指导，以建立闭环供应链为目的，对整个闭环供应链内各参与行为主体之间的物流、信息流与资金流进行计划、组织、协调与控制，提高资源的配置和使用效率，提高整个供应链环境友善性的全新企业管理模式，其与一般供应链存在一定的联系。

这种联系具体表现在传统供应链与闭环供应链均强调系统观念，不再孤立地看待各个企业或各个业务部门，而是充分考虑所有相关的内外联系体——供应商、制造商、批发商、零售商、承运商和顾客，并将供应链看作一个有机联系的整体；供应链的运营具有共同的战略目标，供应链内成员与成员之间存在战略合作伙伴关系。然而，在存在联系的同时，闭环供应链管理与一般供应链也存在不同之处。从闭环供应链内涵的界定可以看出：传统的开环供应链只是完成产品从原材料的生产、产品制造到消费的正向交付过程，没有废旧产品的逆向回收、再处理和再制造过程，即所谓的正向供应链；而闭环供应链则是一种产品正向物流和逆向物流集成的封闭系统，且在闭环供应链中这种正向物流和逆向物流之间并非相互独立，而是呈现出"从源到汇，再由汇到源"的闭合特征。由此可以得出，闭环供应链具有如下突出特点。

（1）高度的复杂性。闭环供应链系统所涉及的范围广度和深度都与传统的开环供应链系统具有极大的差异，闭环供应链系统既包含正向供应链系统，又包含逆向的回收再制造系统，不光涉及企业的生产运作层面，还涉及从战略层到策略层、再到运作层的一系列方面，因而系统具有高度的复杂性。

（2）高度的不确定性。由于闭环供应链整合了正向物流和逆向物流，其过程中的不确定性明显被增大，特别是回收的逆向物流方面，终端消费者处废旧品的回收质量、数量以及废旧产品的流向等都是极为不确定的。另外，由于每个废旧产品的损耗程度都不一样，其再处理时间、再制造利用率等也是不确定的，这些都构成了闭环供应链管理的高度不确定性。

（3）目标多样化。传统供应链管理主要以经济利益最大化作为目标，而闭环供应链管理则需将环境保护和可持续发展问题纳入其中，综合考虑社会环境效益和企业经济效益。因此，闭环供应链管理既要考虑企业经济因素，也要考虑社会环境因素。

（4）系统内在供需的不均衡性。闭环供应链系统中，由于废旧产品的回收与成品市场的需求之间存在时效滞后问题，当前市场销售的产品总是要经历一段时间之后才能被回收再制造，这将导致废旧产品供应和需求上的不匹配。因此，闭环供应链系统中的制造商在进行产品回收再制造时必须考虑产品本身的生命周期以及市场生命周期。

1.6.2　闭环供应链的回收模式

闭环供应链与传统正向供应链的不同之处就是增加了废旧品回收的逆向供应链。在该逆向供应链中，主要参与者有制造商、零售商、消费者以及专门从事废旧品回收的第三方回收商等，根据回收主体不同，闭环供应链主要有以下三种回收模式。

（1）零售商回收模式。在该模式下，制造商委托零售商从消费者手中回收废旧品，并以一定的转移价格从零售商处回收废旧品将之用于再制造，零售商作为销售和回收的主体起着连接制造商和消费者的桥梁作用。在这种回收模式下，制造商负责新产品的生产和废旧品的再制造过程，并不需要负责回收废旧品和管理回收流。零售商不仅负责产品的市场推广和销售，还需要负责产品在消费之后的废旧品及包装材料的回收（消费者可以将废旧品统一交至零售商处或者由零售商统一对消费者手中的废旧品进行回收），并将收回的废旧品以一定的转移价格出售给制造商，由制造商完成对废旧品的处理工作。在电子行业，以零售商负责产品回收较为常见，如我国的电器超市企业国美和苏宁等均会承担部分产品的回收工作。

（2）第三方回收商回收模式。在该模式下，制造商委托独立的第三方回收商专门从事废旧品的回收工作，由回收商从消费者手中回收废旧品，再以一定的转移价格从第三方回收商处回收予以再制造。香港俐通集团就是一个典型的第三方回收商，其通过一站式逆向供应链管理及价值优化服务（包括逆向物流、拆解及回收处理、再制造等），以分享利益的方式使生产者主动参与到电子产品生命周期管理的全过程，关注电子废弃物的回收、处理及循环利用的每一个环节。

（3）制造商回收模式。在该模式下，制造商直接从消费者手中回收废旧品，逆向供应链不涉及零售商和第三方回收商，仅由制造商将提供所有产品的销售和售后服务以及废旧品即包装材料的回收和处理，并在产品设计、原材料选用等方面做出相应的改善。国际上一些著名的制造商，如 IBM、戴尔等电子类制造商都已经建立了自己的回收渠道，开展了废旧品回收业务。

1.6.3 闭环供应链中的关键活动

由于闭环供应链中正向供应链的活动与传统供应链一样，故不再赘述之。从过程层面来看，闭环供应链中的逆向供应链包含了三个层次的活动：一是废旧品从消费者返回到原始制造商的物流活动；二是原始制造商将废旧品转化为再制造品的物流活动；三是针对废旧品再利用而进行的物流活动再设计。其中，前两个层次的活动是实现废旧品再利用所必需的活动，而第三个层次的活动则可确保前两个层次的活动不断降低成本和提高效率。上述三个层次包含的具体活动如下。

（1）回收，是指销售方通过有偿补贴或无偿返回等方式从终端消费者手中获得废旧品的活动。该销售方代表供应链中的任一节点，可以是供应商或制造商，也可以是零售商或配送商等。

（2）检验及分类，是指测试并分析废旧品的功能，并根据产品的特点以及包含的零部件性能来确定合适的处理方式，其主要包括直接再销售、再加工后销售、通过分拆实现零部件的再利用以及报废等处理方式。在此基础上对所有方案进行详细分析，最终可确定最佳的处理方式。检验及分类是决定企业的逆向物流活动能否成功的关键一环。

（3）拆分，是指根据产品的特点进行的拆分，有选择地拆卸出有再利用价值的零部件，并将之作为维修、翻新或再制造之用。这些零部件的用途受其自身质量的影响，如果质量标准较高，便可被用于再制造；如果质量标准较低，便可被用于翻新或维修。

（4）重用，是指对回收的废旧品或拆分得到的零部件进行进一步加工，使其具有再利用价值的过程。在逆向物流的所有活动中，最具经济价值的活动便是重用。基于废旧品再利用程度，制造商可以采取不同的处理方式，如原材料的再生，废旧品的翻新，零部件的备用、修理及直接重用等。

（5）再配送，是指将再制造品配送到其所需市场的过程。此处的再配送等同于传统的配送过程，二者均从少数的再制造地点向多数的需求地点配送货物，在此期间还涉及产品的运输、存储和销售等活动。闭环供应链中的制造商可以将废旧品的再配送与原有产品的配送结合，运用集成的一体化方式以提高系统效率，但这种配送方式的复杂程度将大大增加。

（6）报废处理，是指通过恰当的方式对已经没有再利用价值且严重危害环境的废旧品或零部件进行销毁的活动。

1.6.4　闭环供应链中产品的再利用形式

开展闭环供应链研究的意义主要体现在对废旧产品的再利用活动方面，该活动既可利用回收废旧品中的可用部件节约生产成本，也可减少废弃物对环境的不利影响。废旧品的再利用可以深入挖掘废旧品的经济价值，使废弃物的排放量最小化。有学者总结出了闭环供应链中废旧品的五种重用方式，指出废旧品存在产品层、零部件层和原材料层三种重用形式。制造商根据废旧品的再利用程度，可适当地处理之，实现再利用价值的最大化。闭环供应链需要根据废旧品的再利用程度采取不同的策略，检测后的废旧产品经过拆分分类之后将被返回到正向供应链中，具体的重用形式分为六个层级。

（1）直接重用，是指产品不用经过任何处理过程就可以直接被再次使用，其可分为已损耗产品的二手销售或捐赠，以及完好产品的重新包装再销售。

（2）维修，是指替换或调整产品的已失效零部件，以使其重新恢复功能而再次被使用。对已损耗的产品进行维修，目的是让其能够正常工作，所以维修后的产品大多被销往二手市场或捐赠。

（3）翻新，是指为外观破损但功能并没有失效的产品更换外壳和上漆，以使其外观恢复的过程，以及将产品按其基本功能拆分出关键模块进行检查，并为受损的模块进行更换或维修，然后对质量符合标准要求的零部件进行再组装的过程。翻新后的产品质量通常要低于新产品。

（4）再制造，是指对回收废旧品进行重新加工，使其质量、功能和特性与利用原材料生产的新产品完全相同。再制造是废旧品回收再利用中最为复杂的方式，为了使其质量标准与新产品的质量标准完全相同，首先，需要全面彻底地检查废旧品中的零部件，更换受损及已经过时的零部件；其次，将符合质量标准的零部件与使用原材料生产的零部件共同投入供应链中，参与新产品的组装及配送、分销等活动。当前电子行业、汽车行业和轮胎制造行业是从事废旧品回收再制造的主要行业，此外，很多使用废旧品生产的再造品会与新产品一起以相同的价格进行出售，如施乐公司以相同的价格将利用废旧品生产的再制造打印机墨盒与利用原材料生产的打印机墨盒销往市场；同时，也有许多企业将再制造品以比新产品低的价格销售出去，如德国的宝马汽车公司一直以来都在对汽车引擎、交流发电机和电动机等价值较高的零部件进行回收再制造，而零部件质量达标后，将以比市场价格低30%~50%的价格二次销售。

（5）部件拆分备用，是指废旧品的某些零部件损坏，已无法继续使用，但该产品未受损的零部件仍能使用，制造商可将这些零部件用作备用件，如计算机生产商IBM对回收的废旧计算机进行检测后，拆出可继续使用的零部件备用。

（6）原材料的再循环，是指废旧品的受损程度较重，零部件已经不能直接再利用时，需要拆解，并根据材料种类进行物理或化学处理，以恢复废旧材料的初始特性，对其重新循环利用。制造商通常没有再生原材料的设备，并且其对相关知识了解较少，因此，多数制造商会将零部件拆分后再根据其材料性质分类，出售给原供应商或相关材料再生产商。

思考题

1. 谈谈对可持续供应链的认识。
2. 什么是"三重底线"？
3. 实施绿色供应链管理的影响因素有哪些？
4. 什么是低碳供应链？
5. 闭环供应链的回收模式有哪些？
6. 闭环供应链中产品的再利用形式有哪些？

案例讨论：可持续的供应链管理：以苹果公司为案例

即测即练

第 2 章

绿色供应链的运营管理

2.1 绿 色 运 输

在物流各环节中,运输环节的能耗最高,由此产生的环境负荷主要包括空气污染、噪声污染、占用城市交通等。在几种基本运输方式中,公路运输的能耗和碳排放最高,因此,要实现运输环节的节能减排和绿色化,就需要降低公路运输在运输总量中的比例,通过对物流系统的合理规划和绿色化管理降低车辆的使用量和行驶里程。本章节主要讨论绿色化运输的方法和策略。

2.1.1 可持续发展的运输模式

现代交通运输的发展对人类社会及经济发展的作用是十分巨大的,但运输的发展也对自然环境产生了负面影响,运输的发展及其环境影响是所有国家面临的共性问题。运输是发展的关键,没有通向资源地和消费市场的运输设施,经济增长就会停滞,消除贫困的目标也难以实现。但是,不合理的运输规划会加剧环境污染,影响人们的生活质量,造成资源和能源的日益紧张,从长远看,其也会影响经济的可持续发展。为此,需要从可持续发展的战略高度制定运输发展战略和运营管理策略,通过一系列政策性手段减少运输对环境的影响。

1. 可持续发展对运输的基本要求

从可持续发展的要求看,节约能源和资源、降低各种污染、保护自然生态环境,这三点是运输发展应该遵循的原则和要求。

1)可持续发展对运输基础设施的要求

运输需求是一种为了满足人们其他本源需求而派生的需求。离开社会经济的需求,交通运输的发展将是毫无意义的。因此,运输的可持续发展必须紧紧围绕社会经济可持续发展的总体目标。

对于经济水平相对落后的发展中国家而言,交通运输还是制约社会经济发展的因素,因此,建立满足可持续发展的交通网络和基础设施对发展中国家来说是十分重要的。为此,必须加强运输基础设施建设,满足社会经济发展的需要,同时,要使运输能力的增长与经济社会的运输需求相匹配，使运输网络的布局适应工农业生产以及人口分布的需要。

在规划交通运输基础设施时，应重视道路、铁路的建设对生态环境和社会环境带来的影响。例如，过江隧道的修建要考虑是否会对鱼类的产卵、繁殖和生存造成影响（尤其那些稀有的鱼类）；陆上公路或铁路的修建要考虑是否会影响到动物的安全迁徙。因此，建设运输设施需要进行多方面的考虑和评估，如果没有可替代的方案则需要采取相应的补救措施。

另外，建设新的运输网络时更应改造已有的运输设施，减少对土地资源的过度消耗。铁路、公路、水路、航空、管道这五种运输方式应合理配置，充分发挥各种运输方式的优势，保持相互协调配合，将不同运输方式的优势组合起来，避免重复建设，节约运力，提高整体综合能力。

2）可持续发展对运输工具的基本要求

运输工具既是客货运输的载体，又是能源的直接消耗者和环境污染的直接产生者。可持续发展的运输体系对运输工具的基本要求应该是既能以足够的能力和多样性的服务满足各种运输数量和质量需求，又能适应社会对降低能耗和减少环境污染的发展要求。

首先，低能耗及能源多样性要求。目前的运输工具大多以石油制品作为动力，每年消耗全球石油产量的50%以上。因此，一方面应降低能源消耗，提高单位燃料所能行驶的千米数；另一方面，要减轻对石油资源的依赖，积极开发和推广使用以其他能源为动力的运输车辆，如电动汽车、电力机车、太阳能汽车以及各种可用替代燃料（如乙醇、压缩天然气、氢气等）的运输工具。

其次，车辆行驶中的清洁性要求。运输工具的环境问题主要是由运输工具在使用过程中燃料燃烧排放废气而产生的。要实行清洁运输，一方面，要尽量使用以清洁燃料为动力的运输工具；另一方面，要在车辆制造环节采取各种污染防治措施。例如，采取电控燃油喷射、三元催化转化器、废气再循环等污染控制技术将有利于降低废气污染、改善大气环境质量，这些防污装置应该在车辆出厂前就安装。

最后，运输工具的多样性要求。旅客和货物运输需求的多样性决定了运输工具的多样性，例如，客运方面速度最快的飞机、适合中长距离的火车和长途汽车、方便灵活的小汽车等；在货运方面，还需要根据不同的货物选择运输工具，如石油等液体货物需用油轮、罐车或管道，集装箱需用集装箱车/船，鲜活易腐货物需用冷藏车等。

2. 不同运输模式的可持续性比较

可持续发展强调的是社会、经济、环境和资源的全面协调发展。五种基本运输方式在技术经济特征、资源利用和环境影响方面有不同的表现，因而具有不同的可持续发展潜力。

1）各种运输方式的技术经济特征

不同的运输方式具有不同的技术性能，如运输速度、运输能力、通用性、灵活性不同的经济指标，如运输成本、运输能耗等。

（1）公路运输。其最明显的特点就是机动灵活，包括技术上和经济上的灵活性。前者体现在空间、运营时间、载运量、运行条件、服务、运输组织方式、公司规模和汽车运输场站服务对象上；后者主要表现在投资少、资金周转快。与铁路运输相比，公路运输的缺点可被概括为劳动生产率较低、运输能力小、不适宜长距离运输、能耗较高（是铁路运输能耗的 10~15 倍）、运输成本高（是铁路运输的 11.1~17.5 倍）、易污染环境，适合于中短距离的运输。

（2）铁路运输。其具有运量大、运输速度快、运输成本和运价低廉、系统的可靠性和安全性较高、全天候运输、几乎不受气候影响等优点，在中长距离的客货运输中具有较大的优势。但是，铁路运输需要汽车等其他运输方式的配合和衔接，且投资大、建设周期长，铁路线路、机车车辆、车站等技术设备需要投入大量的财力、人力和物力，所占用的土地也较多。

（3）水路运输。水路运输是利用天然的江河湖海等自然资源实现的大批量、长距离运输，除需要投资购造船舶、建设港口外，沿海航道几乎不需投资建设，整治内河航道也仅有铁路建设费用的 1/5~1/3，因此，投资省，运输成本较低，沿海大吨位的船舶运输成本一般较铁路运输低。与铁路和公路相比，水运的占地较少，基本不占用耕地。在五种运输方式中，水路运输能力最大，且船舶单位能耗较低，但其运输速度慢，只适于运输大宗和散装货物以及集装箱。

（4）航空运输。航空运输速度最快，其最大优势在于远距离直达快速运输，不足之处则是投资大、成本高，尤其飞机的造价高、购置（维修）费用高、能耗大。因此，航空运输成本要比其他运输方式高很多。另外，航空运输易受气候条件影响，在某些天气条件下难以保证客货运送的可靠性。

（5）管道运输。管道运输是利用管道输送气体、液体和粉状固体的运输方式，主要利用管道，通过一定的压力差实现货物的位移。管道运输具有能耗低、污染小、运输安全、连续性强、货损率小等优点，但存在运输物品品种单一、方向单一等局限性。

2）各种运输方式的资源能源消耗比较

（1）各种运输方式的能源消耗。不同运输方式具有不同的能源利用效率，这种效率可用单位周转量（千卡/吨·千米）的能源消耗来表示。总体上，铁路运输和水路运输具有较低的能耗，航空运输能耗最高，但在水路运输方面，内河运输与海运具有较大的差异。表 2-1 是中国与美国、日本在不同时期、不同运输方式的能耗效率比较。

表 2-1 中国、美国、日本在不同时期、不同运输方式的能耗效率比较

单位：千卡/吨·千米

运输方式	中国	美国		日本	
	2005 年	1990 年	2000 年	1995 年	2005 年
公路货运	1060	3570	3670	949	785
水路货运	71.4	60.6	74.1	159	240
铁路货运	68.1	65.8	55.1	61	60
航空货运	5388	—	—	5662	5179

注：①1 千卡=4.19 千焦。

从表 2-1 可以得出，铁路运输的能耗较低，能源利用效率最高；公路货运的能耗是铁路货运能耗的 10 倍以上，民航运输能源利用效率最低，单位运输量能耗水平位居各种

运输方式之首;水路运输的能耗在不同国家、不同时期有一定的差异,但远远低于公路运输的能耗。

(2)土地占用。交通运输基础设施要占用大量的土地,但不同的运输方式用地规模也不一样。完成同样的运输任务,铁路和公路占用的土地最多,水运、航空和管道运输用地较少。水运航道利用天然的江、河、湖、海,除港口设施占地外几乎不占用土地;航空运输的航线在空中,只有机场等基础设施的建设需占用土地;管道埋在地下,除泵站、首末站占用一些土地外,管道占用土地很少。

欧盟1995年的一项研究指出,为完成相同的运输量,建设公路所需占用的土地比铁路多3.5倍。照这样推算,一条双向4车道的高速公路占地约为一条复线铁路的1.6倍,但其运输能力仅为铁路的20%~30%。

3)各种运输方式的环境影响比较

(1)大气污染。在铁路运输中,内燃机车会产生少量污染;航空运输中,当飞机在低空飞行时排出的废气会破坏臭氧层;海洋及内河运输中,船舶航行时会因燃油燃烧排出废气;公路运输中产生的废气最多,如CO_2、CO、铅化合物及微粒等,对大气的污染最严重;管道运输中基本不产生废气污染。

(2)水质污染。修建铁路会对沿线水体、河流产生破坏;修建公路时会改变水系,污染地表和地下水;建设机场也要改变水表环境;建设港口及开凿运河、疏浚河道等均会改变水系、污染水域。水运方式和建设港口对水域的污染较其他方式要更明显一些。

(3)固体废弃物污染。铁路、公路、航空及水上运输中的固体废弃物主要都是废弃的设施、设备以及客货运输产生的废弃物,几种方式的影响程度没有显著差别。

(4)噪声污染。城市噪声主要是由公路运输产生的,但在铁路车站、机场、港口周围的噪声也很大。

(5)事故。公路运输发生的交通事故最频繁,会导致人员伤亡和财产损失;铁路运输和航空运输较为安全,然而,一旦发生事故后果也严重,尤其是航空事故最为可怕。管道运输的事故主要是燃料及危险品的泄漏。

此外,铁路运输和公路运输会破坏耕地和野生动物的习性,公路运输还会引起城市交通阻塞。

上述各种影响有些指标难以监测,无法量化,因此,可以将易于量化的空气污染和温室气体排放量作为两个主要特征值。考虑不同运输方式完成的运输量,可以采用单位周转量产生的污染物来衡量。表2-2是德国有关部门对不同运输方式的能量利用和污染物排放的统计数据。

表2-2 德国不同运输方式的污染排放量比较

	运输方式	铁路	水路	公路	管道	航空
单位污染物排放 (克/吨·千米)	二氧化碳	41	30	207	10	1206
	甲烷	0.06	0.04	0.3	0.02	2.0
	挥发性有机化合物	0.08	0.1	1.1	0.02	3.0
	二氧化氮	0.2	0.4	3.6	0.02	5.5
	一氧化碳	0.05	0.12	2.4	0.00	1.4

从表 2-2 可以看出，就货运而言，管道运输的能耗和污染物排放量最少，水运和铁路次之，公路和航空运输最高。

4）各种运输方式的可持续性分析

根据不同运输模式在技术、经济性能、环境影响方面的表现情况，用 1～5 五个等级衡量，1 表示性能最优，5 是最差，排序结果如表 2-3 所示。

表 2-3　不同运输模式的技术、经济、环境性能比较

性能	铁路	公路	水运	航空	管道
运输能力	2	4	1	5	3
速度	2	3	4	1	5
连续性	2	1	5	4	3
灵活性	3	1	4	2	5
运输成本	3	4	1	5	2
运输能耗	3	4	1	5	2
大气污染	3	5	2	4	1
温室效应	3	5	2	4	1
土地占用	3	5	1	3	2

从技术、经济特征看，铁路运输适合大宗货物（如生产资料、生活资料、建筑材料等）的中、长距离运输；公路运输适合鲜活物品、高价值轻质量物品的运输以及货物配送运输，能实现门到门的运输；水路运输适合大宗货物的长途运输；航空运输适合体积小、价值高的物资、鲜活产品及信函、公文等物品的运输；管道是一种专门的运输工具，主要用来输送石油、天然气等特殊物资。

从能源消耗和环境污染来看，五种货物运输方式中，航空和公路运输的能源利用效率较低、污染大，因此，其可持续性较差，而管道、水运和铁路则具有较好的可持续性。

但是，运输只是物流系统中一个相对重要的环节，运输成本是物流总成本中相对较小的一部分，与物流系统的其他环节效益背反。例如，航空运输虽然费用最高，但它能使物料迅速流通，需要的配送仓库很少，可以减少仓库设施规模，降低仓库对土地资源的占用和建筑费用，降低仓储环节的能量需求和废弃物排放。因此，运输模式的绿色化需要在物流系统的框架范围内统筹考虑。

2.1.2　物流运输绿色化的目的和原则

1. 绿色化物流运输的根本目的

运输对环境的主要影响除了运输设施会占用大量土地资源外，过程中最主要的问题就是消耗大量能源，导致严重的空气污染、噪声污染和城市交通阻塞，而车辆在交通阻塞时排放出的一氧化碳、铅化合物等废气比正常行驶时要高出许多倍，因此，交通拥挤加重了运输车辆的空气污染程度。

在各种运输模式中，公路货车运输导致的空气污染和能源消耗是最严重的。但是，

公路运输也是实现准时制物流服务、门到门服务以及其他多样化、个性化物流服务的不可缺少的手段。

因此，绿色化物流运输的目的就是要通过有效地规划和控制物流系统，在保证物流服务目标的前提下尽量降低货车运输中的能量消耗和各种废物排放，降低运输车辆对道路的占用。

2. 物流运输绿色化的基本原则

为实现上述绿色运输的目的，在规划及运作管理物流系统的过程中，应该遵循以下几项基本原则。

1）安全性原则

安全性是绿色运输的首要目标，包括人身安全、设备安全和货物安全。为了保证运输安全，首先应了解被运货物的特性，如重量、体积、贵重程度、内部结构以及其他物理化学性质（易碎、易燃、易腐、危险性等），然后选择安全可靠的运输方式和运输工具，必要时采用特殊的运输工具，如密封罐、冷藏车等。货物在运输途中变质、受损或发生安全事故必然会增排废弃物，甚至带来更严重的环境污染。

2）及时性与准确性原则

运输的及时性是指按照客户所指定的时间准时送达；运输的准确性是指运输的准点到货、不错发、不错送。运输速度的快慢和到货及时与否不仅决定物资周转速度，也对社会再生产的顺利进行影响重大。运输不及时会造成用户所需物资的缺货，有时还会给国民经济造成巨大的损失，因此，应根据客户的急需程度进行合适的运输决策。货物运输的准确性虽然主要取决于发送和接收环节，但与运输方式有很大的关系，汽车运输可做到门到门，中转环节少，不易发生差错事故；铁路运输受客观环境因素影响小，容易做到准时准点到货。发生错发、错送的现象会造成不必要的重复运输，既增加了能源消耗和废气排放，也增加了货物破损的概率。

3）经济效益与环境效益的统一

运输是物流系统最重要的组成部分之一，物流服务水平的提高依赖高效率的运输体系，提高运输子系统的经济效益也是降低物流成本、增加利润的重要途径。因此，降低运输环节对环境的影响、提高环境绩效，还必须与降低运输成本、增强竞争优势的目标一致，即做到环境效益与经济效益的统一。

4）人与车辆管理的一体化

这里的人主要是指驾驶车辆的司机，司机对运输绿色化实践而言是至关重要的，是企业与客户之间的关键界面。司机的环境保护意识和责任感能保证企业一系列降低燃料消耗的措施得到贯彻和实施。因此，应该加强对司机的环保培训，并将对司机的环境管理纳入企业环境管理体系中，做到对司机与车辆环境管理的一体化。在某种程度上，对司机的环境管理有时比技术进步的意义更大，因为如果司机缺乏环境保护意识甚至对企业的环境行为有抵触情绪，再好的运输策略可能也难以被实施。

2.1.3 物流运输绿色化的途径和策略

由上述基本原则可知，物流运输的绿色化必须能同时给企业带来经济效益和环境效益双赢的结果，且绿色化策略必须可操作，便于企业推广实践。本书根据一些发达国家的成功经验，归纳出5条实施途径，即通过技术进步降低各种运输方式对环境的影响；重视对驾驶员的培训和管理；选择对环境更友好的运输模式；合理地规划物流系统，降低车辆对道路的占用；发展城市物流。下面具体分析这些措施。

1. 通过技术进步降低各种运输方式对环境的影响

"科学技术是第一生产力。"通过以下几方面的技术创新和进步可以有效降低每一种运输模式的能源消耗量和污染物排放量。

1）研制使用清洁能源的发动机

汽车运输之所以会产生严重的空气污染，主要是由于它靠汽油或柴油驱动，这些石油制品的燃烧必然会排出一些有害物质。从环保的目的出发，应该鼓励生产以甲醇、乙醇、液化石油气、压缩天然气等替代燃料为动力的汽车。太阳能也是一种清洁能源，但太阳能汽车的技术还不成熟，还不能得到普及应用。电动汽车是一种脱离了燃油发动机、以自载电池为电源、由大功率电动机提供动力的机电一体化的运输工具。此外，还有混合动力汽车，既安装有蓄能系统（高能蓄电池），又有燃料驱动系统，这类车辆能让车主根据所处的环境和路况变化选择不同的驱动方式。

2）研究使车辆燃料效率提高和尾气排放减少的技术

提高车辆燃料使用效率就是降低车辆的燃料消耗率、降低空气污染源。很多技术都可以降低车辆的燃料消耗率，例如，对发动机、控制系统和排气装置进行技术改进；改善燃烧过程，完善进气、排气和混气的过程；改进发动机的结构和汽车空气动力学性能，降低燃料消耗和噪声级别。推广使用硫、苯含量较低的燃料，使用低硫排放的柴油机，使用电动汽车等，均能明显降低城市空气污染程度。

3）交通控制技术

利用计算机技术、信息技术和控制技术开发智能化的交通控制系统对改善交通堵塞、优化行驶路线、提高运输效率、保障交通安全、降低能源消耗有明显的作用，因此，能有效改善环境质量，提高能源利用率。

4）燃料消耗管理技术

燃料消耗虽然是技术性问题，但采取有效的管理方法也能明显降低运输车队对燃料的消耗量。英国货运协会曾出版了一部燃料管理指南——*Fuel Management Guide*，书中介绍了一些有效管理燃料消耗的措施，通过这些措施可使货运车队的燃料消耗量降低20%。

发达国家十分重视推广清洁能源和清洁汽车。美国在1990年的清洁空气法中鼓励发展清洁燃料的汽车，同时，制定了更加严格的尾气排放标准；1992年，美国能源政策法进一步鼓励使用非化石燃料。

除了国家政策法规外，企业改进发动机和车辆既然能降低能源消耗，还能显著降低运输成本。例如，英国Thomas Nationwide Transport公司为每辆车花费3000英镑改进发动机和车辆性能，使每车每年的燃料节省3500英镑（按1991年的燃料成本），而且使货物的运输更可靠、更有效。又如，德国物流企业DKS（Deutsche Kleider Spedition）使用混合驱动的柴油/电动汽车奔驰1117执行市区内货物的配送任务,该车型承载能力为11吨,电动模式下最大速度30千米/小时,几乎没有噪声污染和空气污染。再如,法国一家邮购公司使用普通柴油机车辆将货物运送到集中的城市配送仓库,现在,他们正准备改用电动汽车完成从配送仓库到终端客户的配送服务,以降低对城市中心区域的环境影响。

当然,引入新技术也会带来一系列影响,例如,使用新车辆应与对司机的培训相结合,对表现出色的(燃料利用率最高)司机进行奖励;当燃料使用情况受到监控时,司机会更仔细地驾驶,降低发生事故的可能性,降低车辆修理费用和保险费用。

2. 重视对汽车驾驶员的培训和绩效管理

汽车驾驶员是物流企业其客户之间的关键界面,因此,物流企业应该将司机及其驾驶行为标准纳入公司运行管理范畴,并使之与其他环节的管理标准相一致。具体可采用下面几项措施。

(1)提供燃料管理和驾驶技术培训,使司机掌握节约能耗的方法,正确使用轮胎、加速器等。

(2)对驾驶行为进行全方位的培训,包括严格遵守道路交通法规,养成限速行驶的习惯等。

(3)通过合适的信息系统软件对运输途中的燃料消耗情况进行记录和监测,并将有关信息在企业内公布,对有效使用燃料的司机给予奖赏和鼓励。

(4)使用远程通信系统监控司机的行为,如使用卫星定位系统实时记录数据,促使司机主动降低燃料消耗,督促司机行车时服从企业政策和城市交通法规。

培训和管理对企业和司机二者都有益处。对司机来说,高标准的行为要求能避免交通事故,保证安全和身体健康;对企业来说,表现出色的司机能更有效地降低车辆燃料消耗,降低运输成本,避免事故造成的各种损失,有利于提高业绩。

从某种程度上看,对司机的培训和管理甚至比技术进步对环境的意义更大,当司机培训计划与其他降低燃料消耗的方法相结合时,企业才能显著降低燃料消耗。欧洲一些国家的成功经验可以说明这一点。例如,荷兰物流与运输企业家组织(the Employers' Organization for Logistics and Transport,EVO)提出了一套培训计划和课程体系,指导司机在行车时节约燃料消耗;奔驰汽车公司也开发了一系列驾驶员培训课程,接受这些培训的司机能使公司的燃料消耗降低5%~10%。英国Blagden Packaging公司采取了一系列措施鼓励司机节约燃料消耗,例如,建立与燃料消耗业绩挂钩的奖金制度,鼓励司机正确使用发动机,在等待装卸货作业时关掉发动机引擎,避免大的加速度等。通过这些措施,公司的燃料消耗降低了18%。荷兰的Ahold Grootverbruik公司经营着一只拥有60辆货车的车队,企业通过一系列措施鼓励司机节约燃料消耗,例如,对不同司机驾驶同一辆车的燃料消耗情况进行记录和比较,并定期公布结果,这样一来,燃料消耗降低了5%。

除了降低能量消耗,上述培训计划强调避免高速驾驶,因此,其对防止事故的发生、降低车辆磨损、避免破坏、减少维修费用、降低保险赔付成本等都具有积极的作用,能保证公司持续降低燃料消耗、降低运营成本。

3. 选择对环境更友好的运输模式

尽管与公路运输相比，铁路、水运、海运具有更低的噪声和能源消耗，但是，公路运输对很多企业来说仍然是最优的选择，因为它可控制性强、准时、灵活、安全、成本低。如果物流系统尽可能多地利用铁路运输、海运、水路运输，或将这几种方式与公路运输联合，就能建立环境友好的运输模式。

国外一些企业已作了许多尝试。

德国食品公司 Kraft Jacobs Suchard Deutschland 先用火车将包括咖啡豆在内的原材料从德国西北部的不莱梅运到位于柏林的工厂，卸下原料后的火车在回程中又将包装好的咖啡运输到不莱梅。该公司约 46%的原料是由铁路运输的，仅此就可将能源消耗降低约 40%。

瑞典家具与家用商品生产销售商 IKEA 的方针则是尽可能地使用铁路运输。当运输距离超过 200 千米时，火车–货车的组合运输将被认为是比单独汽车运输更好的方式。IKEA 公司的创新之处体现在他们还与其他一些也有铁路运输需求的公司建立了伙伴关系，以便更充分地利用车皮，获得更好的性价比。例如，当 IKEA 要安排一项从意大利到西班牙的运输时，公司会在意大利的媒体上登广告，寻找具有同样要求的合伙企业，以便共同安排运输计划。

联合运输（通常是公路–铁路）或多式联运能有力拓展公路运输的范围，避免交通阻塞，还能提供比单独的公路运输更加成本低廉而可靠的服务。Henkel 是德国一家化工企业，为充分利用铁路运输的优势，企业重组了配送体系。该企业的洗衣粉和洗涤剂的配送是通过遍布德国 9 个区域的配送中心实现的。这些区域配送中心离顾客较近，货物供应大多是由位于生产线末端的火车运输提供的，另有 12%的产品是由汽车直接从生产线上运送。该公司每年由铁路运输的货物量达 13 500 节车皮，相当于每年使 22 000 辆汽车平均行驶 300 千米。

从上述事例可以看出，所谓环境友好的运输模式实际就是尽可能多地利用水运或铁路运输货物，即多种运输方式的联合。下面是适宜采用的具体措施。

（1）生产企业或物流企业通过与客户、供应商、其他的物流企业、铁路及多式联运专业企业的信息交流与沟通寻找新的运输方式，并与当前运输方式的成本进行比较。

（2）当运输距离超过 200 千米时，应该考虑用铁路运输代替拥挤的公路运输，这样有助于减少城市交通事故的发生，并与其他具有相同的运输起点和终点的企业建立合伙关系，以便充分地利用火车的运载能力。

（3）在考虑建立新的物流设施地址和新的组织体系时，应该尽量保证这些新设施既接近铁轨又便于公路运输，保证将来在选择运输模式时具有灵活的经营策略。这点是非常重要的。

对于长距离的运输任务，企业需要对现有运输模式进行仔细审核，再决定是否转变运输模式，还需要考虑新的运输模式是否能给供应链上的其他企业和运输承运人带来机遇。大多数情况下，避免选择公路运输能立即改善环境效益。但是，如果能采用燃料高效利用技术并有效降低车辆行驶里程，公路运输模式也能具有较好的环境效益。

4. 减少车辆使用量

通过合理的物流系统规划，可以提高车辆装载效率，减少卡车、铁路车皮的空载里程、避免非满载运输等不合理现象，从而降低路上行驶的车辆数、行驶里程数和货物周转量。运用信息技术合理配载能使回程装载量最大化，而与其他企业的货物合并运输也能有效提高运输效果。

1）合并运输，保证车辆满载行驶，减少车辆出动次数

满载行驶能提高能源利用率，降低单位重量货物的能源消耗，也可以降低单位重量货物对道路的占用。

专业配送企业一般都有广泛的货源地和目的地，可将不同供应商的货物合并配送或与其他物流企业共同配送，明显提高车辆的装载率，消除空载现象。例如，英国一些连锁超市积极探索新的运输方式，将不同供应商的货物合并运输，显著降低了车辆出动次数。

另外，与竞争对手合作也能明显降低运输车次，其效果远远大于一家企业单独寻找合伙运输所获得的效果。例如，同一地方的几家配送企业共同调整自己的配送体系，联合运输能够更有效地利用铁路运输，降低对火车车皮的需求数。

供应商策略也能降低车辆行驶里程和车辆出动次数。鼓励供应商将供货点设立在重要的生产车间附近能有效降低原料采购的运输总里程。例如，位于英国 Wakefield 的可口可乐公司和 Schweppes Beverages 公司就鼓励瓶子生产商和罐子生产商在车间附近设厂，这种改变每年可减少车辆出动 900 次。

2）采用信息系统，优化配送路径，降低车辆行驶里程和行车次数

挪威 Tollpost Global 公司参加了一项国际性的名为 Green trip 的项目。这是一个面向全球企业环境友好的物流运输项目，项目组开发了一个基于计算机的物流与运输信息系统。该系统集成了电子地图、客户信息、货物信息、车辆类型及运送地点、运送时间进度表信息，能辅助设计最短、最有效的行车路线。他们的预期目标是将车辆行驶里程数降低 25%，运输成本降低 10%。

英国皇家邮政公司主要依靠公路运输完成物流业务，其配送网络中有 80 个重要的分拣中心、3400 个本地配送中心，每天处理约 6 千万个信件和包裹。公司每年出动车辆约 3 万次，行驶里程超过 7 亿千米，消耗燃料 1.2 亿升。为降低成本、优化配送和路线管理，该公司于 1989 年引入一套 P-E 路线规划和日程排序系统。到 1993 年，公司物流车辆行驶里程降低了 18%，出动车次减少了 18%，燃料消耗降低了 24%。更重要的是其不仅降低了配送服务成本和对环境的污染，而且提高了配送服务质量。

3）改进包装设计方案，降低包装体积或重量，提高车辆的一次运输量

创新的包装设计方案也有助于降低车辆使用次数。在环保法规健全的国家，包装物的运输和回收处理已成为企业的重要责任和义务。从有利于运输的目标出发，重新设计包装方式实际上对供应链上的所有企业都有多种益处。例如，可以降低包装材料的实际消耗量，降低包装原材料的购置成本，也使车辆的作用更明确，即主要运输的是商品而不是大量的包装废弃物。这种面向运输的设计思想还可被进一步扩展到产品的设计上，

使产品更便于运输,在一次运输中让车辆可以装载更多的商品,间接降低了车辆的出动次数。

4)为车辆配置实时远程跟踪系统,为司机提供路线选择信息

这里的远程跟踪系统将司机的驾驶运输过程与中心计算机联网,服务于运输计划安排之后的监控和信息处理,而上文中采用的信息系统则是用来辅助运输决策和路线优化的。对运输车辆的跟踪和监控能帮助司机在运输途中选择路线,也方便客户了解自己的货物行进到什么地方,可以提高客户体验度。

对上述4种途径联合考虑不仅能提高物流企业的生产效率和利润率,还能明显提升环境绩效,提高企业的声誉。

5. 城市物流系统的合理规划

合理规划城市物流对改善城市运输能力、城市环境具有很大的作用。城市物流系统实际上应包括物流链上的企业与城市内从事配送/销售的企业之间建立的伙伴关系。从事城市物流活动的企业按照运输范围的不同分工合作,共同实现城市物流的各种功能。

例如,物流企业可以按照"城市中心区域""中心区域—城市郊区""城市郊区—外界"三个层次,进行"接力"运输。最外层的运输可以利用铁路完成,城市中心的配送可利用环保型车辆实现,并将环境影响放在重要位置。此外,每个层次的运输都是由几家专业物流企业共同规划,这可降低车辆行驶里程和车辆使用数量。这种先进的物流组织模式和管理模式可以结合城市物流系统中的硬件设施(如车辆和仓库),使运输管理进入一个新的阶段,并使物流链上的所有企业获益。物流企业之间相互合作、共同改进城市配送系统、共享车辆和设施将成为一种趋势。

总之,上述途径和策略具有双重利益,既可降低企业经营成本,又可改善环境特性。对渴望购买"绿色"产品和服务的消费者来说,这样的组织及其提供的服务将具有更大的吸引力。无论是制造企业还是物流企业,都可以通过上述策略有效降低供应链的运行成本,提升环境绩效。

2.2 绿 色 包 装

根据上节分析可知,在物流系统中,包装消耗了大量的资源,产生严重的废弃物污染;运输环节的资源消耗和能源消耗巨大,环境污染严重,此二者是物流系统中对环境影响最严重的环节。物流的绿色化首先就是包装环节和运输环节的绿色化。本节将讨论绿色物流包装。

2.2.1 绿色包装的概念

包装在保护产品、提高物流效率、促进销售等方面起着十分重要的作用,是商品流通不可缺少的部分。由于包装要消耗大量的自然资源,包装废弃物对环境的污染也日益严重,故包装污染引起了公众及环保界的高度重视。"绿色包装"是20世纪80年代末出

现的新概念，也被称为"无公害包装"或"环境友好的包装"。

1. 绿色包装的定义

1987年，德国实施了一项"蓝天使"计划，由欧共体环保委员会对在生产和使用过程中都符合环保要求且对生态环境和人体健康无害的商品，授予绿色标志。随后，美国、日本和加拿大等国也先后建立了绿色标志认证制度，以保证消费者识别产品的环保性质，同时鼓励厂商生产无污染的绿色产品。绿色包装正是计划之一。

关于绿色包装（green package），学术上并没有统一的定义，其也被称为"生态包装"（ecological package）或"环境友好的包装"（environmental friendly package），是指完全以天然植物或有关矿物为原料制成的、能被循环和再生利用、易于降解、可促进持续发展且在产品的整个生命周期中对生态环境、人体和牲畜的健康无害的一种环保型包装。简言之，绿色包装就是指包装产品从原材料选择、制造、使用和废弃的整个生命周期均符合生态环境保护的要求，是一种无公害的包装。

实行绿色包装具有节省资源和保护环境两方面意义。一方面，绿色包装以节约资源为目标，重视资源的再生利用；另一方面，其又强调废弃物的最少量化，有利于保护生态环境。从环境学的角度看，绿色包装技术就是环境友好的包装技术；从生态学角度看，绿色包装就是生态包装；从生态经济学的角度看，绿色包装就是根据环境价值判断并利用现代科技潜力实现的包装。因此，绿色包装是包装业可持续发展的有效途径。

2. 绿色包装的内涵

绿色包装是一种理想包装，随着包装技术和环境保护理念的发展，绿色包装的内涵也经历了一个发展过程。下文将对绿色包装的目的、内容、成本效益等方面进行分析。

首先，从绿色包装的功能来分析，保护环境和资源再生是其两个主要功能，而这两个功能的实现靠的是 reduce、reuse、recycle 和 degradable，即绿色包装的 3R1D 原则。具体来说，reduce 是指包装减量化，即在满足保护产品、方便物流、促进销售等功能的条件下，包装用量应最少；reuse 是指包装容器应该经过简单处理就能得到重复使用；recycle 是指包装材料应易于被回收再生，通过再加工、焚烧利用热能、堆肥等达到综合再利用的目的；degradable 是指最终无法被再利用的包装废弃物应该可以被降解、腐化，不形成永久垃圾。

其次，从绿色包装的内容来看，在20世纪90年代中期，随着对环境无污染概念的深化，国际标准化组织提出了"生命周期分析法"，并将其列为 ISO14000 国际环保系列标准，这就奠定了"生命周期分析法"在评价包装产品环境性能方面的权威地位。因此，绿色包装的内涵也从对包装废弃物的处理扩展到包装产品的整个生命周期，即在包装产品从原材料的选择、加工、制造、使用，直到回收和废弃处理的全过程均不能对环境造成污染。显然，这时绿色包装的内涵更丰富了，不仅要求包装材料的绿色化，还要求包装生产过程的绿色化以及包装方式的可重用。

再次，从绿色包装的目的看，其自追求包装废弃物对自然环境污染的最小化发展到既要求包装消耗资源的最小化，又要求包装废弃物的污染最小化。因此，绿色包装追求的是一种更广泛意义上的生态环境保护，是包装业的可持续发展。

最后，从成本效益方面来看，绿色包装考虑的是包装品生命周期的成本，既包括传统的内部成本，也包括环境代价（即外部成本）。绿色包装的效益应该是经济效益和环境效益（社会效益）的有机统一。

当然，绿色包装是一个动态的概念，随着生产技术的发展以及生态环境保护要求的提高，绿色包装的内容和内涵还将不断发生改变。例如，传统上认为塑料回收困难，需要 100 年左右的时间方可被降解，而纸包装物易回收，能很快自然风化、融于自然，显然后者比前者更加环保。但是，随着材料科学技术的发展，各种既易于回收又能被降解的新型塑料相继被开发，且生产过程中还能较少污染环境，比起纸包装的前期造纸污染和对自然资源的大量索取，这类塑料的环保性能更好。因此，随着科学技术的发展，新的绿色包装材料层出不穷。

3. 绿色包装产生的必然性

1）绿色包装是 WTO 及有关贸易协定的要求

我国已加入 WTO，而 WTO 一揽子协议中已增加了《贸易与环境协定》，在区域一体化的多边贸易谈判中，环保问题始终是谈判主题之一。这些国家的环保多边规范要求企业必须生产出符合环保要求的产品及包装。另外，随着环保浪潮的冲击，消费者对商品包装也提出了越来越高的要求，他们要求新型包装应符合"3R1D"原则，同时越来越多的消费者倾向于选购对环境无害的产品（包括包装无害的产品）。因此，采用绿色包装并有绿色标志的产品在对外贸易中更易被接受。

2）绿色包装是绕过新贸易壁垒的重要途径之一

国际标准化组织就环境保护需求制定了相应的标准 ISO14000，包括环境管理体系、环境审核认证、环境标志、生命周期评定、环境行为评价、产品中环境标准 6 个子系统。这是一套严密的系统，将给全世界的绿色产业带来不可估量的推动作用，并将成为国际贸易中重要的非关税壁垒和技术壁垒。

20 世纪以来，发达国家在国际贸易中设置了越来越多的绿色壁垒。例如，1993 年 5 月欧盟推出了"欧洲环境标志"，要求进入欧盟的商品取得绿色标志时必须向各国申请，没有绿色标志的产品进入欧盟国家则将受到限制。欧盟关于包装的法规 94/62/EC 对所有包装和包装材料、包装的管理、设计、生产、流通、使用和消费等环节提出了要求，其中的技术内容涉及包装与环境、安全、能源和资源的利用等方面，规定了包装材料中有害重金属含量的最大允许极限。这些包装法规不仅对欧洲的企业产生影响、促使企业产品的包装朝绿色化和可持续性方向发展，也给其他准备进入欧盟市场的企业设置了新的贸易壁垒。要绕过这一贸易壁垒，企业必须实施绿色包装策略。

3）绿色包装是促进包装工业可持续发展的重要途径

可持续发展强调环境与经济的协调发展，要求经济的发展必须建立在生态持续能力之上。这就要求经济的发展必须走"少投入、多产出"的集约型模式，而实行绿色包装正是为了改变传统的"高消耗、高投入、高污染、高消费"的粗放型包装生产方式，使包装对资源的占用量最小化、包装生产过程中的能量消耗和污染物排放最少、最终废弃物的总量最小。因此，绿色包装是促使资源利用和环境保护协调发展、促进包装工业可持续发展的唯一途径。

2.2.2 绿色包装材料

从包装对环境的影响来看，主要影响表现为：包装材料废弃后难以降解、对生态环境产生破坏以及不合理的包装方式导致的包装材料过量消耗。因此，包装材料和包装方式的环保性是绿色包装的两项主要内容。

1. 绿色包装材料的内涵及标准

绿色材料（green materials，GM）又称环境协调的材料（environmental conscious materials，ECM）或生态材料（eco-materials），是指那些具有良好使用性能或功能，对资源和能源消耗少，对生态环境污染小，有利于人类健康，再生利用率高或可降解循环利用，在制备、使用、废弃直至再生循环利用的整个过程中都与环境较为协调的一大类材料。

绿色材料并不是单独的某一类材料，而是以材料对环境的功能或贡献来命名的，其既包括那些具有净化、修复环境功能的高新技术材料，也包括进行环境化改造的传统材料。当然，除了环境性能外，绿色材料同样还必须具备先进的使用性能，所以，绿色材料一般要具备三个特征，即良好的环境协调性、先进的包装性能或功能、包装材料生命周期全过程的绿色化。

1）良好的环境协调性

这种协调性表现在两个方面：一是包装材料应具有较低的环境负荷值，二是包装材料具有较高的可循环再生率。生产一种材料而不产生环境负荷值实际上是不可能的，因此，人类只能寻求材料生产相对较低的环境负荷值。另外，材料作为一种资源，如果能充分地循环再生，则可以实现对资源的综合循环利用，这本身就是降低生态环境负荷值的一种表现。

2）先进的包装性能或功能

作为一种包装材料，如果不考虑包装性能或功能，仅追求与环境的协调，那么，这种材料对包装工业而言是没有多大存在价值的。因此，优良的包装功能也是绿色包装材料的基本内涵，例如，质量轻、防震性好、抗压性强、美观以及在物流过程中能方便装卸搬运、储存、运输等性能。

3）包装材料生命周期全过程的绿色化

材料生命周期全过程是指从原材料获取、材料制备、加工、使用、废弃，直至再生循环的整个过程。绿色包装材料必须在这整个生命周期都具有良好的环境特性，不能只在某些阶段是环保的，而其他阶段又是污染严重的。例如，有些高分子材料在制备过程中环境污染相对较小，但在其废弃处置过程中的环境污染很严重；相反，纸质包装物废弃后回收、循环均较容易，但造纸过程中的环境污染严重，且会消耗很多不可再生资源。所以，衡量一种包装材料的环境特性应该从其全生命周期范围来评价。

总之，绿色包装材料既要满足人类对材料基本包装性能的要求，也要体现人类对生态环境的关注，其本质特性就在于生命周期全过程具有的较低的环境负荷值。

应该强调的是，随着科学技术的发展，衡量一种包装材料绿色性的标准也是在不断变化的。前文对绿色包装材料的含义分析中认为绿色材料的环境负荷值应该相对较低，这是判断包装材料绿色性的标准，也是这种标准动态变化的根源。要判断一种包装材料是否属于绿色材料，一般要预先设定一个环境负荷值，再与该材料的环境负荷值进行比较，如果该材料的环境负荷值小于预先设定值，那么，该材料就是绿色材料。这个设定值就是判断标准，其应参考国家标准或 ISO 标准制定。随着科学技术的进步和人类环境意识的提高，环境污染标准和等级也会不断地被修改和提高，所以，判断标准也将越来越严、越来越高。显然，判断绿色材料的标准是动态变化的。

2. 常用的绿色包装材料及其特点

随着绿色材料判断标准的变动，原来属于绿色材料的包装材料可能在新的标准下不再属于绿色材料了。另外，随着材料科学技术的发展，传统的非绿色包装材料也有可能因新的生产工艺或处理工艺而变成性能优异的环保型材料。这两方面的变化说明，绿色包装材料也是在不断发展变化的。

现代包装的 4 大支柱性材料是纸、塑料、金属和玻璃。其中，金属、玻璃和纸包装材料的回收再循环比较简单，对环境的污染程度较低，而一般塑料包装材料对环境的污染大、综合利用较复杂。但是，塑料由于其质轻、加工容易、节能等特点，已成为包装的首选材料，其用量占塑料总量的 20%~30%。随着材料技术的发展，人们已研制出各种新的可降解塑料，改善了塑料包装材料的回收再循环问题。

下面介绍几种绿色包装材料及其特点。

1）可降解塑料包装材料

可降解塑料被列为继金属材料、无机材料和高分子材料之后的"第四种新材料"，是一种包装性能和环境性能俱佳的材料，现已被广泛应用于食品包装、周转箱、杂货箱、工具包装及部分机电产品的外包装箱。可降解塑料包装材料既具有传统塑料的功能和特性，又可通过微生物、大型生物或阳光中紫外线的作用在自然界中被分解和还原，最终以无毒形式重新进入生态环境。

使用可降解塑料是解决包装污染问题的有效途径，但该材料也存在一些问题。例如，可降解塑料的价格较高，是普通塑料的 3~10 倍，难以得到推广；在性能上不能完全满足某些较高标准的包装需求；有时降解的速度太快或太慢，不易得到控制。

许多国家通过一些强制性的法规或手段限制普通塑料，推广使用可降解塑料。如美国的许多州规定，饮料容器、食品包装材料、一次性餐具、购物袋等塑料制品必须使用可降解塑料；意大利采取对非降解塑料加重税收的方法来推进可降解塑料的使用等。

2）纸包装

从回收、再循环的角度看，纸是一种很好的绿色材料。但是，一般的造纸过程造成的环境污染大，且普通的纸包装材料在耐火、防湿、防潮方面性能差。随着材料科学的进行，目前市面上也出现了一些新的功能性纸包装材料，如下所示。

（1）防腐纸：掺入方晶石和活性炭制造的纸张，可以被用于制造运输鲜花的瓦楞纸箱，能吸收导致鲜花腐败的硫化氢。

（2）防菌纸：在制造天然纸浆时注入无菌气体，能防止细菌的侵入，可被用于医疗器具的包装。

（3）防氧化纸：采用弱碱打浆制造的纸张，能保护字画和书籍在酸性环境中不受侵蚀。

（4）防湿纸：浸涂过蜡的纸张，提高了防湿性能，可以制作防雨袋。

（5）耐热纸：纸浆经过特殊处理，具有耐热性和吸水蒸气性能，可用作微波食品的包装盒。

（6）耐火纸：由氢氧化铝和天然纸浆混合，或用磷酸化纸浆和玻璃纤维混合制成，耐燃性好。

（7）耐酸纸：采用特殊纸浆与添加剂混合制成，具有优秀的遮光性、耐酸性。

（8）耐油纸：纸板内层经过耐油脂处理以后可防止油脂的浸透，纸板表面经过一般涂料处理可以印刷图案，主要被用于油脂性食品的包装。

（9）耐水纸：在100%的天然纸浆中掺入乳胶树脂制成，具有耐水、耐折、耐摩擦特性。

（10）保鲜纸：天然纸浆经过处理后与具有吸收性的树脂混合制造而成，适用于保鲜包装。

纸包装的主要问题是造纸阶段会产生污染，且要消耗大量资源（尤其是森林资源）。因此，应该大力提倡采用芦苇、竹子、甘蔗、棉秆、麦秸等替代木材以及再生纸制品造纸。在发达国家，再生纸在杂志出版业的使用率已达100%，在包装业的使用率也已达到80%，只有一些特殊用纸（如纸尿布、食品包装纸等）才使用原生木材造纸。另外，包装材料的重复利用和再生循环既是处理固体废弃物的最好方式，也是解决原料来源、降低地球资源负担、降低成本的有效途径。

3）可食性包装材料

可食性包装材料主要有淀粉、蛋白质、植物纤维和其他天然物质，特点是可以被食用，对人体无害，适用于食品、药品等物品的包装。美国农业研究局的科研人员研制出利用大豆蛋白质、添加酶和其他处理剂压制而成的半透明可食性薄膜，可被用于煮食的食品包装材料。

4）利用自然资源开发的天然生物包装材料

天然生物材料主要有纸、木材、竹编材料、木屑、麻类棉织品、柳条、芦苇以及农作物茎秆、稻草、麦秸秆等，它们在自然环境中都很容易被分解、不污染生态环境，而且都属于可再生资源，成本较低。例如，我国竹资源丰富，以竹代木作为包装材料也是绿色包装材料的一个发展方向。

2.2.3　绿色物流包装方式

绿色包装材料可以保证包装物被废弃后的环境友好性，但并不能减少包装对资源的消耗。本节将介绍通过包装方式的绿色化提高包装材料的重复利用率，进而降低资源消耗的方法。

1. 绿色物流包装的重要性

物流包装也被称作运输包装，其主要功能是保护物流活动中的物品、促进物流效率的提高。商业包装的绿色化主要是从材料方面考虑的，而物流包装的绿色化除了要考虑绿色材料因素外，还需要考虑包装方式的重复利用。因此，物流包装的绿色化是十分重要的。

物流包装不仅消耗大量的资源，而且其废弃物的处置更困难。物流包装容器（如托盘、储存罐等）在每年全球所用的总包装中占了很大的比重。木材是目前最常用的托盘材料，因此，这需要消耗大量的木材资源。再如，美国每年有价值 150 亿美元的波纹纤维板市场需求，这些产品被用于生产物流包装容器，其产生的固体废物超过 2.4 亿吨。

物流包装容器被废弃后的处置是许多国家头痛的问题。由于物流包装容器一般都具有较大的外形尺寸，如果填埋需要占用很多土地，且对环境有害。因此，托盘在很多国家都属于被禁止填埋处置的产品。如果焚烧处置，则还要被收取高额的费用。

鉴于物流包装容器废弃处置的困难以及包装消耗的大量不可再生资源，许多国家都希望通过法律途径和经济手段来解决物流包装废弃物问题。例如，德国包装法规的一个主要目的就是要解决物流包装的回收问题，该法令规定，包装容器生产商必须回收所有与产品相关的物流包装，必须对物流包装进行重复使用或再循环利用，所有的物流包装都应该编号、回收。上升的物流包装容器购买费用和昂贵的处置费用也促使越来越多的企业主动考虑采用可重复使用的物流包装方式。

2. 常见的物流包装方式

1）包装袋

一种重要的柔性包装方式，由具有较高韧性、抗拉强度和耐磨性的挠性材料制成，被广泛用于运输包装、商业包装、内装、外装等场合，根据装载量的不同，可分为以下两种类型。

集装袋——盛装重量 1 吨以上，顶部一般装有金属吊架或吊环等，袋底有卸货孔，装卸、搬运非常方便，效率高，适于装运颗粒状、粉状的货物。集装袋一般用聚丙烯、聚乙烯等聚酯纤维纺织而成。

一般运输包装袋——盛装重量是 0.5～100 千克，由植物纤维或合成树脂纤维纺织而成，如麻袋、草袋、水泥袋等，主要包装粉状、粒状和个体小的货物。

2）包装箱

一种重要的刚性包装方式，材料为刚性或半刚性材料，有较高强度且不易变形。包装操作主要为码放，然后将开闭装置闭合或将一端固定封死。包装箱整体强度较高，抗变形能力强，包装量较大，适合运输包装、外包装。主要有以下四种类型。

瓦楞纸箱——由瓦楞纸板制成，其外形结构可分为折叠式、固定式和异型瓦楞纸箱这三种；按构成材料又可分为瓦楞纸箱和钙塑瓦楞箱。

木箱——用途广泛的物流包装容器，主要有木板箱、框板箱、框架箱这三种。

塑料箱——一般用作小型运输包装容器，自重轻、耐蚀性好、可装载多种商品，能反复使用，还可制成多种色彩以便对装载物分类，手握搬运方便。

集装箱——由钢材或铝材制成的大容积物流装运设备，属于大型运输包装箱，也是被反复使用的大型、周转型包装。

3）包装瓶

一种瓶颈尺寸有较大差别的小型刚性包装容器，具有较高的抗变形能力，刚性、韧性要求也较高。包装量一般不大，适合美化装潢，主要作商业包装、内包装使用，包装液体、粉状物。

4）包装罐

一种强度较高的刚性包装，罐身各处横截面形状大致相同，包装操作是装填操作，然后将罐口封闭，可作为运输包装、外包装，也可作商业包装、内包装。根据包装罐的容积可分为小型、中型包装罐和集装罐，前者用于销售包装，后两者用于运输包装，适合包装液状、粉状及颗粒状货物。

3. 物流包装方式的绿色化

绿色包装的主要目的就是提高包装材料的重复利用率、降低资源消耗。因此，除了研制可回收、可降解的绿色包装材料之外，设计可直接重复使用的包装方式对降低资源消耗、降低回收处理成本具有更大的价值。

绿色包装方式必须满足三个方面的要求：一是包装材料的绿色性，二是包装产品制造环节的绿色性，三是包装材料消耗的最少量化。

要减少物流包装材料的消耗可以采用两个途径：一是采用可重复使用的包装方式，二是采用集合包装方式。

1）可重复使用的物流包装方式

重复使用物流包装容器的关键问题在于包装容器的结构和形状。因形状导致收集、储存和运输费用过高将增加物流包装重复使用的成本。一般的物流包装容器具有较大的外形，占用空间大，不易保存和运输。因此，要使包装容器重复使用方便、成本低，就必须解决包装容器的储存和运输问题。

可重复使用的物流包装容器有多种形式、尺寸规格，可以用不同的材料制成，但主要是塑料、木材或金属替代品。其中，塑料质量最轻、价格最低，可以制作成刚性或活动式的包装箱；木制包装容器耐用性好、承载大，但调运不方便、价格高、运输成本高；金属材料一般用来制作带轮子的网状包装箱。

另外，物流包装容器必须具有一定的承载能力，因此，包装方式的可折叠性不能影响到包装容器的承载能力。使包装容器可折叠、可拆卸的方法是在适当的位置采用活动的连接方式。下面介绍几种便于重复使用的物流包装容器结构。

（1）塑料制的物流包装箱。塑料是被广泛使用的物流包装材料。可重复使用的塑料包装容器有刚性和活动式两种类型。将4个侧面设计成具有一定锲角的形式可以使包装容器套放在一起，节约存储空间和运输空间，降低重复利用的成本。刚性塑料容器又分为有盖与无盖两种结构。图2-1是一种无盖的、具有一定锲角的容器示意图，它们可以被套放在一起，降低运输和储存成本。

图 2-1　可被套放的无盖物流包装箱

图 2-2 为可被套放的带盖物流包装箱,它带有两个活动的塑料板盖,相当于两扇门,当箱子关上时,两个活动板可以互相锁死,满足包装所需的强度要求。

图 2-2　可被套放的带盖物流包装箱

(2)铰链连接的木制散货包装容器。图 2-3 是这种包装容器的结构,包装箱的底部是按照托盘的尺寸规格和要求设计的,便于叉车直接操作,不需要额外的托盘。该结构的最大特点是上层结构可以被拆卸和折叠,与顶部和底部分离,箱子的四边由铰链连接,满足承载能力的要求。

金属制的网箱也可采用这种结构,被用于散货、小件杂货等的物流包装。

2)集合包装方式

集合包装是将一定数量的包装件或产品装入具有一定规格、强度和能长期周转使用的更大包装容器内,形成一个合适的搬运单元的包装技术。该技术不仅有利于产品装卸作业和运输作业的机械化,还能提高物流效率和物流过程中的安全性,更重要的是集合包装容器可以被反复周转使用,降低原产品内包装的用料标准,简化包装操作。因此,集合包装能节约包装材料,降低包装成本,促进物流包装的标准化和规格化。

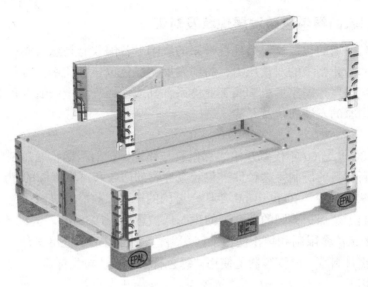

图 2-3　铰链连接的木质散货包装容器

集合包装方式较多，如集装箱、集装袋、托盘集装、无托盘集装、框架集装等。现代集装箱是由钢板、铝合金、玻璃钢制成的大型长方体容器，载量大，同时也是一种安全的运输设备，尤其适用于多式联运。集装箱运输需要专门的码头设施和装运工具，因此，虽然集装箱可以被重复使用，但投资很大。

托盘包装也是一种常用的集合包装，即将包装件或货物堆码在托盘上，再通过捆扎、胶黏等方法加以固定，形成一个搬运单位以便机械化作业。托盘既起搬运工具的作用，又有集合包装容器之功能，是国内外运输包装行业普遍采用的一种工具。按材质划分，托盘有木制、金属、塑料等类型。塑料托盘与木托盘相比具有寿命长、可靠性高、卫生等优点，而且可以被全部回收并重新利用，既减少了垃圾产生和处理费用，又避免了每年成千上万亩森林的损失，是首选的一种绿色包装方式。欧美等国已通过法令推动塑料托盘在更多行业被广泛使用。

集装袋是一种新型的包装方式，是一种柔软、可折曲、可周转的大型包装运输容器，由可折叠的涂胶布、树脂加工布、塑料或化纤材料制成，具有结构简单、成本低、便于周转和回收复用等特点，适合粉、粒状货物的包装。如英国的杂货搬运集装袋，用尼龙纤维编织再加上塑料涂层制成，具有防雨、防水、拉力强、柔软可折叠的特点，可装载1～2吨粉粒状货物。集装袋空袋回收体积小，可以洗涤，周转和回收复用的次数最高可达数十次。

2.2.4　绿色包装的实施策略

实施绿色包装不仅是绿色包装技术的问题，还涉及政策、法规、企业经营理念、消费理念等。为探讨实施绿色包装的途径，有必要先了解发达国家在绿色包装方面的实践经验及措施。

1. 发达国家的绿色包装发展现状及对策

目前，与日俱增的包装垃圾给环境带来的影响令各国政府颇感头痛。一些发达国家迫于资源危机和防止污染的双重压力，纷纷发展"绿色包装"技术。目前，包装材料回收利用已在欧美等发达国家形成拳头工业体系，其成功经验和做法值得各国借鉴。下面介绍几个典型国家的发展现状及经验。

1）美国

美国早在20世纪60年代就开始注意包装与环境保护的问题，通过制定法规、环保宣传以及绿色新材料的研制等途径促进包装废弃物的回收和再生资源的利用。

（1）通过法规调控。20世纪60年代，美国的一些州政府通过法律措施强制回收包装废弃物，掀起了"保护美国的美丽"的生态保护运动。1988年，全美已有21个州颁布了共计2332条法令限制和禁止使用某些塑料包装制品；36个州联合立法实行了环境标志制度，在塑料制品、包装容器上使用"绿色标志"或"再生标志"，说明它可被重复回收，再生使用。

目前，美国包装行业采用两种绿色化方案：一是每年减少15%的原材料消耗；二是要求包装制品的回收再利用率至少为20%。许多州通过立法确定包装废弃物的回收定额，例如，佛罗里达州政府积极推行《废弃物处理预收费法》，并规定只要达到一定的回收再利用率即可申请免除包装废弃物的税收。

通过这些法规，美国在包装容器的回收再利用方面取得了显著成绩。每年包装纸盒的回收量高达4000万吨，回收的包装旧纸盒经化学处理后完全可以被重复使用。由政府机构、环保组织和企业进行的一项联合调查表明，2002年，美国共生产了1925亿个饮料瓶罐（含铝、塑料和玻璃），回收率约为41%，其余的59%被浪费掉了。尽管如此，被回收部分仍然使美国节省了相当于3200万桶原油的能源。如果有新的回收计划出台，则美国今后饮料瓶罐的回收率将呈现上升趋势，达到新的水平。

2006年，美国废弃物回收实现销售额650亿美元，累计回收废料超过1.5亿吨，其中，包装废弃物的回收情况是8140万吨的钢和铁、5350万吨纸张、450万吨铝、140万吨金属铅、350万吨玻璃、95.8万吨塑料。如今，全美2/3的钢铁产量来自废钢材回收，60%的金属及合金来自废金属回收，超过50%的纸张来自废纸回收，约200家造纸厂只使用回收纸原料。

（2）研制开发新型绿色包装材料。除了政府的立法外，企业、研究机构也是推进绿色包装发展的重要力量。2003年1月，美国Biocope公司率先推出由谷物合成的塑料——PLA聚合物材料，用这种新材料做的杯子物理性能可与石油合成塑料相媲美，由于原材料来源于植物，能被完全降解，环保性能是石油合成塑料无法比拟的，该杯子可以和食品垃圾一起被降解成水、二氧化碳和有机物。另外，PLA还具有极佳的合成稳定性。美国化学协会会议上提交的另一项研究成果表明，有研究人员发现了一种低成本、环保型的快餐包装材料，这种新型材料以小麦秸秆的纤维和麦粒中的淀粉作原料，制成的包装盒可以被完全降解，且价格比用土豆淀粉制作出的包装盒便宜得多，保温性能更好。

（3）消费者对再生资源制品的支持。美国100%再生纸板联盟进行的一项市场调查表明，绿色包装正在影响着人们的消费习惯，越来越多的美国消费者要求用100%再生纸板作消费品的包装，希望能有更多的纸质包装采用再生纸板，能有更多的包装打上100%再生的符号。85%的消费者认为，用再生包装材料"有利于子孙后代的未来"，80%的消费者认为，购买100%再生纸板包装的产品是"为环保作贡献"。

2）德国

（1）"绿色环保"标识。1975年，世界第一个绿色包装"绿点"（green-dot）标识出现，其由绿色箭头和白色箭头组成，上方文字由德文DERGRUNEPUNKT组成，意为"绿点"。绿点的双色箭头表示产品或包装是绿色的，可以被回收使用，符合保护生态环境的要求。1977年，德国政府又推出"蓝天使"绿色环保标识，将之授予具有绿色环保特性的产品，包括包装产品。

继德国使用"环保标志"后，加拿大、美国、日本、澳大利亚和其他欧洲国家等也先后开始实行产品包装的环保标志。如加拿大的"枫叶鸽"，日本的"爱护地球"，欧盟的"欧洲之花"，丹麦、芬兰、瑞典、挪威等北欧诸国的"白天鹅"，法国的"NF"标识，韩国的"生态标章"等。

（2）包装废弃物回收处理法规。德国于1991年颁布了包装废弃物处理法令，要求生产厂家和分销商对产品包装全面负责，回收产品包装，并再利用或再循环其中的有效部分。法令实施的目标是尽量减少不必要的包装，减少包装材料的消耗量，对包装容器多次重复使用，对最后的包装废弃物进行再循环，并限制包装废弃物直接填埋处理。包装废弃物处理法令要求企业为产品包装物的回收和再循环提供资金保证，以减轻政府的负担。当然，保证这一法律顺利实施的先决条件是建立一个面向全社会的、方便完善的包装收集系统和具有足够处理能力的再循环机制。该条例要求将各类包装物的回收规定为义务，设定了包装物再生循环利用的目标，规定自1995年7月1日起，玻璃、马口铁、铝、纸板和塑料等包装材料的回收率要全部达到80%。1993—1995年，德国通过该系统重复利用的包装废料约1300万吨。

1996年10月，德国政府根据"污染者付费"原则颁布实施了循环经济法。此外，对使用难降解塑料包装的企业另外征收环境税。自包装法规实施以来，德国消费的包装材料和回收的包装材料均逐年减少，约80%的商品不再采用展示包装，一次性包装大大减少，包装材料中的玻璃、金属板、铝罐等回收十分成功，纸与纸板的回收率相当高。

2008年4月，德国对包装废弃物处理法令进行了第五次修订，目的是进一步规范各方义务和市场机制。该修订版规定，以商业目的将包装物（包括填充物等）带入德国市场的生产者和销售者除非自行回收处理所销售的包装，否则，需要在有覆盖范围的回收体系注册，并支付处理费用。另外，修订的法令规定了包装材料总体再利用率65%的目标，不同材料的再利用率分别为：木材包装15%、塑料包装22.5%、镀锡板（马口铁）50%、玻璃50%、纸/纸板/纸箱60%。

（3）垃圾分装。20世纪90年代，垃圾分装在德国已经十分普及，家家户户都用不同的塑料袋对各类垃圾进行包装：绿色袋装瓶子、蓝色袋装废纸、黄色袋装铝制品和塑料、褐色袋装果蔬垃圾，大街上不同颜色的垃圾桶很多，市民将不同的废弃物分别投入标有文字（颜色）的桶口中。1995年，包装废弃物回收率达到80%，分拣率也达到了80%，即64%的消费后包装材料被成功回收利用。专家指出，德国产品的安全度、产品质量和产品环保度均名列世界前茅，分别居世界第1位、第2位和第4位，其环保贸易额占全球20%，名列世界第1位。

3）日本

（1）立法促进包装废弃物回收。日本政府于1992年起草《能源保护和促进回收法》，该法案于1993年正式生效。在此之前，日本72%的包装废弃物被作为能源焚烧。《回收法》强调必须生产可回收的包装产品并有选择地收集可回收的包装废弃物。该法实施以来，97%的玻璃啤酒瓶和81%的米酒瓶被回收利用，全日本兴建了5个对回收塑料进行再生循环加工的工厂。

1995年，日本政府效仿欧洲国家，以"污染者付费"原则为基础提出由消费者负责将包装废弃物分类，政府负责收集已分类的包装废弃物，私有企业获政府批准后对包装废弃物进行再处理。同时，日本政府还制定了《包装新指引》，规定企业应尽量缩小包装容器的体积，容器内的空位不应超过容器体积的20%，包装成本不应超过产品出售价的15%。另外，日本东京都规定：包装容器中的间隙原则上不可超过整个容器容积的20%，商品与商品之间的间隙必须保持在5毫米以下，包装费用必须在整个产品价格的15%以下。

随着包装产业的发展，原有的法律已不能满足现实的需要。1997年6月，厚生省与通产省首次联合拟订和颁布了《产品包装分类回收法》，强制规定包装容器制造商或带有包装容器的产品销售商具有回收包装容器并进行再利用的义务。2000年5月26日，日本参议院通过了《循环型社会基本法》，该法旨在减少废弃物，彻底实现循环利用，并规定了"生产者责任"。同年，为了提高公民的环保意识，通产省公布了一套有关包装的建议，内容涉及包装废弃物的处理、减少废弃物、鼓励循环再造、包装标准化等方面。日本包装立法集中体现了"三个要素和一个目标"，即减少包装废弃物、旧包装再利用、资源再利用以及最终建立循环型社会。

（2）研制可降解包装材料。日本于1995年1月1日起禁止使用不能再循环利用的塑料包装材料。为此，许多日本公司开始寻找新的可降解材料。例如，CargillDow公司采用可再生资源（如玉米）生产出一种新的聚合物Nature Works PLA，将之用于制造塑料，并被索尼公司用于磁盘包装。日本Japan Eco-Management有限公司销售从中国进口的由天然芦苇制作的食品包装盒，这种包装盒可替代塑料包装或泡沫聚苯乙烯托盘，且由于热值低，混同其他垃圾焚烧处理时不会产生诸如二噁英之类的有毒物质，其废弃物填埋处理60~90天后即可自行分解，因而对环境危害较小。2011年，针对可降解塑料价格高且难以普及的情况，日本静冈县富士工业技术中心成功推出了一种纸与可降解塑料合成的新材料，这种纸与塑料的混合材料既容易被降解，又具有比可降解塑料更低的价格。

除上述几个国家外，欧洲其他国家如奥地利、比利时、丹麦、荷兰等都颁布了有关包装废弃物回收再利用的法规。这些法规一方面提高了企业、消费者的环保意识和包装废弃物的回收率，降低了环境污染负担，另一方面也降低了包装材料消耗量，节约了自然资源。

2. 实施绿色包装的宏观策略

绿色包装虽然是顺应环保要求而产生的，但在任何国家都无法完全依靠市场自发实现，随着越来越多因环保之名构筑的贸易壁垒出现，国际贸易受到了深远的影响。因此，要打破这些绿色壁垒，必须从绿色包装的法律调控、标准化、包装材料及包装方式的绿色化等方面寻求对策。

1）加强对绿色包装的法律调控

国外成功的经验证明，对绿色包装进行法律调控是必要的。我国现有法律法规对绿色包装的调控还很不完善，有必要借鉴国外经验，尽快制定对应法规。包装法规应该禁止或限制非环保包装材料的使用、强制提升包装物的重复使用率和回收率，必须明确提出"谁污染谁治理，谁的包装谁负责废弃物处理"的原则。具体应涵盖如下内容。

（1）对非绿色包装材料的限制。一方面，要制定法律禁止使用某些包装材料；另一方面，通过税收政策鼓励使用再生资源，如对不可降解的包装材料征收较高的赋税，对使用回收再生资源的企业给予减、免税的优惠政策。

（2）制定包装物（尤其是运输包装物）重复利用率和回收率的目标值，强制运输包装物实行多次重复使用和再循环。该目标值还应该随科学技术的进步和环境要求的提高而不断地被修正。

（3）法规还应该明确包装产品和包装材料的生产者、销售者、消费者对包装物处理应承担的责任，明确对包装废弃物处理的收费原则，明确行业管理组织的职能。通过法规和经济管理的手段加强对包装物废弃物的回收处理和再循环。

（4）参照国际惯例，建立健全我国的环境标志制度，开展高起点的认证工作，从包装材料、包装物回收、循环利用率、生产过程环保性等方面制定认证标准。

2）推进物流包装的标准化

在物流过程中，仓储、搬运作业的对象往往是包装单元或包装集合体。若产品包装标准与物流设施标准之间缺乏有效的衔接，则将影响物流系统的效率和水平。因此，物流包装的标准化不仅有利于发展绿色包装，而且有利于提高物流作业的效率。

物流包装标准化的范围很广，涉及的内容很多。仅从绿色包装的环境目的来看，其应该包括如下几个方面的标准化。

（1）绿色包装材料标准及其性能标准。包装材料的绿色标准应该从材料本身的制备过程、在使用过程中的环境影响、被废弃后的可降解性能以及可再循环性能等方面得到全面考虑。

（2）包装容器结构及基础尺寸规格的标准，即包装模数化。确定容器结构和包装模数标准后，各种进入流通领域的产品就必须按模数规定的尺寸进行包装。模数化包装有利于集合小包装，利用集装箱及托盘将零散货品装箱、装盘。如果包装模数能与仓储设施、运输设施尺寸模数协调、统一，则有利于提高仓储、装卸、运输等物流环节的协调和作业效率，从而实现物流系统的合理化。另外，包装容器的标准化和系列化还有利于包装容器在更大的范围内得到重复使用。因此，此类标准可以促进包装物重复利用率和回收循环率的提高，从而降低包装对资源的消耗、降低生产成本和废弃物处置费用。

（3）包装物生产过程中的环境标准。作为绿色包装，包装物的生产过程必须也是对环境无害的，其生产标准应该按照清洁生产的技术标准和环境标准来制定。

3）加强绿色包装技术创新研究

绿色包装是一项系统工程，除了政策、法规等宏观条件的支持外，其更依赖技术的不断创新和进步。因此，加强对绿色包装科学技术的创新研究是实施绿色包装工程的重要保证。绿色包装技术创新涉及以下几个方面。

（1）新的环保型包装材料的理论、技术开发与新材料工艺。真正意义上的绿色材料不能仅体现在废弃后处理这一方面，还应该包括材料自身生产过程的无毒无污染、可回收重复利用、可再生或降解。如以有机酸、糖类、纤维素及变性淀粉等物质为主要原料的生物降解塑料可被微生物分解，这一特性能避免对环境的污染。

（2）现有包装材料有害成分的控制与替代技术的研究，以及自然界"贫乏材料"替代技术的研究，如以塑料代替木材。

（3）绿色包装方式和包装结构的研究，重点研究易于被回收或能被直接多次重复利用的包装方式和结构，减少包装材料消耗，研究零度包装、简明包装及可拆卸包装的结构优化问题。如采用标准化的集装卸、运输和包装功能于一体的包装方式，不仅可以大大节省包装材料，而且可减少工作量、提高包装运输质量。

（4）研究包装废弃物回收处理技术、再生技术、废弃物综合利用技术和最终废弃处置技术等。通过先进的技术从传统的"垃圾"中寻求再生资源，提高包装废弃物的再生利用率，减少最终废弃物的处置量。

总之，实施绿色包装是一项涉及面广的系统工程，除了在法律法规、标准化、科技创新三个方面寻求发展对策外，还应该加强对绿色包装的宣传教育，包括对企业及公众进行环境危机及污染源的教育、宣传包装废弃物回收知识、提供环保法规教育等。国外的实践经验证明，如果没有公众的参与和配合，分类回收的目标是无法实现的。

2.3 绿色流通加工

2.3.1 绿色流通加工的内涵

流通加工在我国国家标准《物流术语》中指物品在从生产地到使用地的过程中，根据需要施加包装、分割、计量、分拣、刷标志、拴标签、组装等简单作业的总称。流通加工是在物品进入流通领域后，最终到达消费者、使用者之前，为了扩大销售、保护商品质量和提高物流效率而对物品进行的适度加工。从本质上说，流通加工是将商品加工工艺工序从生产转移到物流的过程，是流通过程中的辅助加工活动，是物流系统的构成要素之一。加工是改变产品物质的形状和性质并形成一定产品的活动，流通则是改变物质的空间状态和时间状态的活动。流通加工是生产加工在流通领域的延伸，也可以被看成是流通领域的一种服务。

绿色物流将绿色流通加工的目标定义为减少流通加工活动造成的环境污染和降低资源消耗，要求其利用先进加工技术规划和实施包装、分割、计量、分拣、刷标志、拴标签、组装等简单作业活动。下面将从绿色流通加工的目标、行为主体、基本作业活动三个方面剖析绿色流通加工的内涵。

（1）绿色流通加工的最终目标是实现可持续发展、保护人类的生存环境和节约资源，因此其不仅要使经济效益最大化，而且要使经济效益和社会效益、环境效益相统一，协调发展。

通常流通加工活动主要是为了满足顾客的需求，扩大市场占有率，实现企业的盈利，最终实现企业或经济主体的物质利益、经济效益最大化。绿色流通加工则在追求经济效益的同时还注重节约资源、保护环境，将经济属性和社会属性的和谐统一作为目标，因此，对于绿色流通加工而言，追求社会效益、环境效益与追求经济效益的目标是一致的，但这是从国家、整个社会的宏观角度和长远的观点来看的，从微观的企业和短期目标来看，它们经常是相互矛盾和冲突的。按照绿色流通加工的最终目标，企业在创造物质财富、提高经济效益的同时，必须坚持促进经济、社会和生态的可持续发展。

（2）绿色流通加工的行为主体包括专业的物流企业、供应链的上下游企业（制造企业和分销企业）以及各级政府部门（如物流行政管理部门）等。

流通加工包括诸多环节，都与环境相互影响。绿色流通加工策略是绿色制造和绿色消费之间的桥梁，也是使企业获得持续竞争优势的战略手段，因此其中的供应链上游制造企业，既要设计和制造绿色产品，还要注意与供应链上其他企业合作，改变传统的物流模式，制定绿色流通加工策略。由于流通加工的跨地域、跨企业、跨行业特性，绿色流通加工的实施不是仅靠某个企业或者某个地区就能单独完成的，它需要政府政策的支持和制度法规的约束。而且，制定和实施绿色流通加工制度、推广绿色流通加工也都离不开各级政府部门中的物流行政主管部门，他们对绿色流通加工的发展具有举足轻重的作用。

（3）绿色流通加工基本作业活动包括流通加工作业和流通加工管理的绿色化。绿色流通加工基本作业活动包括在库物品的初始绿色加工、终极绿色加工、为配送物品贴标签、发货物品的绿色集包、分装绿色加工和货物绿色分拣等。

有的物品不方便被仓储、运输、装卸，为了满足客户需要，须被解体和切割。例如，在流通节点需要将原木锯裁成各种锯材，也需要将碎木、碎屑集中加工成各种规格的板材，这些节点的初级加工大大方便了物品的仓储、运输和装卸，这就是在库物品的初始绿色加工。

有许多生产企业将成品存放在物流企业的仓库里，成品的终极加工整理工作被委托给物流企业在出库前完成。例如，物流公司为服装厂承运出口服装，为满足顾客需求，服装厂终极加工的烫熨整理可由物流公司来完成，这样做能极大地减轻服装厂的生产压力，这就是在库物品的终极绿色加工。

根据客户需求印制条码文字标签并贴附在物品外部的工作被简称为贴标签，是一项业务量非常大的流水式作业，目前主要有三种形式，一是手工贴标签；二是半自动化贴标签，其作业方法是一边由计算机打印标签，另一边则手工把标签贴在物品上；三是全自动机器贴标签。贴标签业务既减少了客户的额外工作量，又可以给流通加工企业带来丰厚的利润，因此最近几年在很多物流、外贸企业里发展非常迅速，例如，某些外贸公司在做转口贸易时，在保税区仓库内利用国内外市场间的地区差、时间差、价格差和汇率差等实现货物国际转运流通加工，为产品贴标签、再包装和打膜等，再运输到目的国，以赚取转口贸易差额，这就是为配送物品贴标签。

发货物品的绿色集包是根据客户需求将数件物品集成小包装或赠品包装，目的是方便顾客一次性收货不同商品。目前配送中心对物品的集包主要采用自动化的捆包设备，效率比以往大大提高，常用的是有托盘自动捆包机。发货物品的集包还常用在买一送一促销包装、根据顾客需要组合包装商品等方面。

分装绿色加工包括大包装改小包装、适合运输的包装改成适合销售的包装等，例如，原来分散的商品被重新包装后再投放到市场能大大方便商品的销售。

分装加工还被广泛应用于酒类行业的物流中心内，例如，啤酒运到销售地后被灌装成听、罐、瓶、袋再进行销售，这样既减少了物流运输成本，同时又大大方便了市场销售，这就是分装绿色加工。

货物绿色分拣是指根据不同客户的订单需求对货物进行分区、装包、称重、制作清单等，目的是保证货物被准时发运。

货物绿色分拣在物流活动中具有重要的衔接作用，是衔接仓库和顾客需求的环节，这就是货物绿色分拣。

绿色流通加工要求对以上各作业活动从供应链的角度全面综合考虑，本着全局最优的原则在设计、材料、操作等方面实施绿色化。从流通加工管理过程来看，要改进传统的单向流通加工体系，除了加强管理正向流通加工绿色化，还要管理好供应链上的逆向流通加工体系，密切关注供应链上下游企业的合作，实现循环经济。

2.3.2 绿色流通加工的作用

绿色流通加工主要包括两方面措施：一是变消费者加工为专业集中加工，以规模作业方式提高资源利用效率，减少环境污染，如饮食服务业集中加工食品以减少家庭分散烹调所带来的能源和空气污染；二是集中处理消费品加工中产生的边角废料，以减少废弃物，如流通部门集中加工蔬菜，可减少居民分散加工的垃圾丢放及相应的环境治理问题。

1）提高原材料利用率

通过流通加工集中下料，即将生产厂商直接运来的简单规格产品按用户的要求下料。例如，将钢板剪板、切裁；将木材加工成各种长度及大小的板、方等。集中下料可以优材优用、小材大用、合理套裁，明显地提高原材料的利用率，有很好的经济效果。

2）方便用户

用量较小或只是临时有需要的用户往往不具备高效率初级加工的能力，通过流通加工可以使之省去初级加工的投资、设备、人力。目前发展较快的初级加工有：将水泥加工成生混凝土，将原木或板、方材加工成门窗，钢板预处理、整形等。

3）提高加工效率及设备利用率

在分散加工的情况下，加工设备由于生产周期和生产节奏的限制，设备利用往往时松时紧，加工过程不均衡，加工能力不能得到充分发挥。而流通加工面向全社会，加工数量大、范围广、任务多。建立集中加工点，采用一些效率高、技术先进、加工量大的专门机具和设备，一方面可以提高加工效率和加工质量，另一方面还能提高设备利用率。

2.3.3 绿色流通加工的合理化

1. 流通加工中存在的不合理措施

流通加工是流通领域对产品的辅助性加工，它不仅是生产过程的"延续"，其实质更是生产本身或生产工艺在流通领域的延续，同时这个延续又因所处环境的不同，会产生不同的效应，可能会有消极作用。存在于流通加工中的不合理措施主要有以下几点。

1）流通加工地点设置得不合理

流通加工地点的布局状况是影响整个加工过程有效性的重要因素。一般而言，为衔接单品类大批量生产与多样化需求的流通加工，加工地应设置在需求地区，以此才能实现大批量的干线运输与多品种末端配送的物流优势。为了更方便物流，应将流通加工环节设在产出地（即未进入社会物流之前），如果将其设置在物流之后（即消费地），那么不但不能解决物流问题，还会在流通中额外增加中转加工环节，提高物流成本。即使在产地或需求地设置流通加工的选择是正确的，也还存在流通加工在小地域范围的正确选址问题，会在一定程度上影响物流成本，若流通加工与生产企业或用户之间距离较远，则流通加工点的投资将受选址的地价影响，进一步提升成本。

2）流通加工方式选择不当

流通加工方式包括加工对象、加工工艺、加工技术、加工程度等。确定流通加工方式实际上是合理分工问题。分工不合理，本来应由生产加工完成的流程，却可能错误地由流通加工完成，本来应由流通加工完成的流程，却错误地由生产过程去完成。

3）增长流通加工冗余环节

有的流通加工过于简单，对生产企业及消费者作用不大，甚至可能因盲目性导致产品的品种、规格、质量、包装等问题，使实际环节增加，提高物流成本。

4）流通加工成本过高，效益不好

流通加工之所以能够有生命力，重要优势之一是其有较大的产出投入比，因而能对生产及物流体系起到补充完善作用。如果流通加工成本过高，则将完全丧失补充意义，难以降低物流成本。

2. 流通加工合理化的措施

实现流通加工合理化，主要应考虑以下几方面。

1）加工和配送相结合

加工和配送相结合就是将流通加工点设置在配送点中，一方面按配送的需要进行加工；另一方面，加工又是配送业务流程中分货、拣货或配货作业的一环，加工后的产品将被直接投入配货作业。这就无须额外单独设置一个加工的中间环节，使流通加工有别于独立的生产加工，而使流通加工与中转流通巧妙地结合在一起。同时，由于配送之前有加工，可使配送服务水平大大提高。这是当前合理选择流通加工的重要形式，在煤炭、水泥等产品的流通中被广泛使用并已表现出较大的优势。

2）加工和配套相结合

在对配套要求较高的流通中，配套的主体来自各个生产单位，但完全配套有时无法全部依靠现有的生产单位。进行适当的流通加工可以有效地促成配套，发挥流通作为连接生产与消费的桥梁和纽带作用。

3）加工和合理运输相结合

流通加工能有效地衔接干线与支线运输，促进两种运输形式的合理化。利用流通加工，在支线运输转干线运输或干线运输转支线运输这两种本来就必须停顿的物流环节中，不进行一般的干线转支线或支线转干线，而是按照干线或支线运输的合理要求进行适当加工，加工完成后再进行中转作业，可以大大提高运输效率及运输转载水平。

4）加工和商流相结合

通过流通加工有效地促进销售进而提高商流的合理化程度，这也是流通加工合理化的考量方向之一。流通加工与配送的结合可以提高配送水平，进一步强化销售，这也是流通加工与合理商流相结合的一个成功例证。

此外，通过简单地改变包装、形成方便的购买量并组装加工可以避免用户使用前组装、调试的麻烦或困难，这都是流通加工有效促进商流的例子。

5）加工和节约相结合

节约能源、设备、人力、耗费是流通加工合理化的重要考虑因素，也是目前我国设置流通加工时合理化考量中比较普遍的形式。

对于流通加工合理化的最终判断应看其能否实现社会和企业本身的效益，且应考虑其是否取得了最优效益。对流通加工企业而言，与一般生产企业的重要不同之处是流通加工企业更应把社会效益放在首位。如果片面追求企业的微观效益，不进行适当的加工甚至与生产企业争利，那么不仅有违流通加工的初衷，而且其本身已不再属于流通加工的范畴了。

2.3.4 实施和发展绿色流通加工

1. 大力推广绿色流通加工

绿色流通加工是一个内涵丰富的概念，其中既有企业的绿色流通加工活动，又有社会对绿色流通加工活动的管理、规范及控制行为。因此，必须从社会和企业着手采取措施，实施和发展绿色物流加工。

1）社会推广绿色流通加工

首先，要克服管理体制上的障碍，加强政府管理职能。各级政府应当建立权威的组织协调机构，尽快制定全面的流通加工发展规划和政策，规范流通加工市场的秩序和经营行为；同时制定相应的政策和法规，控制绿色流通加工活动中造成的环境污染和资源浪费。流通加工具有较强的生产性，会造成一定的物流停滞，不合理的流通加工方式不仅会增加管理费用，而且还会对环境造成负面影响。由消费者分散进行的流通加工往往资源利用率低下，浪费能源，如餐饮服务企业对食品的分散加工就既浪费资源又污染空气。分散流通加工产生的边角废料通常难以被集中和有效再利用，会造成废弃物污染。流通加工中心选址不合理也会造成费用增加和有效资源的浪费，还会因增加运输量而产生新的污染，因此，这就需要由政府出面制定政策法规控制和限制废气、废水的排放，完善对废料的处置。

其次，引进先进流通加工设备，提高绿色流通加工的机械化、自动化水平。先进设备能够节约人力资本，提高效率，使绿色流通加工在更广泛的领域获得发展。

最后，积极运用信息技术，构建绿色流通加工发展网络平台，加强流通加工信息化建设。信息化是现代社会的又一重要标志，信息是企业决策时的依据，没有及时、准确的信息就不能作出适时、科学的决策，也就不会有好的经济效益。这里的信息是指广义上的信息，它既包括各种市场信息，政策信息，也包括各种技能、知识和技术。由于信息的交换不是一次性的，也就是说把信息转让给别人并不影响信息的所有权和使用权。当然也存在信息完全转让的现象。因此，广泛开展企业之间的信息协作、相互交换，构建绿色流通加工发展网络平台，这样可以发挥信息对绿色流通加工的积极作用。实施以信息化带动绿色流通加工发展的战略，应该不断加大信息技术在绿色流通加工发展中应用的广度和深度。积极引导企业利用先进的信息技术和管理技术，推进网上流通加工信息和商务平台的建设，使绿色流通加工在网络平台上有更广阔的发展空间。

2）企业推行绿色流通加工经营

随着社会发展，节约资源和保护环境已不仅是企业出于对公众利益的关切而进行的公益事业，更将成为企业必须履行的社会义务。绿色事业不仅为企业开辟了新的经营发展领域，而且还给企业带来了有巨大潜力的商机，因此企业必须树立自身的绿色经营战略与策略。在发达国家，很多企业都将绿色事业作为企业战略发展与日常经营活动的重要组成部分，从保护环境的角度制定绿色流通加工经营管理策略，以此推动绿色流通加工的进一步发展。

首先，明确绿色流通加工的目的。流通加工不同于生产加工，本身并不能为企业创造直接价值，只能对商品价值完善和提高，以此产生一定的附加价值。因此，实施绿色流通加工必须有正确合理的目的。流通加工作为独立于生产加工之外的加工形式，必然要考虑企业自身的效益，所以加工前必须进行可行性分析，明确加工的意义，看是否能够实现社会和企业两方面的效益，对绿色流通加工企业来说，强调社会效益首位的观念更显重要。

其次，减少流通加工的盲目性，强化流通加工过程中采用的绿色环保科技和措施。有的产品流通加工过程简单，对生产者或消费者来说意义不大，可能甚至是可有可无的，更可能由于这种可有可无导致无法解决产品品种、规格、包装等问题，相反只是增加了作业环节，违背了绿色流通加工的基本要求。另外，在流通加工过程中应强化各环节使用绿色环保科技和措施。

再次，布局绿色流通加工节点应具科学性。流通加工节点布局就是流通加工节点的选址状况,它的分布和密度不仅影响加工渠道的长度、宽度和流量,也影响流通加工的空间距离和时间,进而制约流通加工的费用。普遍的做法是,将单品种大批量产品与多样化消费需求对接,绿色流通加工节点应靠近消费区域布局才能突显大批量产品在线运输和多品种消费产品的末端配送结合而成的物流效果。试想如果绿色流通加工节点布局靠近生产区域,那么企业一方面要满足用户多样化消费需求,不得不将多品种小批量的产品由生产区域向消费区域长距离运输;另一方面企业还必定要在产品生产区域增设加工环节,伴以各种近距离运输、仓储、搬运、装卸等物流活动。这样的布局流通加工节点,还不如将加工环节放在原生产单位直接完成这种加工。相反,以方便流通加工环节、提高运输效率、延长保管时间、实现物流效益为目的的绿色流通加工点应布局在靠近生产区域,如果将其布局在消费区域附近,则不仅无法解决物流优化问题,而且还会在流通中增加一些中转作业需求。

最后,积极通过流通领域产生的废物实现新产品的流通加工。回收、处理流通加工中产生的废物和废液(如旧包装等),运用新工艺将之用于生产新产品,变消费者分散性的流通加工为专业集中性的流通加工,使流通加工活动车间化和程序化,以规模化的流通加工方式减少资源的浪费,着力提高流通加工资源利用效率,强化对流通加工人员的防护措施(如产生粉尘的流通加工作业区域应安装过滤净化装置,以减少流通加工活动对环境的污染)。

2. 大力开发绿色流通加工技术

绿色流通加工技术是在企业流通加工过程中将企业自身利益、消费者利益和环境保护利益三者结合起来的技术。没有先进流通加工技术的开发和应用,就不会有现代流通加工技术的发展。同样,没有先进绿色流通加工技术的开发和应用,就不会有绿色流通加工技术的发展。而我国目前的流通加工技术与绿色环保的要求相比还有较大的差距,尤其在流通加工的机械化、自动化、信息化及网络化等方面和发达国家相比较大概有10~20年的差距。因此,实施和发展绿色流通加工必须大力开发绿色流通加工技术。

2.4 绿 色 技 术

2.4.1 绿色技术的内涵

绿色技术的内涵可以被概括为根据环境价值并利用现代科技全部潜力的无污染技术。绿色技术不仅指某一项技术,而是一个技术集群,其包括能源技术、材料技术、生物技术、污染治理技术、资源回收技术以及环境监测技术和从源头、过程加以控制的清洁生产技术。绿色技术又可被分为以减少污染为目的的"浅绿色技术"和以处置废物为目的的"深绿色技术"。

绿色技术创新的主体是企业,在政府法规、市场力量和公众压力综合作用下,越来越多的企业积极选择绿色战略,推进绿色技术创新、生产绿色产品。企业之所以开发、应用绿色技术,主要是因为绿色技术能够负载经济价值。这些经济价值可能是显性的、货币化的，也可能是隐性的、非货币化的。

绿色技术又被称作环境友好技术或生态技术，其源于 20 世纪 70 年代西方工业化国家的社会生态运动，是能够减少环境污染，减少原材料、自然资源和能源消费的技术、工艺或产品的总称。这一概念的产生源自于人类对现代技术破坏生态环境，威胁生存的状况的反思，可以认为其是生态哲学、生态文化乃至生态文明产生的标志之一。

从产业共同体的角度可以将绿色技术划分为两大类，即辅助技术和核心技术。绿色技术对产业共同体的作用主要体现在两个方面：一是辅助类的绿色技术对产业领域生产过程的改造和创新；二是核心类的绿色技术对产业领域最终产品的影响。其作用的最终结果就是绿色技术通过在产业领域的应用和推广不断地推动产业演化。

绿色技术具有高度的战略性，它与可持续发展战略密不可分。随着时间的推移和科技的进步，绿色技术本身也在不断变化和发展。

2.4.2 推广绿色技术的必然性

绿色科技的发展经历了漫长的过程，也是科技发展的必然趋势。绿色科技的概念正式被提出是在 20 世纪 90 年代，客观地讲，各种公害事件和环境问题使科学家认识到绿色科技的重要性。为了解决环境问题，人类需要更为先进的技术来寻求一种新的技术体系，以实现人类的可持续发展。在此背景下，绿色技术应运而生。

从 20 世纪 40 年代开始，发达国家出现了一系列因水体、大气污染而引发的公害事件，包括著名的八大公害事件：1930 年马斯河谷烟雾事件、1948 年多诺拉烟雾事件、1952 年伦敦烟雾事件、20 世纪 40 年代洛杉矶光化学烟雾事件、1953—1956 年的日本水俣事件、1955—1972 年的日本富山事件、1961—1972 年的日本四日事件和 1968 年的日本米糠油事件。这些污染事件都是工业污染引发环境污染造成的，严重影响了当地居民的健康和生命安全，并持续了相当长的时间。20 世纪 70—80 年代，发达国家的公害事件有增无减，严重恶化了当地的生态与环境，造成了巨大的经济损失。

广大发展中国家也出现了环境问题，即所谓"贫困型污染"，其深层次的根源在于人口、经济、资源、环境四个系统之间的恶性循环。20 世纪 90 年代后，发达国家的人口年增长率为 5‰，而欠发达国家的人口年增长率为 21‰，人口压力给欠发达国家带来了粮食、教育、卫生、环境等方面的一系列问题。人口的健康水平和科技文化素质难以提升，科技进步难以推动经济发展，这些国家只能依赖不断开发自然资源。然而自然资源的有效利用率很低，而且初级资源在国际市场上只能以较低价格出售，因此这些国家往往在没有摆脱贫困以前就出现了水土流失、土地荒漠化、生态破坏、污染严重、卫生条件恶劣等问题。这些问题加剧了贫困，贫困又导致了人口数量过度增长、素质难以提高，形成恶性循环。

1996 年我国制定的《中国跨世纪绿色工程规划》中确定的环境保护重点有：煤炭、石油天然气、电力、冶金、有色金属、建材、化工、纺织及医药。这些行业污染物排放量占我国工业污染物排放量的 90%以上。与此对应的是，我国发展绿色技术的主要内容是：能源技术、材料技术、催化剂技术、分离技术、生物技术、资源回收及利用技术。

我国的能源丰富，但地域分布不均衡，能源结构以煤为主，能源供应短缺与浪费并存。洁净煤技术是我国开发得比较成功的绿色技术之一。近年来，我国大力推行少污染开采、煤的液化汽化技术，以改善环境、节约能源、节约材料使用量、减少材料使用种类等为目的的材料技术也得到了较好的发展。同时，我国引进并自主开发绿色新材料如可降解塑料、纳米材料、特种陶瓷、智能材料、工程塑料、绿色建材等都得到了不同程度的发展和应用。作为重点绿色技术的生物技术在农业发展上应用得比较成功，其中，基因工程、分子生物学在育种上的应用，信息技术与常规育种技术的结合为主要途径，如培养超级木薯、超级水稻、短季抗病马铃薯、特种玉米、抗病小麦等均为典型案例。到 2008 年，我国已推广种植的转基因作物有 100 多种，在这方面取得了许多世界领先水平的成果。例如，抗花叶病毒的转基因烟草，抗棉铃虫转基因棉花等。农业生态工程是 21 世纪初期我国兴起的一项以生物技术为主、结合多种技术的新型绿色技术，其发展得也很成功。

2.4.3 绿色技术的价值

1. 经济价值

绿色技术的经济价值包括三部分。

1）内部价值

指技术开发者或生产者获得的价值，如技术转让费、产品销售利润等。

2）直接外部价值

指技术使用者和消费者获得的效益，如用高炉余热回收装置降低能源消耗、用油污水分离装置清除水污染、使用绿色食品降低人们的疾病发病率等。

3）间接外部价值

指未使用技术（产品）者因技术而获得的效益，这是所有社会成员均能获得的效益（如干净的水、清洁的空气），也是绿色技术提供给全人类的最高经济价值。

2. 伦理价值

绿色技术承载着一种新型的人与自然之间的关系，其强调治理和防范环境污染、维护自然生态平衡。在科技日新月异的 21 世纪，随着环境污染和生态恶化，那种认为人是自然的主人、人应该肆意浪费自然资源的观念已经得不到多数人支持了。人是生物圈的构成要素，与自然之间存在结果不对称的互动关系，无论人的作用多么大，其对自然的影响只是改变自然的具体演化方式，不可能毁灭自然，更不可能消除自然的存在。但自然对人的巨大反作用却有可能毁灭人类、消除人类的存在。即使全世界所有的核装置同时全部爆炸，毁灭的也是人类而不是地球，因此，从最高意义上讲，自然才是人的主宰，人只能尊重自然、敬畏自然。自然是人的生存环境，人对自然的任何影响最终都会转化为对人自身的影响。环境污染和生态恶化也只是相对人而言的，离开了人，自然界无所谓污染和生态恶化问题。

人是生物经过亿万年进化的产物，是地球自寒武纪以来的演化方式所造就的生命。

人的生理特征决定了其只能适应现阶段地球的演化方式或存在方式，而不能适应地球的其他演化方式或存在方式（如没有氧气、没有水的环境）。因此，人类活动不应改变现阶段地球的基本演化方式，否则，这种改变将给人类带来灾难。

以高消耗、高排放、易污染为特征的现代技术曾经造就了"人类中心主义"，其追求的目标是征服自然。实践表明，现代技术正在改变地球的基本演化方式，这是很危险的。因此，人类必须进行技术范式转换，由现代技术过渡到绿色技术，防止"搬起石头砸自己的脚"。

自然环境中各种资源相互存在着广泛而紧密的联系，如果人类不对消费自然资源的行为加以控制，那么点污染会发展为面污染，局部的生态恶化会逐渐影响到整个地球生物圈。绿色技术可以治理和防范污染、改善生态，实现人与自然的协调发展，其开发、应用更是解决生态问题的重要抓手。只有广泛、有效地应用绿色技术，人们才能留给子孙后代一个美丽、富饶的地球。

思考题

1. 要减少包装材料消耗主要可采取哪些措施？
2. 结合我国实际情况，论述推进物流包装绿色化的方法。
3. 物流运输绿色化的主要目的是什么？其基本原则是什么？
4. 结合实际情况，分析物流运输绿色化的有效策略。
5. 论述绿色流通加工的内涵与作用。
6. 流通加工合理化的措施有哪些？
7. 绿色技术的内涵是什么？
8. 简述绿色技术推广的必然性。

案例讨论：爱普生公司的低碳运输策略

即测即练

第 3 章

绿色供应链的协调管理

3.1 绿色供应链协调问题

3.1.1 绿色供应链协调的特殊性

由于供应链各行为主体的自利性行为和信息不对等现状，成员的活动与决策往往与供应链的总体利益产生冲突，因此，有必要为此建立有效的协调机制。对一般供应链而言，建立与维护成员间协调机制的目标是在供应链成员之间建立战略性合作伙伴关系，合理分配利润、共同分担风险、提高信息共享程度、减少库存，进而降低总成本，最终实现系统利润最大化。协调供应链需要解决的核心问题包括两方面。

1）合作的动机问题

供应链成员追求自身利益最大化，系统最优的结果并不是成员最关心的；若成员达成合作，必然要求将总合作收益进行公平合理的再分配。同时，要解决由信息不对称产生的"逆向选择"与"道德风险"，首先应解决合作的动机问题。

2）合作的成本与所依赖的技术平台

要优化整体供应链，应在解决合作动机的基础上，建立适当的合作技术平台（如供应链间的信息系统与合同管理体系）以降低合作的成本。一般供应链合作行为面临的问题在绿色供应链中同样存在，且绿色供应链相比一般供应链所面临的问题更广、要实现的目标更多，因而面临的问题也更多。针对绿色供应链这一特征，要合作运营，在考虑涉及供应链成员的激励机制、信息共享、信任机制等协调机制的同时，有必要根据绿色供应链的特征来讨论。与一般供应链相比，绿色供应链的协调问题具有一定特殊性，其主要表现为以下几方面。

（1）绿色供应链的协调对象不仅包括供应商与制造商，而且包括消费者等，其运作面临的外来因素有市场压力（消费者对绿色消费品的需求及产业内核心企业对环境管理的要求）、市场份额（企业为了保持市场份额有时甚至会为了生存而在与供应商进行谈判时强调环境因素，所以绿色供应链对企业而言可以创造新的市场机会，也可以提升顾客的忠诚度）、风险管理的需要（为了避免规制等因素导致的供应中断风险、因污染或废弃物引发的环境风险以及因市场竞争要素变化而失去竞争优势的风险等，绿色供应链的协调对象不仅包括传统意义上的供应商与制造商，同时也包括消费者甚至关注环境保护的社会公众与团体)。绿色供应链要求包括消费者在内的各行为主体均能采取与环境相容的活动，这些行为主体中，消费者对于绿色供应链的有效运行具有十分重要的意义：绿色产品只有为消费者所消费，供应商及制造商才可能实现其市场价值，这也是保证供应商与制造商获取不低于市场平均收益的利润率的前提。消费者与供应商、制造商及回收商等的合作是实现资源有效回收的关键，消费者的合理消费是降低整个供应链对环境负面影响的重要环节。因此，消费者是否能与供应商、制造商及回收商等形成合作是绿色供应链有效运营的基础性条件之一。

（2）绿色供应链运营目标的多元性。一般供应链合作的目标更多强调建立协调机制，以此来提升整个供应链的利润水平，因此利润的最大化始终是其研究的出发点。与之所不同的是绿色供应链的运营目标更为多元，更偏向于资源的最优配置、活动与环境相容以及增进社会福利，这三个目标要求参与者在整个供应链中遵循与环境相容的思想。因而绿色供应链的运营可以被看作是一个团队的活动，也存在搭便车的可能，具体表现为：在供应链内只有部分主体选择与环境相容的活动，从生产工艺、技术、投入的资源等方面决策，而另外的部分主体活动的决策则并不考虑与环境相容的问题，主体之间合作的形成不仅要求整个供应链利润水平达到传统供应链管理的平均水平，而且要保证剩余分配的公平，这样才能保证供应链内的主体存在与其他主体合作的动机。不同的研究者从各自角度对促进合作的行为进行研究，但从研究成果来看，利益始终是最基本的出发点。

（3）绿色供应链合作关系的建立存在较多障碍。障碍包括：成本（由于采取更有效的环境措施使得成本上升），环境意识缺乏（不明确的环境标准及供应链内成员间烦琐的报告要求而导致沟通的冲突），企业具有竞争优势的技术及商业机密的曝光危险，由于缺乏对技术创新的保护及供应链内成员间知识与技术水平的不一致而产生的技术与知识障碍，供应商数量的减少和组织文化的一致性而使供应链的柔性降低，绿色供应链运作中存在的外部性、信息不对称、个体理性与集体理性之间的矛盾等。

3.1.2 绿色供应链协调的具体问题

自发运行的供应链往往会由于多方面原因而处于失调状态。首先，成员之间的目标不一致会造成供应链失调；其次，由于供应链与外部环境、内部成员之间的信息往往是不对称的，因此，它会由于缺乏外部或内部系统信息而产生外生风险，也会由于成员隐藏行动或信息而产生内生风险；最后，各成员为了实现自身利润最大化的目标，采取的决策往往与整个供应链利益不一致。凡此种种，都会使供应链的运行无法协调。下面将简要介绍几种常见不协调现象及其产生的原因。

1. 供应链中的"需求变异放大"现象

"需求变异放大"现象被很多人形象地称为"牛鞭效应"，它源于英文单词"bullwhip"，是对需求信息在供应链传递中被扭曲的一种形象描述，其基本含义是：当供应链的各节点企业只根据其相邻下级企业的需求信息制定生产或供给决策时，需求信息的不真实性会沿着供应链逆流而上，使订货量产生逐级放大现象，到达源头供应商时，最终形成的需求信息与实际消费市场中的真实需求会存在很大偏差，需求变异可能会将实际需求量放大。由于这种需求放大效应的影响，上游供应商往往会维持比下游供应商更高的库存水平。这种现象反映了供应链需求的不同步，它体现供应链库存管理中的普遍现象："看到的是非实际的"。

作为供应链管理的标杆企业，宝洁公司较早关注了"需求变异放大"这一现象。该公司在考察最畅销的产品——纸尿裤的订货规律时，发现零售商销售的波动性并不大，但当考察分销中心向总公司的订货时，惊奇地发现波动性明显增大了。有趣的是，在进一步考察公司向其供应商（如 3M 公司）的订货时，发现订货的变化更大。除了宝洁公司外，惠普公司在考察其打印机的销售状况时也曾发现过这一现象。

实际上早在 1958 年弗雷斯特（Forrester）就通过对某具有四个环节的渠道研究揭示了这种工业组织的动态学特性和时间变化行为，发现各自的决策行为会导致需求信息被扭曲和放大。在库存管理的研究中，斯特曼（Sterman）在 1989 年通过"啤酒分销游戏"验证了这种现象，其在实验中组织了四个参与者，让他们形成一个供应链，并在黑盒状态下仅依赖其毗邻的成员订货信息执行库存决策。斯特曼把这种现象解释为供应链成员的系统性非理性行为结果，或称之为"反馈误解"。

人们已经对"需求变异放大"现象进行了深入研究，将产生的原因归纳为以下几个方面。

（1）需求预测修正。需求预测修正是指当供应链的成员采用其直接下游订货数据作为判断市场需求的依据时，即产生需求放大现象。例如，当库存管理人员需要预判供应商的订货量时，可以采用一些简单的预测方法，包括指数平滑法等。在指数平滑法中，未来的需求将被连续修正，这样送到供应商手中的需求订单反映的会是经过修正的未来库存补给量，为保险起见，经过修正的订货量通常都是偏大的。

（2）产品定价销售策略导致订单规模的变动。产品的定价策略可以分为两种：一种是批量折扣，批量折扣极有可能扩大供应链内订单的规模，进而引起供应链各阶段库存（尤其是安全库存）的增加；另一种则是由于批发、预购、促销等因素引起的价格波动。如果库存成本小于因价格折扣所获得的利益，销售人员当然愿意预先多买，这样订货就不能真实反映需求的变化，进而产生"需求变异放大"现象。

（3）分摊订货成本。由于订货及运输的固定成本很高，而供应商也会提供批量折扣优惠，所以下游企业可能大批量订购产品以分摊订货成本。当大批量订购的产品大大超出需求扩张量时，订单的变动性就会在供应链内被放大，使订单量的变动比需求量的变动更加不稳定。

（4）补货提前期延长。补货企业发出订单时，会将两次供货期间的需求计算在内，如果需求的偶然性变动被误认为是一种增长（或减少）趋势，则订单的变动性将更大。补货提前期越长，被计算在内的预测需求将越多，变动将更大，牛鞭效应也将更强。

（5）短缺博弈。高需求产品在供应链内往往处于短缺供应状态。因此，制造商往往会在各分销商或零售商之间调配供给。当需求量大于供应量时，理性的决策是按照客户的订货量比例分配现有的库存供应量，例如，总的供应量只有订货量的 50%，合理的配给办法是使所有的用户获得其订货的 50%。此时，客户为了获得更大份额的配给量会故意夸大订货需求。当需求下降时,订货又突然消失。这种由于个体参与的非理性经济决策引发的需求信息扭曲最终将导致需求变异加速放大。

总之,由于缺少信息交流和共享,企业往往无法了解下游的真正需求和上游的供货能力,只能自行多储货物。同时,供应链也很难实现存货互通有无和转运调拨,只能各自持有高额库存,导致"牛鞭效应"。

造成"牛鞭效应"的系统原因主要是周期性订货和供应链的分层,这些原因是现有供应链自身无法克服的。

造成"牛鞭效应"的非系统原因主要是经营中供应链各成员的有限理性或非理性行为。因为各成员之间信息不能有效共享,所以各成员的个体优化行为将引发"牛鞭效应"。这些理性或非理性行为包括需求信息处理方式、批量订货决策、订货方式、短缺博弈、价格变化、运营水平等。另外,下游经销商的需求预测修正也是造成"牛鞭效应"的非系统原因之一。

2. "曲棍球棒效应"及产生的原因

企业实现供需活动的过程中存在"曲棍球棒效应"(hockey-stick),即在某一个固定的周期(月、季或年),前期销量很低,而期末销量则会有突发性的增长,这种现象在企业生产和经营活动中会周而复始地出现,其需求曲线的形状类似曲棍球棒。

1)"曲棍球棒效应"实例

某国际著名食品公司在中国的生产厂年产饮料20多万吨,产值约5亿元。与其他快速消费品生产厂一样,该工厂采用MTS生产方式,其生产的产品主要在湖北省销售。按品牌和包装计算,该公司共有20多种规格的产品,各种包装规格可以按照统一的容量标准被换算为标准箱。公司按地理位置将销售区域进行了划分,并指定一名销售人员负责一个区域,区域内一般有几个或十几个经销商。该公司根据经销商的每月累计订货量向其提供一定的返利,但双方已事先通过销售契约约定了一个目标订货量,经销商的累计订货量必须达到或超过这个数量才能拿到相应的返利(公司采用4-4-5的统计方式,即每季前2个月按4周计,第3个月按5周计)。

在快速消费品行业,"曲棍球棒效应"非常普遍,销售人员一般负责某个指定区域的销售工作,公司为了促使经销商购买产品,普遍采用总量折扣[volume discounts,即基于买方在某一固定周期(月、季或年)累计购买量的折扣方式]价格政策,这种促销政策也是造成"曲棍球棒效应"的根源之一。在营销战略中,价格折扣往往被企业用于提高分销渠道利润和抢占市场份额,在较长时期,企业主要采用基于补货或订单批量的折扣方式(quantity discounts),但是2010年以来,总量折扣方式开始流行起来。

2)"曲棍球棒效应"对企业运营的影响

"曲棍球棒效应"的存在给企业的生产和物流运作带来了很多负面的影响。在这种情况下,企业在每个考核周期的期初几乎收不到经销商的订单,而在临近期末时订货量又大幅增加。运用MTS生产模式的企业为了平衡生产能力,必须按每期的最大库存量而非平均库存量建设或租用仓库,使自身的库存费用被大幅浪费。而且,这种现象使企业在期初闲置大量的订单处理能力、物流作业人员和相关设施、车辆,而在期末又造成大量资源紧张。这种情况不仅使企业物流费用增高,而且还会提升工作人员的差错率,送货延误也时有发生,企业的服务水平将显著降低。对运用 MTO 和 JIT 生产模式的公司而言,"曲棍球棒效应"的危害更大,其生产能力将在期初由于没有订单而闲置,而在期末又由于生产能力的限制而出现供应短缺,这种现象甚至会影响到部分经销商对某些产品的正常需求,从而导致部分终端用户的流失。

此外,基于总量折扣的价格政策并不能增加终端用户的实际需求,经销商增加的订货量大部分被积压在渠道中,延长了终端用户购买产品的货龄,损害了消费者的福利,并增加了供应链的总成本及成员的经营风险。如果经销商的库存太多或者产品临近失效期,企业和经销商通常会采取两种措施:一种是折价销售,这种方式会对市场造成冲击;另一种是迫使企业退货或换货,从而形成逆向物流,增加企业与经销商处置产品的费用。从长远来看,这两种结果对企业和经销商的正常经营和利润都不利。

3. 双重边际效应

"双重边际效应"(double marginalization)是供应链上下游企业为了谋求各自收益最大化,在分散的、各自独立决策的过程中确定的产品价格高于生产边际成本的现象。下游企业的定价过高必然会造成市场需求萎缩,导致供应链总体收益下降。早在 1950 年就有学者发现了"双重边际效应",该年斯彭格勒(Spengler)发表的研究报告指出,零售商在制定库存订货决策时并不考虑供应商的边际利润,因此导致订货批量偏小而无法达到优化的水平。

企业个体利益最大化的目标往往与整体利益最大化的目标并不一致,这是造成"双重边际效应"的根本原因。为了减弱这种效应,企业需要努力提高供应链的协调性,尽可能消除不协调因素的影响。

另外,20 世纪 90 年代以来,由于信息技术的广泛运用,客户对产品和服务的需求更加多样化,服务竞争和基于时间的快速响应竞争日益加剧,导致企业之间的依存度不断增加。企业单打独斗的局面发生了巨大转变,由众多企业组成的供应链已经成为竞争的主体。

协调是供应链成功的关键,然而,供应链的协调不应牺牲某一个体的利益去提高其他个体或系统的利益,而应以实现双赢甚至多赢为目标,即至少要使改变后个体或者系统的利益不低于当前的利益,这也就是所谓的"帕累托改善"。

作为一种能够协调供应链的有效机制,供应契约得到了人们广泛的研究。帕斯特纳克(Pasternack)比较早地提出了"契约"的概念,他使用单周期报童模型研究了回购契约,指出当供应商允许零售商以部分退款的形式返回过剩产品时,渠道可以在一定程度上实现协调。

随着人们对契约的关注日益增加,越来越多的学者以帕斯特纳克的研究为基础,希望在供应链上下游之间通过协商达成最佳(或满意)的契约参数,设计合理的供应契约形式以协调供应链,从而有效地缓解"双重边际效应"和"牛鞭效应",在最大化供应链整体利润的同时优化供应链绩效。

供应链运作不协调的现象和原因还有很多,这里就不一一阐述了。从对以上三种现象的描述就已经可以看出，如果不能很好地将之解决，供应链管理的绩效水平就会大打折扣，进而使人们对实施供应链管理的信心受到影响。

3.2 绿色供应链的协调机制

3.2.1 绿色供应链协调的层次与实施

基于一般协调理论及绿色供应链运营的特殊性，可以将绿色供应链协调分成如下三个层次与实施过程。

1. 战略层协调

战略层协调的主要目标是在战略层面上就供应链成员的整体竞争战略、环境管理战略达成一致，其根本问题是选择合作伙伴与构建整个供应链网络。具体协调的内容如下。

（1）协调整体竞争战略。其目标是在产品的功能分析与市场竞争态势分析的基础上利用战略管理理论确定适合产品类型的整体竞争战略，即确定在整个供应链内建立敏捷供应链还是精益供应链。对创新性产品通常强调敏捷供应，对功能性产品则往往强调节约成本（即精益供应）。

（2）环境管理战略。在确定了整体竞争战略的基础上，根据供应链所处的外部环境、社会公众的关注程度与产业内环境保护技术的成熟度，利用战略管理、生命周期评价技术、工业代谢理论与物质平衡流分析等方法确定供应链的环境管理战略，确定环境管理战略的方向，即明确在供应链内采取积极的环境管理战略、适应性环境管理战略还是规避风险性环境管理战略。

2. 动机层协调

动机层协调的主要目标是使供应链成员有足够的动机实施绿色供应链管理，主要需解决的问题是激励不足与成员所存在的道德风险等行为。具体如下。

（1）打造供应链成员间的协调环境。利用市场与拍卖机制、双边或多边谈判机制等使成员之间能够对某一个共同的特定问题开展协商与谈判，为成员之间的有效协商提供环境。

（2）激励与监督机制。利用博弈论、契约理论、交易成本理论及相关方法等选择与构建合适的契约，规范成员间的合作行为，解决成员间协调的动机问题，即确定利益分享原则与机制、确定具有外部性产品的成本分摊方式（如绿色技术与环境管理成本的分摊、信息共享的激励等），就成员进行环境管理行为的努力程度进行监督与约束。

3. 业务层协调

业务层协调的主要目标是借助业务层的重组与整合确保供应链成员在业务上的活动，实现"环境管理"。业务层协调的主要内容如下。

（1）信息共享平台。利用现代信息交流技术建立供应链成员间的信息共享平台，实现整个供应链成员活动的信息分享。绿色供应链的运营尤其要强调与环境因素相关的信息在供应链成员间的共享。

（2）运营流程重组。利用生命周期评价、工业代谢、物质流分析流程再造等工具，按照环境管理的要求对整个供应链成员的运营流程进行重组，这一重组的基础性工作是按照绿色供应链运营的目标寻找改进的机会。

（3）业务活动的监督与控制。按照绿色供应链运营的三维目标对整个供应链的活动及物流、信息流、知识流与资金流进行监督与控制，其核心内容是从环境与商业两个角度对成员绩效乃至整个供应链的绩效进行测度，发现供应链内改进环境效益与商业绩效的途径，实施改进策略。可能的改进策略主要包括：运营流程再重组、供应链成员的再选择与网络的重构等。

3.2.2 提高绿色供应链协调性的方法

1. 缓解"牛鞭效应"的方法

1）提高供应链企业对需求信息的共享性

需求扭曲的原因来源于供应链的多级需求信息传递，每一个节点企业的预测需求均会成为上游节点企业订货决策的放大因子，并且具有累积效应。消除需求信息扭曲的方法是使供应链上的每一个节点企业都在自身的需求中排除下游节点企业订货决策对上游企业的影响，这就要求供应链上的每个节点企业只能根据最终产品市场的实际需求执行自身的需求预测，此时消费者市场的实际需求信息必须被供应链的每一个环节所掌握。

2）科学确定定价策略

解决由价格折扣导致的"牛鞭效应"，要求供应商采取每天低价策略和分期供货契约策略，前者依赖价格的持续性，后者依赖供货的阶段性抑制市场的价格波动，减少"牛鞭效应"对上游企业的影响。

3）提高运营管理水平，缩短提前期

企业在传统运营方式下需要依赖确定经济订货量降低成本，而订货提前期对库存相关成本的影响是很大的。缓解因批量订购而出现的"牛鞭效应"，降低订货提前期是关键。这对供应链管理提出了新的要求，一是要求需求方通过增加订货次数以最低的订货成本快速地将需求传递给供应商，这通常可以通过 EDI 技术或订货看板技术实现，但应用这些技术的前提条件是组成供应链系统的企业具有基于网络信息的伙伴关系，供应链是稳定的战略联盟等。二是要求小批量的物流传递可以通过低成本来完成，其实现的方法只能是通过第三方物流的配送优化系统，但在引入第三方物流企业后，存储成本是可以被减少甚至消除的，第三方物流企业通过供应链及时、准确、高效的配送体制，使供应链节点企业实现最低库存，进而大大降低成本。

4）提高供应能力的透明度

现代供应链企业应共享生产能力与库存信息，采取风险共担、利益共享的策略应对供应短缺所导致的"牛鞭效应"。这种策略最终导致"联合库存管理"这一概念出现。"联合库存管理"强调多方同时参与，共同制订库存控制计划，使供需双方能相互协调，并使库存管理成为供需双方连接的桥梁和纽带，从而缓解"牛鞭效应"。

5）建立战略合作伙伴关系

实施供应链战略合作伙伴关系可以消除"牛鞭效应"。供需双方需要在战略联盟中相互信任，公开业务数据、共享信息和业务集成。这样，相互都了解对方的供需情况和能力，避免上下游产品短缺情况下的博弈行为，进而减少产生"牛鞭效应"的机会。

2. 缓解"曲棍球棒效应"的方法

为了消除价格折扣政策导致的"曲棍球棒效应"，有研究者认为最好的办法就是如宝洁公司的天天低价政策。然而，由于商业模式的惯性和市场的不成熟现状，目前在快速消费品行业，基于总量的价格折扣方式仍然盛行，很少有公司运用天天低价政策。为了解决这个难题，下文结合某些企业的实践，提出一种解决方案。在快速消费品行业，企业通常会经营不同品牌和包装规格的多种产品。为了消除"曲棍球棒效应"、平衡物流，企业可以采用总量折扣和定期对部分产品降价相结合的方式。假定企业向经销商提供两种规格的产品，当经销商手中的两种产品月累计进货量达到一定的数量以后，企业根据该数量向经销商提供一定的返利，即采用总量折扣政策，那么企业可以适当降低返利率，然后在考核周期的期初降低其中一种产品的转让价格，在期中再将其价格调高。在这种政策下，经销商为了降低成本，将会在期初多订降价产品，而在期末为了拿到返利而增加另一种产品的订单，期中则进行正常订货，其订货量将变得相对均衡，缓和上游企业产品出库的"曲棍球棒效应"，使上游企业销售物流更为平稳，以减轻上游企业库存和物流能力的压力，提高物流运作的效率和效益。这种方式还能使经销商在不同时期的订货变得比较单一，可以减少双方订单处理的工作量，并增加企业单品的生产批量，从而提高生产的规模效益，减少转产的频次。

除了以上方法，企业还可以对不同的经销商采用差异化的统计和考核周期，从而让经销商的进货行为产生对冲效应，以缓解企业出货的"曲棍球棒效应"。企业延长考核周期可以减少"曲棍球棒效应"出现的频率，缩短考核周期则可以减小出库波动的幅度。此外，通过与经销商共享需求信息和改进预测方法，企业能够更准确地了解经销商的外部实际需求，从而在设计折扣方案时尽可能让折扣点与经销商的外部需求一致或略高，这样也能够缓解"曲棍球棒效应"。当然，最好的方法是根据每期经销商的实际销量提供折扣方案，但由于信息不对称，企业很难了解经销商的实际销售情况，即便能了解也往往需要付出很大的人力、物力代价，可能会得不偿失。

3.3 绿色供应链协调的激励问题与供应契约

3.3.1 供应链的激励问题

前文提到缓解"牛鞭效应"或者"曲棍球棒效应"的主要措施，这些措施对提高供应链运作的协调性来说具有重要的意义。但是，供应链管理的实践与理论研究证明，即使减少了"牛鞭效应"或者"曲棍球棒效应"对供应链的不利影响，也并不能保证供应链整体绩效实现最优。在大多数情况下，供应链成员总是首先关心如何优化其自身的绩效,然后才去考虑供应链的整体绩效,这种自我优化意识导致了供应链的低效率与不协调性。"双重边际效应"就是这一现象的表现。因此,消除"双重边际效应"的影响就成了解决"牛鞭效应"和"曲棍球棒效应"基础上的又一重要任务。解决"双重边际效应"需要供应链企业间的合作和信息共享,但是,由于供应链成员间缺乏组织机构进行的有效监督,传统的控制机制往往无法在供应链管理中发挥作用,不能通过行政手段解决"双重边际效应"问题。在这种情况下,只能在供应链企业间建立激励机制,以保证成员企业间形成更紧密的战略伙伴联盟,使合作伙伴共担风险、共享收益,使企业利益与供应链的整体目标协调一致,从而提升供应链的整体竞争优势。

3.3.2 供应契约

1. 供应契约的参数

随着对供应契约的研究日益重视,人们不断建立新的契约模型,深挖原有契约模型的潜在价值,并致力于将供应契约应用到实际管理中。

究其本质,对供应契约的研究离不开契约参数。设置不同的契约参数可以让人们构建出多种不同的供应契约模型。例如,在契约中研究超储库存的退货问题就形成了回购契约;在契约中研究供应链利润的分配问题即为利润共享契约。因此,以不同的契约参数为出发点,就能够以多种类型的供应契约为对象展开研究。

此外,契约参数的具体设定会影响供应契约的作用。例如,数量折扣契约中折扣百分比的设计、最低购买数量契约中最低购买数量限度的确定以及利润贡献契约中利润分享参数的大小等都会影响供应契约的效果。在供应链合作中,缔结供应契约的目的是优化供应链绩效、提高供应链竞争力,并确保契约双方共同获利。为了实现上述目标,必须在供应链合作双方的谈判过程中设计合理的契约参数,从而影响双方的行为和动机。

因此,供应契约参数的设定必须对供应链节点企业起到激励和约束作用,以影响节点企业的行为,促使企业之间建立更紧密的合作,使节点企业致力于通过提高整个供应链的利润来增加自身的收益。契约参数是管理供应契约要解决的主要问题,参数的设计也是供应契约中最为重要的环节。

一般而言,供应契约的参数有以下几种。

1)决策权的确定

在传统合作模式下,确定契约决策权并不是非常重要的因素,几乎每个企业都有自身的契约模式,并且可以按照该模式进行日常的交易活动。但是在供应链管理环境下,供应契约决策权却发挥着相当重要的作用,因为在供应契约模式下,合作双方要共担风险、共享利润。

2)价格

价格是契约双方最关心的内容之一,其可以被表现为线性形式(按比例增长或者下降)或者非线性形式。合理的价格使双方都能获利。卖方在不同时期、不同阶段会有不同的价目表,一般都会随着订货量的增长和合作时间的延长而降低,以激励买方提高订货量并维持长期合作。

3）订货承诺

买方一般会根据卖方的生产能力和自身的需求量提出数量承诺。订货承诺大体有两种方式：一种是最小数量承诺，另外一种是分期承诺。对于单个产品，最小数量承诺意味着买方承诺其累积购买量必须超过某特定数量，即最低购买数量；对于多品种产品，进行最小数量承诺则要求购买金额超过某最低量，即最低购买价值承诺。使用分期承诺时，买方会在每一个周期开始之前提出该期的需求量。

两种数量承诺方式有着明显的区别。前者给出总需求量，有利于卖方做好整个契约周期的生产计划，然而一旦市场发生变化，绝大部分市场风险便会被转移到卖方。后者则要求买方在各期初给出当期的预计订货量承诺，双方风险共担，使卖方的风险有所降低，同时也迫使买方重视市场决策的有效性。

4）柔性订货

所谓柔性订货，是指任何时候买方提出数量承诺，卖方一般都会预留一些余量以调整供应数量。这种余量包括价格、数量以及期权等量化指标。一方面，卖方在完成初始承诺后将决定提供（或不提供）余量的服务补偿；另一方面，买方也将从中获得收益，当市场变化影响其销售时，就可以使用余量机制来避免更大的损失。同时这种余量也提供了强有力的约束，使合作双方在契约执行过程中更多地考虑到自身利益、改善经营，从而使两者从长期角度都受益。

5）利润分配原则

所有企业最根本的目的都是实现自身利润的最大化，因此，在设定契约参数时，利润分配原则通常是企业协商的重点。那么，在高度合作的情况下，维护合作双方自身的经济利益，同时又可能努力扩大渠道利润就成为利润分配所要考虑的问题。

供应契约往往以企业利润作为建模的基础，在合作双方之间划分供应链的整体渠道收益就是利润分配问题。供应契约包括分配原则、分配形式以及利润分配模型等。

其中，分配原则主要体现为利益共享和风险共担。在实际的利润分配过程中，供应链的核心企业起着决定性的作用，这种举足轻重的作用体现在供应链成本、交易方式、利润激励等方面。此外，主导企业对利润分配的态度还会影响其他企业的合作积极性以及对供应链利润增值的贡献。

6）退货方式

从传统意义上讲，退货似乎对卖方很不利，因为此时卖方要承担滞销产品带来的风险和成本。但事实上实施退货政策能有效激励买方增加订货，从而扩大销售额，增加双方收入。如果提高产品销售量带来的收入远大于滞销产品所带来的固定成本，或者买方有意扩大市场占有率，那么退货政策给卖方带来的好处就会远远大于其将要承担的风险。

7）提前期

在质量、价格可比的情况下，提前期是买方关注的重要因素之一。同时，提前期将导致需求信息被放大，产生"牛鞭效应"，这对卖方而言也很不利。因此，有效地缩短提前期不仅可以降低安全库存水平、节约库存投资、提高客户服务水平、很好地满足供应链时间竞争的要求，而且可以降低"牛鞭效应"的影响。

在传统的库存模型中，提前期或被设置为固定值，或用随机变量来表示。其实，将提前期作为变量来调整供应契约能够为供应链带来利益。

8）质量控制

在基于供应链的采购管理中，质量控制主要是由供应商执行的，企业只在必要时对产品或服务进行抽查。因此，关于质量控制的条款应明确质量职责，还应激励供应商提高质量控制水平。对供应商实行免检是对供应商质量控制水平的最高评价。契约中应指出实行免检的标准和对免检供应商的额外奖励，以激励供应商提高质量控制水平。

质量问题是买卖双方谈判的矛盾所在。对卖方而言，提高原材料或零部件的质量则意味着成本增加；而对买方而言，只有在价格不变的前提下保障原材料或零部件的质量，才能提高成品的合格率并增加收益。为此，买方需要在契约的设计中针对质量条款采取某些激励措施，如进行质量方面的奖励或惩罚等，以此达到双赢的目的。

9）激励方式

对节点企业的激励是使其参与供应链的重要条件。为节点企业提供只有参与此供应链才能得到的利益是激励条款所必须体现的。此外，激励条款应包含激励节点企业提高质量控制水平、供货准时率和降低供货成本等内容，因为节点企业业务水平的提高意味着其业务过程更加稳定可靠，同时费用也会随之降低。

一般而言，有以下几种激励方式可供参考。

（1）价格激励。高价格能提高企业的积极性，而不合理的低价会挫伤企业的积极性。合理分配供应链的利润有利于供应链企业间合作稳定、顺畅地运行。

（2）订单激励。获得更多的订单对供应链企业而言是一种极大的激励，在供应链内的企业也需要更多的订单激励。一般来说，一个制造商拥有多个供应商。多个供应商竞争来自制造商的订单，因此获得较多订单对供应商而言才是一种激励。

（3）商誉激励。商誉是企业的无形资产，对企业来说极其重要。商誉来自供应链内其他企业的评价和在公众中的声誉，反映了企业的社会地位（包括经济地位、政治地位和文化地位）。

（4）信息激励。信息对供应链企业而言实质上属于一种间接的激励，如果能够便捷地获得合作方的需求信息，企业就能够主动采取措施提供优质服务，必然会使与之合作各方的满意度大大提高。这对合作方之间建立信任来说有着非常重要的作用。

（5）淘汰激励。为了使供应链的整体竞争力保持在较高的水平，供应链必须建立针对成员企业的淘汰机制，同时供应链自身也必然面临着被淘汰的风险。

10）信息共享机制

供应链企业之间任何有意隐瞒信息的行为都是有害的，充分的信息交流是良好地运作供应链采购管理的保证。因此，契约应对信息交流提供保障措施，例如，规定双方互派通信员和每月举行信息交流会议等，防止信息交流出现问题。

综上所述，契约需要考虑的因素非常多。此外，在契约的签订过程中，各方还需要考虑众多复杂的因素，这是个动态的、不断重复的博弈过程。

2. 供应契约分类

1）按照合作程度划分

按照供应链中节点企业的合作程度，可以将供应契约分为单方决策型和联合决策型。

在单方决策型供应契约中，买卖双方之一处于主导地位，某一方在决策时可以不考虑或者较少考虑另一方的利益，双方之间还没有完全摆脱对立关系。在确定市场需求的情况下，没有完全实现信息共享时，买方的库存、促销策略等是形成卖方风险的主要原因。在不确定市场需求的情况下，卖方的风险一方面来自买方的库存、促销策略，另一方面来自变幻莫测的市场，也就是说，此时决策取决于分销商如何把风险转移给供应商。单方决策型供应契约问题在不同需求模式下采用的研究方法有本质的差别。

在联合决策型供应契约中，某一方在决策的同时必须考虑另一方的利益，双方需要抛开对立关系，强调提高供应链合作伙伴关系的整体运作绩效。在确定市场需求的情况下，联合决策可以减少买方的库存；在不确定市场需求的情况下，联合决策可以对来自市场需求的变化作出快速反应，降低供应链的风险。

2）按照需求的特点划分

按照需求的特点，可以将供应契约分为需求确定型和需求不确定型。

需求确定型供应契约指的是市场需求比较稳定的情况下制定的契约。在该环境下，制定供应契约时主要采取数量折扣、定价、货物分配、缩短提前期等协调手段，能使买卖双方就新增利润的分配方式达成共识的协调手段即为有效的协调手段。

需求不确定型供应契约则是指市场需求波动幅度较大时制定的契约。由于市场需求不稳定，这种形式的契约发生变化的频率比较快，契约的协商容易受市场变化影响。此时，通常可以使用随机函数描述不确定需求，以便研究平均意义下供应链的总体特性。当然，描述不确定需求时往往选择正态分布、伯努利分布或泊松分布等相对容易处理的分布形式。随着市场需求的变化，供应链中的节点企业会重新协商，对契约参数作出相应的调整，以降低需求变化带来的风险。

3. 几种常见的供应契约

如前文所述，将供应契约中的各个参数单独列出或将之组合就可以形成多种类型的供应契约。一般而言，较常见的供应契约包括以下几类。

（1）回购契约（buyback contract）。此契约规定，在销售季末，零售商可以一定的价格把未售出的产品全部退还给供应商。回购是一种在不确定性需求系统协调中常见的契约方式，既能分担风险，又能起到激励订购的作用。回购的最大特点在于能够较灵活地消除随机需求下系统的"双重边际效应"，因此，缔结回购契约，供应商与零售商将共同分担市场风险，而刺激零售商订货的措施则能够提高其期望利润。

回购契约往往应用于生产周期较长而销售季节较短的商品交易中，它在时令商品市场（如服装、图书等）中得到了广泛应用。

（2）收入共享契约（revenue sharing contract）。在这种契约中，供应商拥有货物的所有权并能决定批发价格，而收入共享的比例则由零售商决定。对每一件卖出的产品，零售商根据事先确定的收入共享百分比从销售收入中扣除自身应享有的份额，然后将剩余部分交给供应商。

（3）数量折扣契约（quantity discount contract）。此契约规定，在一定时期内，供应商可以根据零售商承诺购买的数量按照一定的比例调整价格。

数量折扣契约在实际交易中的应用非常普遍，常见的方式有两种：全部单位数量折扣和边际单位数量折扣。使用前者，供应商按照零售商的购买数量为所有产品设计一定的价格折扣；而针对后者，供应商则只对超过规定数量的部分给予价格折扣。研究发现，在确定需求或不确定需求条件下，数量折扣适用于风险中性和风险偏好型的零售商。

（4）最小购买数量契约（minimum purchase contract）。在此契约下，零售商在期初作出承诺，将在一段时期内至少向供应商购买一定数量的产品。供应商通常根据这个数量给予一定的价格折扣，购买产品的单位价格将随着数量的增加而降低。零售商承诺在未来指定周期的最少购买数量，则供应商同意以折扣价格提供产品。这种契约在电子产品行业的应用尤为普遍。

最少购买数量契约与数量折扣契约有些类似，不同的是，前者需要作出购买数量承诺，这种承诺并非一次性的，也可以是一段时期或者一个年度内的购买数量总和。

（5）数量柔性契约（quantity flexibility contract）。交易双方拟定此契约，规定每一期零售商订货量的波动比率。使用这种契约时，零售商将承诺一个最少的购买数量，然后可以根据市场实际情况，在最低和最高订货范围内选择实际的订货量。按照契约规定，供应商将有义务提供低于最高采购上限的产品数量。这种方式能够有效地遏制零售商故意高估市场需求而导致供应链库存增多的不利现象。

（6）带有期权的数量柔性契约（flexibility quantity contract with option）。在这种契约模式下，零售商承诺在未来各期购买一定数量的产品，同时还向供应商购买了一个期权。这种期权允许零售商可以在未来以规定的价格购买一定数量的产品，从而获得调整未来订单数量的权利。

（7）削价契约（markdown contract）。这是一种经过改进的回购契约，供应商为了避免零售商将未售出的产品返还给自己，会采取价格补贴措施激励零售商继续保留那些未售出的产品。价格补贴虽然对供应商来说比较方便实施，但也可能给予零售商套利的机会，因此其必须建立在买卖双方充分信任的基础上。目前，价格补贴已经被广泛应用于IT产品的销售中。

价格补贴实质上是一种价格保护策略，是分销商分担零售商过剩库存风险的一种方式。它通过对期末未售出商品价格补差来实现，并经常用价格递减方式协调短生命周期产品。研究表明，价格补贴与回购有很大的相似性，也可协调供应链系统，但针对多零售商时，不能确保各零售商均参与契约，主要原因在于价格补贴的协调条件与客户需求信息无关，仅与买卖双方的成本结构有关。

（8）备货契约（backup contract）。零售商和供应商经过谈判后，双方拟定此类契约可以为零售商提供一定的采购灵活性。备货契约的流程为零售商承诺在销售旺季采购一定数量的产品，供应商按零售商承诺数量的某一比例为其保留产品存货，并在销售旺季到来之前发出这些存货。在备货契约中，零售商可以按原始的采购价格购买供应商为其保留的产品并及时得到货物，但要为未完成购买的部分支付罚金。

（9）质量担保契约（quality contract）。质量问题构成了零售商和供应商谈判的矛盾。供应商知道自身产品的质量水平，拥有信息优势，而零售商却处于信息劣势。信息不对称会产生两个问题：第一，供应商不具备提供某种质量水平的能力，可能会作出错误的质量承诺，同时零售商不能正确辨认供应商的能力会产生选择错误；第二，供应商可能存在恶意欺骗行为，导致严重的道德问题。为了保证零售商和供应商的利益不受侵犯并保证供应链绩效最优，签订契约的双方必须在一定程度上实现信息共享，运用合作激励机制设计质量惩罚措施，当供应商提供不合格产品时对其进行惩罚。

4. 供应契约的作用

如前文所述，供应契约的类型多种多样，尽管不少契约的理论模型与实际情况存在一定的差异，但其仍然能够为管理者们提供审视供应链的决策依据，因而具有极大的管理意义。

在实际运作中，企业使用较为普遍的契约方式有：回购契约、收入共享契约和数量折扣契约等。使用供应契约能给企业带来相当可观的收益，例如，使用收入共享契约，录像带租赁公司 Blockbuster 的业务额提高了 75%，市场份额也从 25% 上升到了 31%。

使用供应契约既能消除"牛鞭效应"和"双重边际效应"等多种不利影响，有效地实现供应链协调运作，还可以保障供应链企业之间的合作关系。其具体作用主要表现在以下几个方面。

1）降低"牛鞭效应"的影响

供应链的信息失真导致了"牛鞭效应"，这种放大的效应对供应链企业具有极大危害。供应契约可以很好地降低"牛鞭效应"的影响，主要表现为降低供应链的库存。由于供应契约同时具有柔性和相对稳定的优点，因此，在供应链中的每个企业不必维持较高的安全库存。供应链企业之间的合作将原来的局部优化行为转为整体利益最大化，而供应契约的特性可以使这种合作具体化，防止合作成为纸上谈兵。

供应链企业在确定合作关系之后签订契约，使各节点企业明确各自的职责：一方面，下游企业对上游企业的需求趋向明确，即使有变动也在供应契约的冗余范围内，对供应和需求的影响不大，这样上游企业不必预测下游企业的需求，避免了信息滞后；另一方面，供应契约可以使供应链的信息共享程度提高，每个节点企业都可以共享所有信息，避免不必要的预测。

2）实现供应链系统的协调，消除"双重边际效应"

供应契约通过调整供应链的成员关系来协调供应链上下游，使分散决策下的供应链整体利润与集中系统下的利润尽可能相等。即使无法实现最好的协调（与集中系统下的利润完全相等），也可能存在帕累托最优解，使每一方的利润至少不低于原来的利润值。因此，供应链各节点企业可以签订不同类型的供应契约，以克服由于"双重边际效应"所导致的低效率以及渠道利润的减少，使供应链达到最佳协调。

3）增强了供应链成员的合作关系

建立协调供应链的前提是相互信任。供应链是由多个企业组成的联合体，彼此之间没有任何产权上的联系而仅是动态的合作关系。不过，供应契约可以书面的形式保证合作企业的权利和义务，使这种权利和义务具有法律效应。这样即使信任机制不健全也可以实现企业的紧密合作，加强信息共享，相互交流技术和提供技术支持。

供应链合作关系产生了新的利润，这些利润的分配是决定供应链能否继续保持合作关系的重要因素。供应契约模型研究了利润的分配模式，通过企业之间的协商将利润在供应链的各个节点企业中进行分配，其特性就是要体现利益共享和风险共担原则，从而使供应链成员企业达到帕累托最优。

随着契约利润参数的改变，供应链承担的风险在供应链的不同阶段之间发生了转移，从而影响零售商和供应商的决策，稳固它们之间的长期合作伙伴关系，同时提高了供应链的总体收益。

此外，合作企业还可以修改契约的激励模式创造更好的优惠条件，减少彼此之间的不信任感、实现双赢，进一步促进并增强彼此的合作关系。

思考题

1. 为什么要进行供应链协调？
2. 供应链协调的契约类型有哪些？
3. 供应链协调激励机制有哪些？
4. 供应契约的类型有哪些？
5. 绿色供应链协调的特殊性是什么？

第 4 章

绿色供应链风险管理

4.1 绿色供应链风险管理概述

4.1.1 绿色供应链风险的含义

供应链所面临的市场竞争环境存在大量不确定性。只要存在不确定性，就存在一定风险。所谓不确定性是指在引入时间因素后，事物的特征和状态无法被充分地、准确地加以观察、测定和预见。供应链企业之间的合作过程中存在着各种产生内在和外在不确定性的因素，因此需要风险管理。

供应链系统是复杂的，其风险是很难被界定的，不同学者的定义角度往往大相径庭。国外学者对供应链风险的研究是从供应风险开始的。米切尔（Metchell）认为，供应链风险是由各成员企业中员工的教育层次、国别等因素的不同及供应市场的特征（如市场结构的稳定性、市场利率的变化等）影响供应上的不足而带来的风险；齐地西尼妥（Zsidisinetal）将供应风险定义为"供应的不及时而导致货物和服务质量的降低"；也有的学者按照风险的一般方法将供应链风险分为可控制和不可控制的风险，其中，不可控制的风险包括恐怖主义行为、严重的劳工停工、自然灾害等，而可控制的风险包括供应商资格、来源方的产品和服务等。

德勤咨询公司 2004 年发布的一份供应链研究报告认为，供应链风险是指对一个或多个供应链成员产生不利影响、破坏供应链运行环境而使供应链管理达不到预期目标甚至导致失败的不确定性因素或意外事件。

英国克兰菲尔德（Cranfield）大学管理学院把供应链风险定义为供应链的脆弱性，其风险因素的发生通常会导致供应链运行效率降低、成本增加，甚至导致供应链的破裂和失败。有效的供应链风险管理将有利于保障供应链的运行安全、降低运行成本并提高供应链的运行绩效。

中华人民共和国国家标准《供应链风险管理指南》（GB/T 244020—2009）也对供应链风险进行了定义，明确供应链风险是指有关供应链的不确定性对目标实现的影响。

因此，可以认为供应链风险包括所有影响和破坏供应链安全运行，使之不能达到供应链管理的预期目标，造成供应链效率下降、成本增加，导致供应链合作失败或解体的各种不确定因素和意外事件,既包括自然灾害带来的风险事件,也包括人为因素产生的风险事件。

为了提高供应链的竞争力、获取竞争优势,企业需要高度重视供应链的风险管理,它不仅是供应链管理理论体系的核心内容之一,而且是供应链管理的内在要求。企业必须采取措施使供应链避免可能产生的风险,尽量降低风险给供应链带来的损失,使供应链在受到风险事件冲击后能够迅速恢复到正常运行状态。这些目标只有通过合理的风险管理与控制措施才能达成。

绿色供应链风险主要来源于两方面:外部环境的不确定性和成员企业之间的矛盾,从供应链的组织角度可将其分为外部风险和内部风险两大类。

1. 外部风险

外部风险是指由于外部环境的不正常变化而造成的风险,主要包括自然环境风险、经济风险和社会风险。

1)自然环境风险

自然环境的各种变化是引发绿色供应链风险的直接原因之一。一些不可抗拒的事件,如水灾、火灾、雷电、地震、台风等自然灾害可能会给供应链带来不利影响,如造成供应源中断,生产、仓储设施损坏等。人类目前普遍面临环境恶化问题,自然灾害爆发的频率也越来越高,绿色供应链面临的自然环境风险将会越来越大。

2)经济风险

经济风险即在经济领域中各种可能导致绿色供应链运营遭受损失的风险。运营所处的经济环境如通货膨胀、利率波动、汇率变动、经济周期、地区性贸易协议、绿色贸易壁垒、税收、进出口配额等都会对绿色供应链造成影响,经济高速增长容易导致企业原材料供应出现短缺,影响企业的正常生产,而经济萧条会使产品库存成本上升,因此,经济因素极大地影响了绿色供应链的全球化趋势。

3)社会风险

社会风险是由于社会风尚、文化观念、法律政策以及社会动荡需要企业付出的额外代价,亦即由此给绿色供应链带来的风险。跨国界、跨地区的供应链需要注意社会习惯、风俗、文化的差异及其变化。绿色供应链在不同的国家和地区面临的法律环境的变化也会诱发风险。国际关系、政局变化、种族矛盾、恐怖主义战争、罢工等引起的社会动荡会给绿色供应链运营带来诸多不便。此外,每个国家的环境保护政策也会形成绿色壁垒,制约绿色供应链的发展。

2. 内部风险

内部风险是指来源于绿色供应链企业之间或企业内部的风险,主要包括市场风险、技术风险、合作风险。

1)市场风险

市场风险指市场供需实际情况与预测发生偏离,产品的市场竞争能力或竞争对手情况发生变化、市场经济环境的周期性变化,使准确预测的难度加大从而导致的风险。绿色供应链的运作是以市场需求为导向的,导致市场风险的因素主要有市场竞争的程度、市场环境的变化以及技术进步。一般而言，市场竞争的程度越高，外部环境变化越大、越频繁，市场风险就越大。

2）技术风险

技术风险指绿色供应链企业由于技术本身的先进性、可靠性、适用性和可得性与预期发生重大变化或者由于没有引进先进技术而导致生产成本增加、生产能力下降、产品质量达不到要求所导致的风险。生产、物流及信息技术的进步会促进绿色供应链的发展，但是应用不成熟的技术、不积极地采用先进的技术、企业间采用的技术标准不统一都会影响绿色供应链的协调性。导致技术风险的主要因素有技术的成熟性、复杂性及关联性。

3）合作风险

绿色供应链是多方主体参与的复杂系统，不同的主体之间若不能很好地沟通就会形成合作风险。导致合作风险的因素主要有管理方式的差异、地理位置的不同及道德风险。由于供需双方存在体制差异，在合作中很容易就会出现冲突，导致协调失衡、管理失控甚至供应链解体。虽然信息技术的发展已弱化了地理位置因素对合作各方的影响，但其对企业间的沟通仍可能造成一定的阻碍，会出现分工不明、时间进度安排脱节等问题。绿色供应链的运营是建立在相互信任基础上的，但是由于信息不对称及契约本身的不完善，某些企业在短期利益的驱使下可能会产生不道德的行为。

4.1.2 绿色供应链风险存在的客观性

无论是自然界中的各种自然灾害还是社会领域中的冲突、意外事故或者战争，这些风险都不以人的主观意志为转移，而是客观存在的，它们的存在和发生就整体而言是一种必然的现象。因此，像许多风险一样，供应链风险的发生也是客观和必然的，其本身是不可避免的。主要表现在以下几个方面。

（1）供应链本身结构的复杂性导致了风险客观存在。从组织结构来看，供应链是一个复杂的网络，其由具有不同目标且相互独立的经营主体组成，因此，供应链的运作相比单个企业而言要复杂得多，物资从供应源进入到最后变成商品被送至最终用户手中，经过了原材料供应体系、制造体系和分销体系的众多节点企业，包括运输、储存、装卸、搬运、包装、流通加工、配送、信息处理等诸多环节，期间伴随着商流、物流、信息流和资金流的发生。虽然整个供应链是一个利益共同体，但各节点企业有自身的经营战略、目标市场、技术水平、管理制度以及企业文化等，甚至某一个企业可能同时处在多个相互竞争的供应链上，这些现象都提升了供应链管理的复杂性和难度，从而导致了风险的产生。

（2）供应链所处内、外部环境的不确定性导致了风险的客观存在。把供应链当成一个系统来看，它的不确定性环境包括两方面，即外部环境和内部环境的不确定性。系统外部的不确定性主要来自自然环境、市场需求环境、经济环境、政策环境、竞争环境以及资源环境等因素，这些都是客观存在的，并且是无法被改变的，企业只能调整自身去适应环境。系统内部的不确定性主要是供应链上各节点企业运作的不确定，如原材料供应商方面的运输问题、货源问题造成的不确定性，制造商方面由于生产系统的可靠性、计划执行的偏差、关键人员的临时短缺导致的不确定性，还有分销企业在配送、渠道设置方面的不确定性等，这些内部不确定性也是不能完全避免的。因此，系统内、外部这些不确定性因素的客观存在也决定了供应链风险必然客观存在。

（3）供应链的全球化趋势增加了风险。从过去盛行的"本地化"转向"全球化"生产和营销是供应链发展的一大趋势。通过远程采购、全球生产和装配，如今的供应链可以从地球的一端延伸至另一端。例如，一些电子产品可在中国台湾地区采购零部件，在新加坡组装，最后在美国总装，然后卖到全球市场。全球化的采购和生产可能降低采购成本和劳动力成本，但也可能带来更长的提前期、更多的安全库存和更高的报废率，反而易诱发风险。另外，全球化的趋势使供应链企业的分布范围更广，而若劳动力所在的地区或国家政局不太稳定、容易发生战乱，则同样可能影响供应和生产，引发供应链运作的风险。

供应链风险的范围、程度、频率以及形式、时间等都可能表现各异，但它总会以独特的方式证明自己的存在，证明自己必然会出现。人们收集有关供应链风险的资料越多，对供应链风险的认识也就越发深入，随之而来的是，供应链风险的规律性就越容易被发现或接近于被发现。

4.1.3　绿色供应链风险的特性

绿色供应链的风险除了具有上述一般风险的共性之外，还具有以下四点特性。

1）动态性

实现供应链管理的目标是一个整合优化供应链的过程，此过程受到内部和外部各种因素的影响。不同的成员企业和业务面临的风险因素不同，其中有些因素可能会随着环境和资源的变化、供应链管理目标的调整转化为风险因素。因外部客观环境或内部结构而产生的风险会随着风险处理的行为不断变化，因此，其将与供应链的运作相伴存在，具有动态性特征。也正因为供应链风险的动态性，星星之火的小风险有可能变成燎原的巨型风险。供应链风险变化的每一阶段几乎都具有因果连锁，所以任何时候都不应被忽视。

2）复杂性与多样性/多层次性

供应链网络的复杂性导致风险的来源也呈现复杂性的特征。从被构建起供应链就面对许多风险，它不仅要面对单个成员企业所要面对的系统风险与非系统风险，而且要面对供应链企业之间的合作风险、技术与信息资源传递风险、文化冲突风险及利润分配风险等。因此相比一般企业的风险，供应链风险类型多、范围广，也更为复杂。另外，由于供应链的结构呈现层次化及网络化，不同层次的供应链成员（如核心企业、供应商、分销商、协作层企业）受供应链运作影响程度不同，同样的风险对不同层次的供应链成员的影响程度也不同。

3）传递性

传递性是供应链风险最显著的特征，是由供应链自身组织结构所决定的。由于供应链从产品开发、原材料采购、生产加工到仓储配送整个过程都是由多个节点企业共同参与完成的，根据流程的顺序，各节点企业的工作形成了一个交错的混合网络结构，其中某一项工作既可能由一个企业完成，也可能由多个企业共同完成；某一个企业既可能参与一个环节，也可能参与多个环节。因此各节点环环相扣，彼此依赖和相互影响，任何一个节点出现问题都可能波及其他节点，进而影响整个供应链。供应链是链式生产结构，源头的企业可以把一定风险传递到下游企业，下游企业也可能通过信息流、资金流等途径把风险传递给上游企业。一个企业发生风险，造成生产、销售等运营的困难，那么，整条供应链都要受到牵连，"牛鞭效应"便是由这种传递性引起的。传递性会利用供应链系统的联动给上下游企业以及整个供应链带来损害。供应链整体的效率、成本、质量指标取决于节点指标，由于各节点均存在风险，故供应链整体风险由各节点风险传递而成。

4）关联性

各个风险之间往往是相互联系的，采取措施消除一种风险可能会加剧另一种风险。同样，供应链上某个企业采取的措施可能会增加其他企业的风险，这些风险可能是此消彼长的，例如，在企业内部为了加强与供应商的长期战略合作、减少交易成本，可能会将订单集中到有限的几个实力较强的供应商手中，这无疑更容易引发供应中断风险。另外，供应链系统内各节点企业之间，某一企业为了防范自身的库存风险而要求上游供应商采用 JIT 方式送货，则必然导致上游供应商增加送货成本和库存。因此，在研究供应链风险、加强对供应链风险的控制时需要充分考虑风险之间的相互关联，对此消彼长的风险进行权衡，以确保供应链整体风险最小。

由以上论述可知，供应链在日常运营中的风险是客观存在的，而且随着供应链的全球化发展，这种风险会越来越大。为了防范各种不确定性因素引发的供应链中断或其他风险，需要加强对供应链风险的管理，提高供应链弹性（supply chain resilience）或供应链柔韧性，保障供应链始终能够稳健地运行。

所谓供应链风险管理，就是为提高供应链运营的稳健性而分析风险环境、识别风险、应对风险而实施的管理工作。下文将从供应链风险的识别与分析、供应链风险管理的组织架构及应对措施、弹性供应链的构建等几个方面加以阐述。

4.2 绿色供应链风险的识别与分析

4.2.1 识别绿色供应链的风险

风险识别是绿色供应链风险管理的首要步骤，是指对供应链所面临的和潜在的风险加以判断、归类和鉴定性质的过程。该过程首先要对供应链上各节点的构成与分布进行全面分析与归类；其次要对各节点所面临的和潜在的风险以及发生风险损害的可能性进行识别与判断；最后要对风险可能造成的后果与损失状态予以归类和分析。必须强调的是，风险识别不仅要识别即将面临的风险，更重要、也更困难的是识别各种潜在的风险。在此基础上，还要鉴定风险的性质，即判断该风险属于动态风险还是静态风险，属于可管理风险还是不可管理风险等。以此才能针对不同的风险采取有效的应对措施。

1）识别供应链风险的步骤

瓦尔特（Walter）指出，识别供应链风险有五个主要步骤。

（1）定义整体供应链的流程。

（2）将整体流程细化为一系列彼此独立又相关的运作活动。

（3）系统地审视每一项运作活动的细节。

（4）识别存在于每一项运作活动中的风险及其特点。

（5）描述出最具影响的风险。

识别风险绝非易事，尤其是在第（4）步，许多正式的工具被用于识别现实所发生的风险，如历史数据分析法、头脑风暴、因果分析、事故树、流程图、可能性冲击矩阵、情景规划等。另外一些工具方法则被专门用于识别供应链风险，如供应链图视图法、关键路径识别等。

这些识别风险的工具有的需要分析过往事件，有的需要集思广益，有的则需要直接分析运作活动才能充分发挥作用。

2）分析过往事件

（1）根本原因分析法——"五个为什么"。当有的风险事件确实已经发生，那么要识别未来可能发生的风险，最简单的方式就是对过往事件发生的原因不断地提出问题，并进一步挖掘，从而确定这种风险在未来再次发生的可能性。例如，通过设问的方式，如下所示。

提问：发生的风险事件是什么？

回答：接到一位客户的投诉，原因是我们没有提供让他满意的服务。

提问：为什么呢？

回答：因为我们缺货。

提问：为什么呢？

回答：因为我们的供应商没有按时送货。

提问：为什么呢？

回答：因为我们的订单送晚了。

提问：为什么呢？

回答：因为采购部门将所有的订单都延迟递交了。

提问：为什么呢？

回答：因为招聘的新人没有得到充分的培训。

不断设问并回答，直到最后，就能很明确地知道问题出在采购部门，具体到负责招聘和培训的员工。此时，部门经理可以评估类似事件再次发生的概率，明确这个风险事件是否具有重要的影响。这种方法可以被称为"五个为什么"或者根本原因分析法（root cause analysis，RCA）。

根本原因分析法的目标是找出问题（发生了什么）、原因（为什么发生）、能解决问题的措施（什么办法能够阻止此类问题再次发生），它是一种结构化的问题处理法，用以逐步找出问题的根本原因并加以解决，而不是仅关注问题的表征。根本原因分析法也是一个系统化的问题处理过程,包括确定和分析问题原因,找出问题解决办法,制定问题预防措施等步骤。在组织管理领域内,根本原因分析法能够帮助利益相关者发现组织问题的症结,并找出根本性的解决方案。

根本原因分析法的优点在于它分析调查了现实中所发生的风险,并能清晰地显示出问题与原因之间的关联性,但局限性在于该方法认为问题的根本原因比较单一,实际情形则往往要复杂得多。

(2)因果图。因果图(cause and effect diagram)可以图形的形式表示风险事件与发生的各级原因之间的联系,因此还被称为鱼骨图(fish bone diagram)或石川图(Ishikawa diagram)。因果图是日本质量控制兼统计专家石川馨教授发明的一种图解法,用以辨识事故或问题的原因。

这种方法的优点在于可通过结构性的工作方法全盘考虑问题的所有可能原因,找出其中的根本原因,同时可运用有序的、便于阅读的图形阐明因果关系,更有利于团队成员个人的学习、理解和分析,也有利于增强组织成员的流程知识。它的局限在于对因果关系错综复杂的问题来说发挥的效用不大。

(3)帕累托分析法(Pareto analysis)。该法可根据以往发生的风险事件频率图归纳出在将来最有可能再次发生的风险事件。帕累托图的绘制基础是80/20定律(帕累托定律),即80%的风险后果是由20%的原因造成的。

帕累托分析法首先将导致某种风险结果的各种原因按照数量的大小递减排序,以横坐标表示原因,纵坐标表示结果数量或累积百分比做图,通过图分析主要原因。

根据帕累托定律,20%的原因往往导致80%的问题,如果由于条件限制不能100%地解决问题,那么只要专注全部原因中20%主要部分就能够解决80%的问题。因此在风险识别的过程中,帕累托定律常被用来找出问题的主要原因,是一种有效且得到广泛应用的方法。

(4)风险项目检查列表(checklists)。企业在经营活动中会遇到各种各样的风险,因此也能够编列一个"列表",这个列表可为企业管理人员提供另一个识别风险的思路,就是检查已有风险。风险项目检查列表可以是来自同一组织的不同供应链,也可以来自其他企业或者行业范围内的论坛、研究机构、咨询机构。

风险项目检查列表的优势在于可以帮助企业管理人员利用已有经验迅速找到答案。与此同时,这种方法也受到许多批评,其罗列大量潜在风险项目,其中很多风险并不能得到足够的重视,而列表中被忽略的一些风险则可能对某些企业来说是十分重要的。要注意防范出现以下倾向。

(1)列表只列出了一些常规的风险,忽略了那些不为人所知的风险。
(2)列表提供了太多应对风险的可选方案,但是对实际发生的风险缺乏足够的指导作用。
(3)列表只给出了常规风险的应对方案,却忽略掉了"创新性风险"。
(4)列表集中关注风险在单一组织内的影响,忽视了供应链的"跨界"影响。

3)集思广益

(1)访谈(interviews)。如果过往风险事件的分析还是无法为未来防范风险提供更多的信息,那么管理人员应着手收集新的信息。最为直接的方法就是组织有相关知识背景、经验丰富的人员参加访谈。他们对风险的发生最为熟悉和了解,从他们那里收集风险的详细信息简单方便。但是,由于个人观点往往取决于自身的知识积累,因此访谈的缺点在于需要考虑受访者的个人偏见、技能缺陷,总体而言缺乏预测力。

(2)专家会议法(panel consensus)。如果个人的观点不具有可信度,那么可以组织专家小组研究讨论,并最终形成一份重要风险列表。这种专家小组的形式多种多样,可以是严谨正式的,也可以是非正式的。

正式专家小组会议首先是专家陈述,接下来是围绕陈述的要点展开讨论,最后得出结论。这种正式的讨论结果往往趋向于保守。避免正式讨论所带来的负面作用的方法就是减少正式程序,如可以展开更为宽松、接受度更高的头脑风暴。头脑风暴会议,采用自由畅谈、禁止批评的规则,鼓励所有参加者在自由愉快、畅所欲言的气氛中交流信息,毫无顾忌地提出自己的想法。没有了拘束规则,成员没有心理压力,可以在短时间内提出更多创造性的成果。头脑风暴的参会人员以 8~12 位专家为宜,太少不利于交流信息,而太多不容易让每个人得到发言的机会。整个会议要有严格的时间规划,限 2~3 个小时为宜。

(3)德尔菲法(Delphi method)。任何一个专家会议都难免遇到权威人士的意见影响他人,有些专家碍于情面,不愿意发表与其他人不同的意见,或者发言时间过长导致偏题。要解决这样的问题,可以通过问卷调查的方法来收集信息。

组织 15 名供应链方面的专家成立专家小组,一般不要超过 20 人。向所有专家发出问卷,收集他们对于供应链风险的看法。将各位专家第一次的问卷意见汇总、分析整理,再分发给各位专家,让专家比较自己同他人的不同意见,修改自己的意见和判断。所有的回复,均采用匿名或背靠背的方式,使得每一位专家都能独立自主地作出自己的判断。

所有专家的修改意见收集起来,汇总,再次分发给各位专家,以便做第二次修改。逐轮收集意见并向专家反馈信息是德尔菲法的主要环节。收集意见和信息反馈一般要经过三四轮。在向专家进行反馈的时候,只给出各种意见,并不说明发表各种意见的专家的具体姓名。这一过程重复进行,直到每一个专家不再改变自己的意见或者专家的意见逐渐趋同。

4)分析运作活动

(1)流程分析图(process charts)。流程分析图指将整条供应链生产过程的所有环节系统整理、排序后以简明图形绘制而成的图表。依托该图,企业可以根据不同的流程,对每一阶段和环节逐个调查分析,找出风险存在的原因,发现潜在的威胁,分析风险发生后可能造成的损失和对全局造成的影响。

(2)流程控制(process control)。在生产过程中,原料、交通、天气、设备、员工、情绪、时间、压力等一系列细节的波动是难以避免的。这些波动或许微小但始终存在。有观点认为来自供应链计划的变动会产生风险,因此,要识别主要风险就要监督生产活动,找到最容易出现波动的环节予以防范。

5)识别供应链风险应注意的问题

(1)风险意识。作为一项科学的管理活动,风险识别本身要有组织性和制度性,对供应链这种特殊的企业群而言，风险识别的制度性更为重要。另外，企业忽视风险的原因有可能在于最先发现风险问题的人通常会被委以解决这一问题的责任——即使该风险并不是发现者引起，他也没有足够的知识和技能来处理，风险处理远远超出其职责范围。因此，在风险识别时一定要作强制规范，使每一个节点企业按要求经营，配合风险管理主体定期进行风险识别的工作。

（2）系统性。上述情况同样会出现在组织层面。供应链上的每一个节点企业都希望其他成员尽可能地降低风险，这使每个企业都不愿意承认自身存在风险，因为只要承认自身的风险，很有可能会因此而承担解决风险的责任，进而失去很多商机，获利的则是那些显得不那么开诚布公的竞争对手。

因此，供应链风险识别不能局限于某一个企业、某一个环节或某一个方面，而要将研究识别工作覆盖整个供应链系统，包括识别供应商、供应商的供应商、制造商、用户及用户的用户等，还应识别原材料和零部件的采购供应环节、制造环节、分销环节以及整个流转过程中的物流运输环节。总之，要从系统全局全方位地识别和分析供应链的风险。

4.2.2 绿色供应链风险的分析

上文讲述了识别供应链风险的方法，接下来分析这些风险可能造成的影响，企业管理人员要根据影响的程度大小，按照轻重缓急来处理这些风险。

分析风险有两种方法。一种是定性的分析方法，对风险列表的每一项风险都给出详细的描述，如下所示。

（1）风险的性质——定性地描述风险。
（2）后果——定性地描述潜在的损失和收益。
（3）可能性——客观确定风险是否会发生。
（4）范围——受风险影响的对象，如供应商、交付、成本、服务等。
（5）责任——引发风险的职能部门以及承担风险控制的责任方。
（6）利益相关者——受风险影响的相关方及预期。
（7）目标——通过风险管理希望达到的目标。
（8）相关——与其他风险的关联性。
（9）经营活动的改变——缓和风险带来的影响。
（10）企业现有风险管理的方法以及有效性。
（11）提高风险管理的建议和新政策。

以上这些细节可以更细致地描述风险的性质，帮助企业更好地理解风险的影响和造成的后果，为之后的讨论打下良好的基础，但是仅从定义上出发，这些描述很难给出任何数量值。

要在风险列表上给出一些数量值，需要利用另一种风险分析法——定量分析。定量分析法可以对风险发生的严重性和后果给出较为精准和客观的评价。

风险分析中有很多不同类型的定量分析方法，这些方法都基于两个因素：风险事件发生的可能性以及风险事件确实发生所造成的后果。使用这两个因素可以计算期望值来评估风险。

$$事件期望值 = 概率（probability）\times 结果（consequence）$$

例如，当交货有10%的可能性延迟，延迟损失是20 000欧元，那么延迟的期望值 = 0.1 × 20 000 = 2000（欧元）。

这里所谈到的期望值强调的是风险多次发生的平均结果而不是每次风险发生的结果。在上面的例子中，交货有90%的概率不会发生延迟，因此就不会造成损失，但还是有很小的概率造成20 000欧元的递延损失成本，而不是2000欧元。这说明对很多风险而言，除非相关的风险事件确实发生，否则并不会产生影响。例如，仓库确实有发生火灾的风险，但如果不着火就没有真实的风险。

除了上面提到的发生概率和发生结果这两个核心因素之外，也有研究者提出应考虑增加其他因素，如最具代表性的因素是风险管理的不完美性，其所表现的数值可能是企业管理人员发现风险并在风险事件发生之前就采取补救措施的概率，或者正确识别风险的概率、风险发生的概率、有能力应对风险的概率、改变风险后果的概率、增加其他风险的概率等。但是这样会使模型变得更加复杂，同时也并不能有效地优化评估结果。

4.3 管理绿色供应链风险的措施

在识别和分析供应链风险之后，关键问题是如何做出应对，也就是选择和应用最合适的管理措施以应对风险。供应链中存在无数的风险，同样人们也可以有很多方法来应对这些风险。不过，应对的策略取决于风险的影响力。轻微类风险因为发生的概率低和影响小，一般可以被忽略。中度重要类风险则通常需要管理者通过调整正常的管理流程来应对，如持有更多的库存、设置缓冲能力等。而重大类风险，则需要管理者更严肃地对待，选择应对措施和设计应对策略都要非常慎重。

需要强调的是，对待不同的风险应该因势利导、量体裁衣，而不能采用统一的管理策略和方法生搬硬套。因此，供应链风险管理的主要任务是建立管理体系，用最合适的管理策略和方法去处理不同的供应链风险，保证供应链持续地正常工作，或者使供应链受的影响达到最小。

通过对绿色供应链的风险分析可以看出其风险种类繁多、成因复杂，不论是外部风险还是内部风险，直接作用的虽是单个节点企业，但波及的却是整条供应链从上游到下游的所有企业，加上绿色供应链本身的复杂性，以上因素导致绿色供应链的风险管理任务艰巨，要想建立起对风险具有足够抵御能力的绿色稳健供应链，必须采取多种有效措施。

4.3.1 建立供应链风险管理机制的策略

通过大量的研究，人们通常将供应链企业面对的风险因素分为两类：未知的不确定性因素和可知的（可观测到的）不确定性因素。

对于未知的不确定性因素，由于人们无法预测其发生时间，因此它需要人们建立起有效的风险应急机制，使企业在风险爆发之后能够作出快速响应，不至于手足无措，错失处理良机。

而对于可观测到的某些不确定性因素，人们可以建立风险防范机制，将可能发生的风险扼杀在萌芽状态之中。实际上最好的风险管理是不要让风险爆发，因为一旦形成风险，再有效的处理也无法避免损失，只是尽量减少损失而已。如果能够防范危机发生，则可以完全避免所有损失。

绿色供应链是多环节多参与主体的复杂系统，很容易发生突发事件，因此在管理中对突发事件要有充分的准备，对一些偶发但破坏性大的事件，企业可预先建立应急处理机制，以便能在风险无法避免的情况下将损失降到最低。

4.3.2 构建供应链风险管理体系

企业对风险的不同态度直接影响其对供应链风险管理的措施，但是，不管采取何种措施，企业都应该无一例外地建立一套有效的风险管理体系和运行机制，从组织上满足风险管理的需求。

1）建立正式的风险管理组织机构

真正了解和重视供应链风险管理的企业首先要做的就是建立专门负责风险管理的部门。有的企业建有风险管理小组这类临时性机构，这虽然对风险管理有一定作用，但并不能成为长效机制。因此，最有效的风险管理机制是在企业内建立一个专司供应链风险分析和管理的常设部门。

2）确定供应链风险管理部门的职能

（1）制订风险应急计划，系统地分析风险。供应链风险管理部门要对企业及供应链系统所处的内外部环境进行风险因素分析，详细掌握各种风险因素的动态，然后定期或不定期地分析企业运营风险，并将分析报告及时提交给最高决策者。

（2）做好应对风险爆发后的"被害预测"。如前所述，有些风险事件是无法被预测的，其爆发时无任何征兆，对这类风险，供应链风险管理部要事先制订预案，然后进行风险分级。一旦真的发生重大风险，要迅速作出"被害预测"，根据每一项风险的解决方案明确责任人与任务完成时间。

（3）处理风险事件的模拟训练。根据"被害预测"设计对应的预案和实施措施，要不定期举行不同范围的风险爆发处理模拟训练——既要对高层管理者进行应对风险的训练，又要对全体员工进行应对各种风险事件的训练。平时的训练非常重要，一是可以让企业员工都树立起风险防范意识，二是让其知道一旦发生风险如何应对。

4.3.3 制定风险防范措施

针对供应链企业合作存在的各种风险及其特征，企业应该采取不同的防范对策，制定出不同的风险防范措施。关于风险的防范，企业可以从战略层和战术层分别考虑，主要措施包括以下几种。

（1）建立战略合作伙伴关系。要实现预期的战略目标，客观上要求供应链企业相互合作，形成共享利润、共担风险的双赢局面。因此，与供应链中的其他成员企业建立紧密的合作伙伴关系是供应链成功运作、风险防范的一个非常重要的先决条件，包括制造商与制造商之间的横向合作，也包括供应商与制造商之间的纵向合作，这两种合作都对降低供应链的脆弱性和减少风险起着举足轻重的作用。建立长期的战略合作伙伴关系首先要求供应链成员加强相互信任，其次应该加强成员间信息的交流与共享，最后建立正式的合作机制，在供应链成员间实现利益共享和风险共担。

（2）加强信息交流与共享，优化决策过程。供应链企业之间应该通过相互之间的信息交流和沟通消除信息扭曲现象，从而降低不确定性和风险。信息的不对称性往往会造成许多不必要的损失，因此绿色供应链上的企业应充分运用信息技术、建立信息共享平台、完善信息共享机制，从而在传输渠道上减少信息的不对称风险，减少"牛鞭效应"带来的危害，弱化道德风险发生的信息非对称基础，通过信息共享改进整个绿色供应链生产系统与环境相容的活动，提高与环境相容的水平。

（3）加强对供应链企业的激励。要防范供应链企业间出现的道德风险，需要尽可能消除信息的不对称性，减少出现败德行为的土壤。同时，要积极采用一定的激励手段和机制，使合作伙伴能够获取比败德行为所能带来的更大的利益，从利益角度上消除代理人的道德风险。

绿色供应链设计的过程中，核心企业必须贯彻激励兼容原则，即使各合作伙伴所采取的行动只能通过使自身利益最大化的行动来实现，使其有足够的激励按照核心企业的意愿去行动，从而防止隐藏行动和隐藏知识的道德风险。对于政府而言，可以通过税收减免和补贴等方式对绿色供应链的运营进行激励。

（4）冗余设计。供应链合作中存在需求和供应方面的不确定性，这是客观的现实。在供应链企业合作过程中，要在合同设计时互相提供冗余，冗余可以部分地消除外界环境不确定性的影响，传递供给和需求的信息。冗余设计是消除由外界环境不确定性引起的变动因素的一种重要手段。

（5）风险的日常管理。竞争中的企业时刻面临风险，因此其对风险的管理必须持之以恒，建立有效的风险防范体系。要建立一整套预警评价指标体系，在指标偏离正常水平并超过某一"临界值"时发出预警。其中，"临界值"的界定是个难点，"临界值"偏离正常值太大，会使预警系统在许多风险来临之前就过早发出预警信号；而"临界值"偏离正常值太小则会使预警系统发出太多的错误信号。企业必须根据各种指标的具体分布情况选择能使该指标错误信号比率最小的临界值。

（6）建立应急处理机制。在预警系统发出警告后，应急系统应能及时处理紧急、突发的事件，以避免给供应链企业之间带来严重后果。合作当中可能发生各种意外情况，因此应急工作是一项复杂的系统工程，必须从多方面、多层次考虑这个问题。通过应急系统，企业可以化解供应链合作中出现的各种意外风险，减少由此带来的实际损失。

（7）资源配置到位。当对策制定完毕，在风险爆发时被付诸实施时，企业内部经费的安排一定要保障硬件与软件的配合。

（8）确保对话渠道畅通。确保企业内外部对话渠道畅通，能与外部世界建立良好的互动、协作关系，改善企业外部的生存环境。如果缺乏内外部的沟通，风险可能会被放大百倍以上。

绿色供应链充满风险，分析和管理绿色供应链内部和外部风险可以降低整个供应链的脆弱性，让成员企业分享绿色供应链的整体优势，提高绿色供应链各成员企业的利润、市场适应能力，进而降低其运营过程中的风险。

4.4 重构弹性绿色供应链

当今企业处于一个充满不确定性的、动荡的市场环境中，供应链的脆弱性成为让企业头疼的大问题。随着供应链越来越庞大复杂，供应链风险也就越来越威胁到企业的生存和供应链的正常运作，企业只有构建弹性供应链才能更好地管理和规避风险。

4.4.1 供应链的弹性

自然灾害、事故、人为破坏毫无疑问都会严重地甚至长期地影响企业以及整个供应链的正常运作。现有的技术不可能完全预测和防范此类风险发生，尤其是针对一些影响力大的风险，如 SARS、口蹄疫、恐怖袭击等，人们并没有足够的历史数据和经验可以有效地阻止这些风险的发生。

面对供应链风险，有的企业可以做得比较好，并不是它们有比其他企业更多的秘方或者诀窍，而是因为它们的供应链更具有组织弹性。

组织弹性并不是一个新的概念，它一般是指一个组织成功处理非预期事件的能力，这已经成为企业成功的关键因素之一。而随着供应链中越来越多、越来越大的风险为人们发现，组织弹性在获得供应链竞争优势的过程中扮演了越来越重要的角色。

供应链弹性（supply chain resilience）不仅是指管理风险的能力，更加强调的内涵是将供应链作为一个复杂系统来看待，在风险发生后，具有组织弹性的企业能快速恢复到初始状态，或者进化到一个更有利于供应链运作的状态，而且涉及在供应链中断的环境下比竞争者更好地重新定位。

4.4.2 提高供应链企业弹性的途径

在材料力学中，弹性代表了材料恢复到原始状态的能力。而对企业而言，弹性体现了企业在大的供应链中断后快速恢复的能力，例如，快速恢复到之前的绩效水平（产量、服务水平、客户满意度等）的能力。

企业可以通过以下几个方面提高自身的弹性。

1）增加冗余

供应链的成员企业能够设置冗余产能来提高自身的组织弹性。例如，企业可以保持一定的备用库存量、维持设备的低利用率、选择多个供应商、设置备用的运输工具来保证物流能力等，这些冗余资源都可以使企业在供应链中断时有足够的缓冲空间。显然，这是一种非常耗费资源的方法，多余的库存必然占用更多的资金和人力，会导致总成本上升、利润下降等。所以，通过增加冗余来提高企业的组织弹性需要企业全面权衡自身的收益再加以取舍。

2）提高柔性

相对冗余而言，如果企业提高供应链的柔性则不仅有助于其在供应链中断时站稳脚跟，而且可以使其能更有力地应对需求波动，作出快速响应。

要实现内在的柔性，企业可以从以下几个方面入手。

（1）采取标准化流程。企业需要在分布于全球的工厂之间实现产品、零部件的可替换性和通用性。有时甚至需要实现全球产品的设计和生产流程统一，并且大多数时候都需要多技能员工的支持。这些因素可以帮助企业快速地应对供应链变化作出响应。例如，英特尔公司在全球建设统一模式的生产工厂，使车间布局和生产流程都实现了全球统一，这种标准化的生产设计使英特尔公司可以快速地在不同工厂之间进行产能的调整，以应对不同地区产生的供应链波动。

（2）采用并行流程。在生产、分销、配送过程中采用并行流程可以帮助企业加快供应链中断之后的恢复过程。例如，朗讯科技公司通过集成化的供应链组织实现了并行流程，将不同的组织职能分布在集中化的供应链中，同时观测到不同职能部门的同步运作，并且快速地评估不同运作流程的状态，在紧急事件发生时快速协同应对。

（3）采用延迟制造的生产组织方式。产品、流程以及决策的最大化延迟可以提高企业的经营柔性。让产品处于半完成状态可以使产品在过多和不足的市场之间高效调拨，从而实现供应链的柔性。这不仅可以提高满足率和服务水平，还可以控制库存成本。例如，意大利服装制造和零售巨头贝纳通就是通过重新设计生产流程保证企业能够达到最大限度的延迟，以满足客户的不同需求。

（4）加强供应商关系管理。如果企业依赖少数的关键供应商，那么，这些供应商的任何事故、风险都会为企业带来灾难性的影响。而有效地管理供应商关系以及增进上下游企业之间的相互沟通和了解，可以让企业更好地掌握供应商的内部经营情况，并且对各种风险作出快速的响应。即使企业不是依赖少数的关键供应商，庞大的供应商网络也需要企业有足够的了解，以通过紧密的合作关系来化解各种风险。例如，路虎公司就是因为唯一的车身底盘供应商 UPF-Thompson 在 2001 年突然宣布破产而不得不耗费大量的资金来确保自身的车身底盘供应。

3）树立正确的企业文化

从诺基亚、丰田、UPS、戴尔、西南航空（美国）的成功中可以发现，在供应链中断之后能够快速应对、快速恢复的企业往往在企业文化方面具有特殊之处。这些企业在文化方面具备一些共性。

（1）保持员工之间高效的信息沟通。高效的信息沟通可以使所有员工清楚地理解企业的战略目标，掌握企业的日常经营，甚至每分每秒的进展。例如，戴尔公司的员工可以获得产品生产和运输方面的大量信息，因此，当供应链发生风险时，员工可以很清楚地掌握当前状况，他们可以快速地运用掌握的信息作出判断、制定准确的应对措施。

（2）员工授权。有效的授权可以保证在供应链发生风险时有适当的员工快速作出响应。丰田公司的总装线就是一个典型的例子，总装线的任何一个员工都可以按下一个特定的警报按钮,以快速解决装配过程中出现的故障,使这些风险在一层层被上报至高层管理人员之前就已经被员工处理。这样的权力分散机制保证了发生风险或者供应链中断时,企业可以快速作出响应。

(3)工作激情。成功的企业往往取决于大批有激情的员工。美国西南航空公司的CEO认为,要使员工意识到自己是在搭建房子,而不仅仅只是在堆积砖块。激励措施可以保证企业员工的工作激情,从而避免发生风险,或者使员工对产生的风险作出快速的响应。

4.4.3 构建弹性供应链的工作重点

有研究认为,可以从以下四个方面构建弹性供应链,抓住其中的工作重点。

1)供应链设计(重构)

传统的供应链更多地侧重优化成本和客户服务,很少在目标函数中把弹性作为考虑因素,而现代供应链则更加强调供应链的弹性。越来越多的学者和企业人士强调,要在供应链设计过程中考虑弹性。

(1)理解供应链。这是改进供应链、提高弹性的前提。更好地理解供应链网络结构、供应商以及供应商的供应商或者客户及客户的客户,以上都是有效设计和重构供应链的基础。因果图法和关键路径法都有助于识别供应链中的关键点和关键路径,其中,关键点一般是供应链的瓶颈所在,对能力的约束可能导致整个供应链产生风险,关键路径是网络和供应链的特征之一,一个供应链可以有一条或者多条关键路径。关键路径一般具有以下特征:提前期长、单源供应、可视性差、高风险。识别供应链风险的结果一般与关键点和关键路径相关,因此关键点和关键路径就成为风险管理的重点。

(2)供应群体战略。供应群体的发展趋势是减少供应商、实现单源供应。但是,这同时也带来了相应的风险。单源供应的好处在于原材料质量和服务能得到保证,但是会降低供应链的弹性,因此,企业在确定采购策略和选择供应商时,就应该将潜在的风险纳入考虑中,是否具有风险监控和应对机制将成为选择供应商的标准。同时,企业应该与供应商紧密合作,对上下游的潜在风险进行监控和防范。

(3)供应链的设计准则。供应链风险激增的市场环境促成了一些新的供应链设计准则产生。例如,选择供应链战略时确保有其他后备可选项;重新权衡效率和冗余,尤其是关键点和关键路径。

2)供应链协作

供应链的脆弱性是一个网络范围的概念,因此,供应链的风险管理也就从企业自身的范围被扩展到了整个供应链网络。毫无疑问,高水平的供应链协作有助于企业控制和减缓风险。传统的供应链还是偏重企业自身的管理,但是越来越多的行业开始展开企业之间的合作,尤其是快速消费品行业,制造商和零售商之间在合作计划、预测和补货方面都实现了很高层次的供应链协作。

供应链协作的关键之一是通过信息共享来降低供应链本身的不确定性,因此,供应链共同体的形成就是为了在成员企业之间更好地实现信息共享,从而降低供应链风险。

同时，它的目标也是实现更高水平的智能供应链。这里所谓的智能供应链是指供应链形成的、和成员之间分享知识的过程，这些知识可以是战略层次的，也可以是经营层次的。

3）供应链的敏捷性

供应链的敏捷性可以被定义为快速响应不可预知的需求或者供应链变化的能力。企业存在风险的原因很多时候在于不能快速对变化作出响应。敏捷性有很多维度，并且与供应链网络结构密切相关，而不仅与单个企业相关。敏捷性的两个主要维度是供应链可视性和供应链速率。

（1）供应链可视性。这里的可视性可以被简单定义为一个渠道从头到尾的能见度，包含企业对库存、需求、供应状况、生产计划、采购计划等信息的清晰掌握。可视性的实现依赖企业和上下游合作伙伴之间的紧密协作，其中，与客户的协作计划是确保需求可视的关键，与供应商之间的协作计划和时间管理逻辑是确保供应链不会中断的关键。一个明显的可视性障碍来自核心企业的内部组织结构，职能化的组织结构容易导致部门之间的沟通障碍，这相应地导致与企业外部合作伙伴之间的沟通障碍。因此，创建和维持跨职能部门之间的流程团队是一个很好的解决途径。

（2）供应链速率。速率一般被定义为距离和时间之间的比率，因此，为了提高速率，必须缩短时间。与敏捷性相关的不仅仅是从源头到终点的总时间，更重要的是加速度。也就是说，供应链有多快的速度响应需求的变化。流水线流程、缩短上游提前期、缩短非增值时间是三个主要的提高速率和加速度的方法。流水线流程是最基本的方法，流程的重构和并行设计可以减少活动的数量，在小批量的基础上可以更好地提高柔性和经济规模效应。选择具有快速响应能力的供应商是保证缩短上游提前期的关键，并且相互之间基于共享信息的同步计划也可以确保供应商具有更高的敏捷性，而不是通过库存来实现快速响应。从客户的角度而言，在供应链中减少非增值活动的时间可以大大提高供应链的敏捷性。

4）供应链的风险管理文化

众所周知，全面质量管理的实施有赖于企业文化的培养。同样，供应链风险管理的实现也需要在企业中形成相应的供应链风险管理文化，并且这样的一种文化应该是跨企业的，而不是仅局限在企业内部的，应该形成整个供应链的连贯性管理。和所有的文化变革一样，没有来自企业高层的支持，任何的文化变革都是不可能的。同时，供应链风险评估应该成为每一层次的决策过程应考虑的部分。供应链风险管理团队的设置也是非常必要的，而且这个团队应该是跨多个职能部门的。

思考题

1. 如何理解供应链风险的含义及其存在的原因？
2. 供应链风险识别的一般程序是什么？
3. 比较定性和定量分析风险方法的优劣势。
4. 分析导致供应链脆弱性的原因。
5. 如何选择合适的供应链风险应对策略和措施？

6. 举例说明如何构建弹性供应链？
7. 建立风险应急机制和风险防范机制各有什么作用？

案例讨论：马钢集团的绿色供应链风险管理

即测即练

自学自测　扫描此码

第5章

低碳供应链的运营管理

　　进入21世纪,变革成为市场永恒的主题。日新月异的信息技术和推陈出新的管理手段被集中应用于对传统运输、仓储服务的改造升级上。全球物流产业经历了两次从量变到质变的飞跃,从运输、仓储和配送发展到包括采购、营销、回收等更广的领域,从以单一企业为核心的物流拓展到包括采购、生产运作、市场营销的跨企业商业活动集合。

　　从概念上讲,物流是以满足客户要求为目的,将产品、服务和相关信息从起始点到消费点的正向和逆向的流动与储存过程。美国供应链管理协会的《供应链管理流程标准》认为供应链包括计划、采购、制造、交付和回收5个基本流程,每个流程又包括了不同的流程属性。在这个过程中,运输、仓储等传统物流环节被整合到各个流程之中。供应链是物流在管理深度和业务环节广度方面的扩展,因此,供应链管理是联系企业内部和企业之间主要功能和基本商业过程,将其转化为有机的、高效的商业模式的管理集成,它包括了上述过程中所有物流活动及生产运作,驱动和协调企业内部和企业之间的营销、销售、产品设计、财务和信息技术等过程和活动。

　　如果说低碳经济概念是在生产生活中将碳排放量尽可能减少到最低限度乃至零排放并获得最大的生态经济效益,那么,与"绿色"概念一样,其本质都是以最小的环境代价实现可持续的发展,二者并没有本质区别。在全球变暖形势下,作为一种新型发展模式,低碳经济已经成为很多企业的必然选择。由于单个企业减排带来的环境效益十分有限,作为企业之间物流、信息流、资金流的重要载体和控制中心,供应链涉及多方参与主体,其低碳化转型势必为企业带来经济和社会效益的冲突。

　　低碳供应链就是将低碳、环保因素融入所有供应链环节中,形成从物资计划、资源采购到产品制造、物资流动、经销、支付、使用、产品回收等完整的绿色供应链体系。低碳供应链的最大特点是能够有效地调节企业与环境之间的关系,在经济效益与社会效益之间实现平衡,更符合21世纪的经济可持续发展理念。也有定义认为,绿色供应链是按照自然环境法则管理原材料和资源从供应商到制造商、服务供应商最后到总客户的正向和逆向过程。

　　按照供应链管理流程,低碳供应链将绿色、低碳和环保的理念与技术融入供应链环节中,包括计划、采购、制造、交付和回收。在计划环节,绿色、低碳和环保的理念贯穿了从供应商到内向物流、生产过程的物料处理、交付和客户服务的整个供应链过程;

在采购环节，实行绿色采购和分享计划；在制造环节，采用基于环境的设计、绿色生产方式和精益管理方法（精益实际上贯穿了整个供应链过程）；在交付阶段，通过网络设计优化、低碳运输、低碳仓储和库存优化等管理手段实现了绿色交付（同样手段也可被应用于内向物流）；在客户服务阶段，采用绿色营销、产品生命周期管理，采用逆向物流的管理方法实现循环使用。低碳供应链通过提升管理效率和应用低碳技术，使整个供应链的资源消耗和环境副作用最小化，实现系统环境最优的目标。

5.1 低碳采购

5.1.1 低碳采购的背景

自 20 世纪以来，环境危机给人类的生存和发展带来严重威胁和巨大挑战，环境保护已经成为与和平、发展并列的世界三大主题之一。大气中二氧化碳的排放量剧增引起全球气候不断变化、平均气温逐年上升、温室效应明显。人类的过度发展打破了环境的平衡，使环境不断恶化，世界经济也受到重大影响，因此，二氧化碳的过度排放成为人们关注的焦点。

随着地球资源环境与人类社会发展的矛盾日益突出，人类大规模使用碳基燃料、大面积毁林导致二氧化碳等温室气体在大气中的含量急剧攀升。强调以减少温室气体排放为主的低碳经济迅速成为各国应对全球气候变化而提出的新经济发展模式。作为全球主要经济体之一，我国一直在研究发达国家发展低碳经济的各种政策，并据此来指导自身低碳经济发展。

跨入 21 世纪以来，我国政府不仅认识到发展以低能耗低污染为基础的"低碳经济"将是大势所趋，而且正在努力实现国家的低碳经济战略调整，并出台了一系列政策。2007 年 6 月，我国政府颁布了《中国应对气候变化国家方案》，该方案是我国第一部应对气候变化的全面政策性文件，也是发展中国家颁布的第一部应对气候变化的国家方案，明确了到 2010 年我国应对气候变化的具体目标、基本原则、重点领域及政策措施。

政府出台的政策法规对企业未来的经营和发展有着意义深远的影响，尤其生产型企业是碳排放的主体，政府的政策和法规将直接影响到其生产经营决策方式。正确的企业决策会直接影响到整个企业供应链的运作以及碳排放量，因此，低碳供应链的采购管理正在逐步受到企业的重视。

5.1.2 低碳供应链采购管理

采购是供应链管理一个非常重要的环节，随着市场竞争的加剧和人们环境保护意识的增强，企业之间的竞争因素已经不仅仅是产品的价格、质量和交货期的竞争，碳排放因素已经逐渐被企业纳入市场竞争的参考因素中，而多种因素的考虑也增加了采购决策的复杂性。另外，由于供应商资源的有限性，企业需要的零部件并不一定能从单一供应商处得到满足，采购订单往往需要被分配给多个供应商，这进一步增加了采购决策的复杂性。传统的采购成本是指工业企业购买材料等产生的、应计入材料价格及其他物资价值的费用，包括材料的买价、运输费、运输途中的合理损耗、入库前的整理挑选费用、税金、外汇价差和其他费用。一般来说，采购的成本主要为原材料的成本，其次是运费及管理费用。现在将碳排放这个因素也考虑进去，这便对商品本身的性能、运输及管理有了更高的要求。所以低碳供应链采购流程包括：建立采购战略、选择绿色供应商、选择带有绿色原材料及零部件、采用绿色内向运输、采用绿色物料处理环节。

1. 基于低碳供应链的企业采购物流

从低碳经济的发展要求来讲，人们在正常的生产生活中应将碳排放量尽可能地降低。从企业方面来看，要想真正实现低碳经济就必须从原材料采购、物流运输、库存管理以及加工生产等各阶段都尽可能将能源消耗、污染排放等降到最低。其中，低碳采购物流会对整个供应链的低碳化产生直接影响，并能对采购成本进行有效控制，不仅能降低企业运营成本，提高经济效益，而且能提升企业形象，进而提高社会效益。

2. 企业采购物流的流程分析

企业采购物流是制造企业购入原材料或零部件的物流过程，对供应商而言，就是为客户提供原材料或零部件时产生的物流活动。它是企业物流系统中独立性相对较强的子系统，并且与生产系统、运输管理系统、财务系统等企业职能部门和企业外部的资源市场密切相关，是企业物流与供应链上游企业的衔接点。采购物流过程因企业、采购环节和供应链不同而有所区别，但基本流程是相同的，由三个环节构成：一是通过采购取得物料，这是之后所有采购物流开展的基本条件；二是组织进场物流，是物料由企业外部进入内部的物流过程；三是仓储，即原材料或零部件到达企业生产区后存放至企业的原材料或零部件仓库。

企业采购物流的基本过程如下图 5-1 所示。

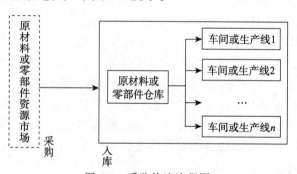

图 5-1 采购物流流程图

在图 5-1 中，可以清晰地看到企业采购物流成本贯穿从下订单到原材料和零部件进入工厂原材料仓库的整个过程。该过程涉及众多采购环节和物流活动，每一个环节都会产生相应的物流费用，企业理想的采购物流流程应该呈现低库存、低搬运周转量、少采购环节、低碳排放量、短采购周期和高周转率等状态。

3. 影响企业采购物流成本的因素

1）材料因素

（1）材料的实用价值对企业采购成本有直接影响，材料实用价值越高，其采购价格就会越高，进而提高企业的采购物流成本。同时不同实用价值的材料对运输方面的要求也存在一定差异。一般情况下，材料的实用价值越高，其在运输和存储等方面的要求也会随之升高，进而增加企业的采购物流成本。

（2）企业在采购原材料的过程中，其采购物流成本会受到采购数量的影响。在采购材料单价不变的情况下，材料购买费用会随着采购数量的增加而上升。同时，单位订货成本会随单次采购数量的增加而降低，但会相应加大库存成本。反之，订货成本随单次采购数量减少而升高，但库存方面费用会相应减少。

（3）材料的形态和密度也影响企业采购物流成本。通常情况下，企业采购材料的形态包括不规则与规则两种形态。形态相对规则的材料在包装、运输以及存储等方面相对操作比较简单方便，所产生的采购物流成本相对较低。而不规则形态的材料在包装、运输和储存等方面操作流程相对复杂，难度较大，会相应地增加采购物流成本。

2）市场竞争

随着我国社会主义市场经济的发展，各个行业都面临越来越激烈的市场竞争。在这个大背景下，企业不但要生产满足客户实际需要的、物美价优的产品，还要为客户提供良好的售后服务，这也是企业想要在竞争激烈的市场中占有一席之地的必然选择。高效的物流系统能进一步提升企业的服务质量，但这在一定程度上也会提高物流成本。

3）人力资源

企业采购物流过程的正常运行离不开人力资源的支持。人力资源因素对企业采购物流成本的影响首先体现在物流工作人员的薪资待遇等费用方面，其次体现在物流工作人员的工作效率方面，最后体现在企业采购物流工作中技术人员、管理人员以及操作人员的结构配比方面。

4）地理位置

地理位置因素主要是指企业仓库与生产部门、供应商之间的位置关系。该因素在很大程度上直接决定了企业采购物流过程中所选用的运输方式、运输距离以及产品包装方式等。若企业生产部门与供应商两地之间距离很远，则包装与运输费用就会相应升高，但如果企业在生产部门与供应商两地之间增设仓库，就会提高库存成本。

4. 当前低碳采购工作中存在的问题

1）企业低碳采购所面临的信息问题

首先，企业采购人员在低碳采购前应对产品及原材料的用途、生产过程以及物流环节等相关法律规范进行充分了解和熟练掌握，但从实际情况来看，大部分采购人员并不具有相应的专业素质，很难全面把握相关法律规范。

其次，尽管企业能够通过网络在全世界寻找合适的供应商，但网络信息的真实度与可信度并不高，这就使不少企业在选择供应商的过程中感到棘手，很难全面了解产品生产、运输、回收及利用等多个流程的实际情况。

最后，企业所需产品的信息往往繁多而复杂，这些产品通常并未形成统一的标准，导致企业采购人员难以通过商品包装上的有限信息判断其是否达到低碳产品的相关规范要求，进而使他们选择和确定产品的难度进一步加大。

2）低碳产品成本较高

低碳产品的生产流程与传统产品存在较大差异，因此在原材料选择、生产工艺以及物流运输方面都会有较高的成本，所以现阶段低碳产品的价格都相对较高。

3）运输成本问题

制造类企业生产所需原料大多来自世界各地，这在一定程度上增加了物流成本。当前情况下，从铁路运输方面来看，制造类企业所需大型设备及相关车辆还需要编组、解体以及中转等多个流程，此类复杂过程，加大了集港延误、二次倒运等情况出现的概率，从而增加了运输成本。从水路运输方面来看，其运输时间较长，并且由于港口泊位紧张，货船通常要在锚地长时间停靠等待，这种情况还会产生一定额外费用。

4）装卸仓储成本问题

不管是集装箱物资还是一些构件货品，在运到集装箱港口之后都需要先进行仓储堆存，之后才能装船运输，运输费用通常按照货物吨数或集装箱个数来计算，大型制造设备的存储、出入库、装箱以及运输等方面成本费用很难得到控制。从集港货物堆存方面来看，企业采购的部分杂货通常会被直接露天堆存，在免费堆存期过后，集港将对堆存的物资收取相应的费用。堆存时间太长的货物堆存费用将随时间持续上升，另外，卸车费用不断高涨等也会对采购物流成本造成影响。

5）包装成本问题

很多制造设备或原料在长时间海运、装卸和倒运等过程中包装都会受到一定的损坏，若不重新加固破损的包装，则很有可能会遇到转运困难、物资损坏甚至丢失的现象。

5. 低碳供应链中降低企业物流成本的策略

1）建立采购物流管理制度

企业应逐步建立和不断完善采购物流管理制度，以提高采购物流从规划设计到实际采购整个过程的工作效率，所以构建完善的采购物流管理制度是企业有效降低采购物流成本的重要措施。构建和完善采购物流管理制度需要企业相关人员充分分析生产运营的具体需求，针对每一道采购流程构建相应的制度，以增强制度的全面性和针对性。

2）科学制订采购物流计划

从制订企业采购物流计划的工作来看，通常情况下，企业会以季度或年为单位时间为采购物流工作制订一个合理的计划，立足于全局角度控制采购物流成本。企业在制订采购物流计划过程中可以对各种原材料及市场情况进行分析，然后选择相应的物流公司，同时将采购材料的物品、数量以及时间确定下来，并初步编写较为详尽的采购计划书。然后，在采购计划书基础上规划季度或年度采购物流方案。

3）优化运输系统

（1）合理减少运输环节。在企业采购物流过程中，运输活动是最主要的环节，一般包含包装、装卸和搬运等多项作业，诸多的工序流程必然要耗费大量劳动，并提升采购物流成本。

（2）选择合适的运输工具。当前的陆海空等多种运输方式各有优劣，所以企业在选择运输工具时应对货物的特点及运输条件进行深入分析，合理评估各种运输工具，并据此选择合适的运输方式。

（3）优化集合运输方式。从具体的运输方式来看，企业可以合理增加每次的运输量，进而有效地减少运输次数，从而控制运输成本。在实际运输中，合装车能够有效减少运输费用，也就是将多个零星分散的物流单协调、整合到同一批次运输过程中，有效减少很多不必要的费用。

4）积极采取网络采购方式

随着"互联网+"时代的到来，电子商务发展迅速，绝大多数企业都开辟了网络平台采购渠道。在网络平台上，企业可以在多种材料、多家供应商中作出选择，隐性的网络在线竞价方式不仅大幅度降低了企业采购成本，而且将物流成本有效地转移到了供货商身上。

5）采购低碳的产品

低碳采购的重要组成之一就是采购低碳产品，其不仅仅指采购品属于低碳产品，还要求采购产品的生产过程低碳化。在低碳采购过程中，企业应将采购品达到低碳相关标准作为采购工作的基本依据。

6）采用低碳的采购方式

以往的采购过程常要耗费大量的纸张和墨盒等耗材，企业要大量收集供应商的纸质产品资料，必要情况下还要安排相关技术人员到供应商处开展实地调查和谈判等工作，在一定程度上加大了纸张、汽油消耗量以及汽车尾气的排放量。面对这种情况，制造类企业可以构建信息化采购系统，直接通过网络实现订单的签订、审批，这种网络采购方式降低了碳排放量，提高了采购效率，降低了采购成本。

扩展阅读 5-1：华为开展绿色供应链管理

5.2 低碳制造

5.2.1 低碳制造理论与技术的重要性

随着社会的不断发展和经济水平的逐渐提高，我国各个领域发展迅速，在发展过程中已经取得了较好的成绩。但是在各领域发展的同时，自然生态环境遭受破坏，自然能源紧缺，这给社会的发展造成了很大的影响。要想从根本上解决这些问题，实现绿色、环保、健康、可持续发展的自然生态环境，就应该将各个领域现有的制造生产理念创新、完善，加强对高能耗、高污染企业的控制，减少污染物的排放。只有这样，才能保护自然生态环境。以机械制造生产行业为例，机械制造是推动社会进步、国家发展的根本保障，在当前的机械制造行业中，制造工艺、制造技术等突出问题造成了巨大的能源消耗、资源消耗、环境污染、生态破坏。这些现状的存在制约和限制了机械制造行业的科学可持续发展，使机械制造在推动社会进步的同时，产生了严重的破坏后果。所以，在机械制造行业中，选择低碳制造是必然的。

低碳制造理论在机械制造行业中的应用可以有效缓解社会自然资源的紧缺状况，合理利用自然资源，实现机械制造行业的健康、可持续发展。低碳制造理论的应用还可以有效缓解社会能源危机，保护生态环境，为人们创造健康、舒适的生活。伴随着低碳制造技术的推广和应用，机械制造行业的发展得到了有效促进，与此同时，也为人类社会的可持续发展贡献了巨大的力量。

5.2.2 机械制造的低碳制造理论

低碳制造理论的根本目的是合理利用、制造、生产社会自然资源。这种理论可以有效提升资源的生产率与利用率，减少有害物质的排放，从而实现低碳、节能、环保。低碳制造理论可以有效地对自然资源进行合理利用，减少碳排放量，并做好能源损耗的评估工作。只有这样才能保护自然生态环境。低碳制造理论的内容非常丰富，其中包括低碳设计、低碳评价等，可以在各个领域中广泛应用，从而实现低碳、节能、环保的生产制造。

在机械制造中，低碳制造技术的运用能够有效地提升机械制造的环保性和可持续发展性，平衡机械制造发展与环境生态保护之间的矛盾，推动机械制造的健康可持续发展。践行机械制造低碳制造理论，主要应该更新和优化以下内容。

首先，资源利用中的低碳制造化。在机械制造中，无论是传统的制造技术还是自动化的制造技术都或多或少地存在资源利用率不高、资源开发力度不够、废物产生体积庞大等诸多问题。在资源日益紧张、能源危机突发的今天，有效提升机械制造的低碳化能够从源头上保障资源能源开发的充分性，使资源能源得到最大程度的开发与利用，综合提升资源和能源的利用率。通过低碳制造技术的运用使资源得到合理运用、发挥应有的价值。

其次，生产制造环节中的低碳化。生产环节是机械制造的关键环节和核心环节，利用低碳制造技术能够在生产制造过程中提升低碳制造的整体水平。在充分提升机械制造质量的前提下，有效地提升机械制造的整体环保性。特别是在设计阶段，利用低碳制造技术能够探究低碳化的生产工艺，减少不合格率，最大程度提升产品质量。例如，通过低碳设计技术完善低碳评价模型，包括低碳设计的方法原则、评价数据库以及评估方案。同时，低碳制造技术还能够实现能源的可持续利用，如将风能、潮汐能、太阳能等积极运用在机械制造中，有效地减少对化石能源的依赖，从能源节约的角度推动机械制造的绿色低碳化。

最后，机械制造的运输环节中，特别是对废弃物、污染气体的排放和运输中，借助低碳制造技术理论有效地研发安全性高、封闭性好的管道运输等，能够极大程度地避免污染物体、气体的泄漏，从而有效地保护环境和生态。

由此可见，在机械制造中，通过利用低碳制造技术能够从资源的开发利用、机械制造的设计、生产环节、能源利用以及废弃物体或气体的运输环节等综合性提升机械制造的环保低碳性，从而使机械制造的快速发展与环境保护相协调。

5.2.3 低碳制造理论在机械制造中的应用

随着社会的不断发展，人们的生活质量逐渐提高，环保意识越来越强，因此，机械制造行业在发展过程中应该创新、完善现有的生产制造理念，并加强对低碳制造技术的应用。只有这样才能减少能源的损耗并保护自然生态环境。这种应用还可以有效地提升产品的质量与生产效率，减少有害物质的排放、保护自然生态环境。

在机械制造中，低碳制造技术的涵盖范围是非常广阔的，包括机械制造的设计环节、生产环节，同时也包括废弃物体的运输环节等。只有结合当前机械制造中存在的环境问题和生态问题、有效地运用低碳制造技术，才能最终提升机械制造的经济效益和社会效益。

1. 模块化的设计

模块化设计可以有效地优化各功能模块，从而满足机械产品在各个领域的使用需求。在机械制造中，这种设计方法能够最大程度地提升低碳性和环保节能性，同时也是当前机械制造中一种关键与核心的设计方案和技术方案。另外，在设计机械产品的过程中，还可以模块化的设计方法为前提创新、完善现有的设计方案。模块化设计主要以机械产品核心性能为基础进行设计，并将不同系统中的功能程序体现出来。

现阶段，在设计机械产品的过程中还要实现机械产品的多功能单元设计，做好衡量工作，从而减少自然能源的损耗、提升产品的利用价值。再者，在设计机械产品的过程中还可以根据不同机械产品的种类划分模块，做好模块检测工作，找出设计不足，并制订有效的解决对策，从而保证产品质量。如果将机械制造的过程看作一个整体，那么很难做到精准的能源和资源保护，这就容易造成生产浪费。相反，科学合理的模块化设计能够从设计上优化低碳性能，在充分发挥模块质量的基础上实现不同模块的环境效益，进而提升整体环境效益。实践证明，低碳制造技术的模块化设计能够有效地提升整体环境效益。

2. 生态化的设计

在机械制造中，生态化设计已经成为当前机械制造的核心理念。在生态化设计时，可以根据产品的使用范围合理设计，并合理利用自然资源、保证机械制造产品的设计顺利进行。在产品设计工程中，还要选择可再生材料，保证材料合理利用，从而减少污染。另外，还要做好产品后分解、翻新的设计，减少能源损耗，保护环境。

3. 轻量化的设计

低碳制造理论在机械制造生产轻量化设计中的应用可以有效保证产品原有性能、减轻产品重量，满足现代人们的使用需求。轻量化设计主要综合重量设计、配套装备设计、成本性能设计等理念为基础进行优化，在实际生产制造过程中可以有效减少能源损耗、降低原材料碳排放、提高资源使用率、保证产品质量，是综合了很多生产要素的一种以优化为主的设计方法。

在机械制造中，轻量化设计能够在资源利用中实现低碳环保，使原材料消耗降到最

扩展阅读 5-2：美欣达纺织低碳制造

低、最合理的值域内。同时轻量化设计能够在生产环节上使低碳制造技术得到推广，减少生产误差，最大程度地提高产品质量、避免浪费。另外，轻量化设计理念在机械生产制造中的应用还可以有效减少汽车运输排放，从而保护环境，为人们营造健康、舒适的生存环境。例如，奥迪公司在生产中主要结合铝的轻质和钢的强度进行产品设计，减轻车身重量以减少汽车尾气排放。此外，运用轻量化设计还能够减少对机床等设备的零部件损耗。

随着制造业的快速发展，机械制造业的能源消耗和生态问题日益引发人们的重视。只有不断优化机械制造技术，不断提升机械制造低碳技术的水平与质量才能够最大限度地提升生态效益和经济效益、推动机械制造业的可持续发展，进而促进机械制造行业快速发展。

5.3 低碳支付

5.3.1 传统支付

传统的支付方式主要包括现金支付、票据支付、银行卡支付、资金汇兑、托收承付、委托收款六大类。

（1）现金支付。作为传统支付方式的一种，现金支付虽然现在使用的频次在下降，但在某些地区和消费领域仍然具有其他支付方式不可替代的作用。

（2）票据支付。票据支付有广义和狭义之分。广义的票据支付指记载一定文字、代表一定权力的各种文书凭证。狭义的票据支付指票据法所规定的支票、汇票和本票。

（3）银行卡支付。银行卡分为借记卡和贷记卡，借记卡即储蓄卡，贷记卡指信用卡。随着市场竞争和技术进步，目前银行卡受理渠道可分为传统受理渠道和新型受理渠道两大类。传统受理渠道主要指柜台渠道和自助渠道类型，包括营业网点、自助设备和 POS 机等渠道。新型受理渠道主要是依托网络和新技术的电子渠道类型，是新型支付方式的萌芽时期。

（4）资金汇兑。汇兑结算业务分汇出汇款、汇兑来账、应解汇款解付、应解汇款退回四大类。资金汇兑的主要特点是汇兑双方的款项通过调拨结算的方式进行，而非现金的直接转移。

（5）托收承付。托收承付结算方式虽然比较单一集中，具有一定的历史和自身的局限性，但托收承付在清理多方债务清偿方面却发挥着积极作用。

（6）委托收款。委托收款金额不受金额起点的限制，方便灵活，可在一定程度上促进商品的流通和资金的周转。

随着互联网时代的到来，作为传统支付的典型代表，现金支付在当下的使用率逐渐降低，很多地方甚至出现了"现金花不出去"的鸡肋现象，新一代的年轻人更热衷于使用方便快捷的扫码支付等新型支付方式。与此同时，企业间的托收承付和资金汇兑往来结算在企业中的资金占比也在逐步降低，企业之间的结算方式朝着新兴支付方式的方向发展。新兴支付方式正在逐步挤占传统支付方式的交易市场，成为我国支付结算的主体。但如同线上销售和实体店销售一样，传统支付方式并不会完全被新兴支付方式所取代。

5.3.2 新兴支付

1. 新兴支付的现状和发展前景

新兴电子支付方式在中国的发展始于1998年招商银行推出网上银行业务，后各大银行的网上缴费、移动银行业务和网上交易等逐渐发展起来。随后，非银行类企业也开始介入支付领域，第三方支付机构应运而生。

互联网已成为网络经济时代信息通信服务和金融服务的重要组成部分，其正在对人们的消费习惯产生巨大影响。网上消费的生活服务类型不断拓宽，交易规模持续扩大。

随着互联网技术的发展，消费者、企业支付交易方式都发生了很多变化，运用智能移动设备和互联网完成交易是现代市场交易的重要方式。第三方支付方式可以利用第三方机构或平台对支付交易起到中间桥梁作用。O2O、B2B、B2C等交易模式的发展更加突显第三方支付的重要性。

第三方支付方式指第三方独立机构利用网联对接方式实现网络支付的模式，目前，大部分的第三方支付机构都与银行合作，解决了交易双方跨行转账的问题，提升了支付交易效率。然而，监管问题是影响O2O、B2B、B2C等交易模式与第三方支付的重要因素，例如，蚂蚁花呗、余额宝这些信用产品的监管力度就比较薄弱，在一定程度上增加了消费者和企业在使用第三方支付机构时面临的风险。另外，对第三方机构内部信息的管理也是当前影响第三方支付的主要问题。

全球经济一体化和信息科技的不断发展使第三方支付的发展环境逐步好转，从我国来看，2015年提出的"一带一路"倡议一方面能够促进线上和线下支付规模的扩大，促进了第三方支付的发展；另一方面，其为金融机构的发展也提供了一个良好契机。第三方支付机构在这样的背景下，实现了创新与金融机构的合作发展，使第三方支付的业务范围不断扩大。除此之外，国家之间的信息技术交流为我国第三方支付发展提供有力的技术支撑，由此可见我国第三方支付方式的发展前景一片光明。

央行推行的数字货币尚在起步阶段，对数字货币这一新兴事物的监管机制尚未形成。经过几年的探索，北京数字货币研究中心2020年8月26日在北京成立，充分显示央行加强对数字货币新颖的理念和模式将会有效提高支付交易的便利性，人人都是银行的时代即将来临，随着央行数字货币的加快推出，推动了金融科技对传统银行的促进，使传统银行向开放银行转型发展。

2. 新兴支付的概念

目前新兴支付方式的概念众说纷纭。有学者认为新兴支付方式是指依托互联网技术，在支付过程中不需要使用银行卡、现金、支票等实物，在网页或者手机App中输入账户名和密码或者运用NFC、蓝牙、二维码等新兴技术手段即可完成交易的支付方式。新兴支付方式主要分为：网上第三方支付、扫码支付、移动支付、多用途储蓄卡支付、数字货币支付、云信支付。

（1）网上第三方支付指第三方支付平台与银行的支付接口进行连接的支付，这种支付的好处在于由第三方平台作为担保方，充分保障顾客和商家的权益，待顾客确认收货后，资金于七个工作日结算到商家的账户，可避免交易的欺诈风险。

（2）扫码支付是建立在账户体系上的无线支付方案，不同的二维码由不同的内部逻辑构成，通过二维码内部的逻辑表达一定的文字数值信息，扫码过程就是利用电子设备识别文字数值信息并处理的过程，扫码支付的便捷性在于其收款途径的实时性，无延迟时间。

（3）移动支付是指借助智能手机、移动电话等移动通信设备，利用无线通信支付消费的商业交易活动。按支付的地理位置可将移动支付分为本地支付和远程支付。

（4）多用途储值卡也叫预付卡，是现金的替代品，指客户可以在特定商户分次或者一次消费，根据需求获得不同的商品和服务。预付卡具有拉动消费、结算效率高的优势，对商户而言预付卡可以促进消费、优化客户信息管理；对持卡人而言预付卡结算便利还可以享受 VIP 服务与折扣优惠；对相关产业而言预付卡可拉动产业发展、刺激消费需求增长。

（5）数字货币支付指电子化的货币支付，具有和现金支付同等的价值。目前数字货币支付还未完全普及，只在深圳、雄安等部分地区得到试运行。数字货币相比移动支付突破了无网络即可支付的技术手段，只需 DC（digital currency）、EP（electronic payment）的数字钱包，无需绑定银行卡。

（6）云信支付又称中企云链支付，是国务院国有资产监督管理委员会推动央企积极跟进新形势下产生的新支付，发挥央企整体资源优势，鼓励组建云联金融平台以完成央企间方便快捷的智能化支付，提高央企间结算效率。

3. 第三方支付结算的性质

第三方支付方式是第三方独立机构运用网联对接方式实现的网络支付模式，即消费者购买产品后的货款通过第三方机构中转最后再支付到销售方。第三方支付模式可以提升交易双方的信任度、降低交易风险。当前，第三方支付机构与银行之间的合作有效地解决了交易双方跨行转账产生的问题，提升了支付效率。

2018年8月31日，第十三届全国人大常委会第五次会议表决通过《中华人民共和国电子商务法》，其中第九条规定："电子商务平台经营者，是指在电子商务中为交易双方或者多方提供网络经营场所、交易撮合、信息发布等服务，供交易双方或者多方独立开展交易活动的法人或者非法人组织。"根据该定义，第三方平台企业以提供交易撮合、信息发布等服务的支付中介的角色参与到交易流程中，同时又不干预交易方独立开展交易活动，不改变交易的实质。综上，无论第三方平台企业为用户提供何种服务、为用户办理何种委托转移资金的业务，第三方支付平台企业在交易过程中仅起到支付中介的作用。

第三方支付结算是依托第三方支付平台的支付中介作用以实现企业贷款结算。电商结算方式是紧紧依托第三方支付结算的,准确把控第三方支付结算的形成流程是做好电商结算的基础,在此基础上,优化本企业电商结算流程同时也是为企业应收账款减重的过程。

4. 第三方支付结算的业务本质

随着第三方支付结算的不断发展,其在电商结算中逐渐崭露头角。第三方支付平台为了吸引各大商户使用、扩大影响范围而不断推陈出新,但其本质是不变的,即作为买卖双方之间资金中转的信用平台,是一种在交易环节中解决网上支付信用安全问题的新兴结算平台。

5. 新形势下企业应该怎么做

供应链行业覆盖人群巨大、涉及领域广泛,因此理应承担起社会责任,主动把握碳达峰与碳中和的机遇,创新绿色支付服务,倡导绿色低碳生活生产,创造性地推动绿色发展。

一是树立绿色发展理念,将碳达峰与碳中和纳入企业发展战略布局。企业要认真学习和了解碳达峰与碳中和的目标,深刻认识碳达峰与碳中和对我国社会主义现代化建设的重大意义,坚持绿色发展理念,制定符合自身实际的低碳发展战略。

二是摸清自身家底,进行碳资产核查,践行绿色环保低碳运行理念。企业要结合实际情况进行碳资产核查工作,摸清自身碳排放水平(尤其是以数据中心为代表的重要碳排放单元的碳排放水平),鼓励各会员单位优先选择高效能、低能耗的数据中心,因地制宜推动计算资源共建共治共享,助力本行业率先实现碳中和。

三是利用供应链行业广泛链接个人和商户的特点宣传倡导低碳消费行为、绿色低碳生活生产方式,对更健康、更自然、更安全、更环保的低碳生活方式进行正向宣传引导,提高用户的绿色生态意识。同时,企业还应加大对绿色低碳型产业升级的支持,积极助力绿色清洁技术创新,降低"绿色溢价"。

四是充分发挥科技赋能作用,着力创新绿色支付服务,加快推动绿色低碳发展。企业要依托自身业务特色及资源优势,结合各类商业和公共服务场景,借助科技赋能力量开展低碳支付服务创新,在减塑降废、数字化升级、支持绿色场景等方面助力全社会各行业低碳减排,促进绿色转型发展。

5.4 低 碳 物 流

随着全球气候变暖与环境恶化问题的日益突出,以低排放、低污染、低能耗为基础的低碳经济理念越来越受到人们重视。在党的十九大报告中,习近平总书记提出现代化经济体系是"绿色低碳发展"的经济体系。无疑,绿色发展和低碳发展都是现代化经济体系的应有之义。因此,必须通过科技创新和体制机制创新,不断优化产业结构、构建低碳能源体系、落实全国碳排放交易市场等一系列政策措施,形成人和自然和谐发展的现代化建设新格局。物流业作为能源消耗较大的行业,其运行耗能相对较高,因此,发展低碳物流理应受到我国政府与企业的重视。对政府而言,发展低碳物流是建设现代化经济体系的重要组成部分；对企业而言，低碳物流将是一个新的发展机遇，同时，也是国内物流企业应肩负的社会责任。

5.4.1 低碳物流与其他物流模式对比

许多专家学者提出了"绿色物流""逆向物流""循环物流"等物流模式概念，低碳物流与这些物流模式既有相通之处，又有区别。

（1）绿色物流是"绿色制造、绿色设计"等绿色环保概念在物流领域的延伸，其将物流系统的目标导向纳入资源节约与环境保护范畴。我国《物流术语》对绿色物流的定义为：在物流过程中抑制物流对环境造成危害的同时，实现对物流环境的净化，使物流资源得到最充分利用。目前对绿色物流领域研究的主要方向是在物流过程中从材料、技术、管理手段控制各物流要素对环境的污染入手，阐述绿色物流对环境的意义。与低碳物流相比，两者都将节约资源与保护环境纳入了目标导向范畴，但绿色物流更加强调控制物流过程中对环境的危害，是以环境污染最小化为首要目标，而低碳物流则侧重以二氧化碳为代表的温室气体排放量最小化为首要目标。

（2）逆向物流的研究始于21世纪初，近年来在电商快递业领域得到迅速发展。逆向物流是指在整个产品生命周期中对产品和物资完整的、有效的和高效的利用过程所做的协调，主要包括以下四个方面。

①由于残次品、季节性、时效性、运输中损坏、过度库存、退货等原因而采取的及时回流。

②将可利用的机器设备、包装材料或容器回流。

③为恢复产品价值而修复、翻新、重组产品。

④回收废弃物和危险品。与低碳物流相比，逆向物流在关注资源短缺与环境保护的同时更加强调在实践中对环境法规管制、经济效益和商业考虑的研究。

（3）循环物流是指从循环经济角度出发，通过有机整合产品与废弃物的物流实现资源重复再利用的资源节约型、环境友好型的物流过程。与低碳物流相比，循环物流是整合重构产品与废弃物流的过程实现以资源循环利用率最大为首要目标的物流模式。除定义内涵不同外，低碳物流与绿色、逆向、循环物流还有许多异同点，如表5-1所示。

表5-1 低碳物流与相关物流的异同点

物流模式	绿色物流	逆向物流	循环物流	低碳物流
提出时间	20世纪90年代	21世纪初	20世纪90年代	21世纪初
产生背景	资源短缺与环境污染问题日益严峻	第三方物流与电商等模式的合作	资源短缺与环境污染问题日益严峻	发展低碳经济的大背景
行为主体	政府、公众、供应链成员	企业、客户	政府、公众、供应链成员	政府、公众、供应链成员
共同点	均将资源节约与环境保护纳入了目标导向范畴，实现经济利益与环境利益相统一			
侧重点	实现以环境污染最小化为目标	将经济利益作为首要考虑	以节约资源、资源重复利用率最大为目标	以CO_2为代表的温室气体排放量最小化为首要目标

5.4.2 物流企业的发展方向

影响物流企业减排水平的主要因素是企业的管理方式和经营模式，而企业的长期可持续发展必须以转变发展方式为前提，只有顺应时代发展，真正做到节能减排，才能最终收获更大的经济利益与环境效益。

1. 采用低碳技术

1）发展物流信息化

现代物流最重要的特征就是信息化，在物流发展中使用现代信息技术可以降低成本、提高利润。物流信息化的主要内容是建设物流信息平台和采集物流基本数据。目前，被物流企业使用的主要信息平台有 ERP、青龙平台，但其自动化程度低，仍以依靠人工采集数据为主，科技化水平低、效率低下，难以满足现代物流快速发展的需要。因此，物流企业应该主动加强信息化平台建设、加大信息技术研发力度、提高合作意识，并共同实现数据的采集、共享和互联互通，最大限度地为物流过程减排提供支持，为企业提高经营效益打好基础。

2）优化运输路径，提高物流配送效率

要想提高物流企业综合运营效率，可以优化运输路线，在运输阶段降低配送成本，提高配送时效、成本效益和服务效益。例如，要想选择合理的运输工具和运输路线需要加强物流企业间的合作，或者有效使用新兴的大数据分析技术。

3）推广绿色包装，避免过度包装

目前，塑料包装用量过大的问题越来越突出，合成的化学产品会给资源和环境带来双重压力。要想解决此类问题，首先需要在运输包装设计中采用科学合理的标准，在实际物流运输中减少包装材料的使用；其次需要采用新型节能包装材料，实现包装材料的合理使用，提高包装材料的回收利用率；最后需要在消费层次实现低碳环保包装，让绿色包装成为消费常态。

4）开发和利用清洁能源

从企业层面来说，在运输过程中大量使用新能源汽车，在派送单件过程中使用电动车机动送达小件。从国家层面来说，加强开发新能源的渠道，在现有成熟水电能源基础上充分收集风电能源、适度开发核电资源、重点利用太阳能，加大对其他种类新能源开发的科研投入，如潮汐能、地热能等，提高能源转化和利用效率。

2. 低碳物流设备的合理使用

1）使用新型动力设备，减少碳排放

首先，目前车辆动力主要是由汽、柴油驱动，而电动汽车技术则是新型车辆的重要驱动之一，相比采用常规汽车和内燃机减排技术来推动燃油车，采用柴电混合动力更能减少能源消耗。

2）加强物流设备管理

物流设备管理主要是维护、合理安排和正确使用设备。要定期维护物流设备，使之毫不拖延、无损失、无故障运行。这需要物流设备维护人员经受严格的培训，熟练掌握设备结构和性能，做到熟练使用、检查、维护、维修。在设备停机时能排除故障，在使用时能做好清洁、润滑、密封和保养工作，防止腐蚀及操作不当造成的损失。

3. 优化物流环节，实现低碳化生产

物流已经成为人们生活、工作当中一个重要组成部分，不同的消费环境、消费人群所产生的需求是不一样的，所以，物流企业在服务用户之前需对物流环节分类整理，如将具有相同功能、用途、使用目的、类别的环节进行划分，归入数据库内。此外，物流企业应根据数据库内不同阶段的用户需求，结合自身优势综合分析研究，找准市场定位和目标用户，进而分程度投入减排工作，宣传物流企业品牌。

低碳物流的推行离不开政府的引导与规范，因此，政府应制定低碳物流政策体系，加快推进我国物流管理体制改革，通过环境立法、制定低碳补贴政策、税收减免与金融扶持等政策激励和引导物流企业降低碳排放。同时，也要规范物流市场准入，建立健全低碳物流认证标准和执行监管体系，加大对高碳排放物流企业的惩罚力度，严格限制和监督物流企业的碳排放行为。

低碳物流必将成为全世界物流行业的发展趋势，每个物流企业都应该认识到低碳物流对社会、企业和个人切身利益的重要性，促进低碳物流的发展是每一个物流人应该肩负的责任。

5.5 低碳供应链管理中的逆向物流系统

5.5.1 逆向物流系统

逆向物流系统是指以价值再造和合理处置为目的，通过有效规划、实施和控制，实现产品从消费者到生产者的物流管理系统，包括原料、库存和产品流动以及与物流过程相关的信息管理。随着互联网销售新业态的不断发展以及环境保护对企业产品消费后废物管理责任的新要求，产品的逆向物流需求正在快速增长。逆向物流正在被逐步整合到企业绿色供应链管理的整体架构中（图 5-2），成为企业绿色发展战略的重要组成部分。

我国 2008 年通过的《循环经济促进法》中提出将生产者责任延伸制度（extended producer responsibility，EPR）纳入废物管理体制框架内，并于 2009 年出台《废弃电器电子产品回收管理条例》，明确了生产者需要承担产品废弃后的回收处理责任。但相关的配套实施细则仅明确了生产企业缴纳回收处理基金的责任，没有直接要求他们承担回收产品的责任。事实上，加强逆向物流管理有可能为企业带来额外的竞争优势。在产品市场竞争日趋激烈的环境下，完善售后服务、提高用户满意度、维护品牌形象至关重要。此外，企业还可以借助逆向物流管理系统及时跟踪产品使用的情况了解客户反馈、改善产品设计。因此，即使法律缺乏对生产者回收责任的明确要求，逆向物流系统的设计也应该充分考虑生产者参与的潜在需求。特别是在目前回收环节的不规范、不透明已经成为我国电子废物管理瓶颈的情况下，在制度建构的过程中因地制宜地设计回收模式，创造激励机制、吸引生产者的参与，从而真正体现生产者责任延伸制度的初衷，促进产品生态设计的推广和可持续生产消费模式的转型，是当前完善电子废物管理体系的关键议题。

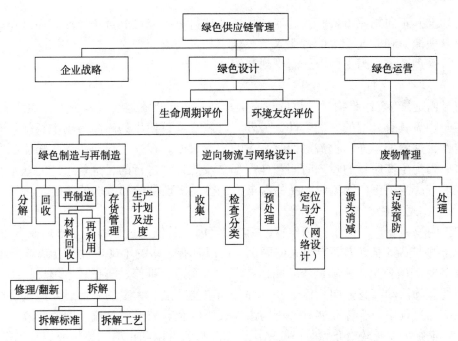

图 5-2　逆向物流与企业绿色供应链管理整体架构的关系

5.5.2　逆向物流的特点

就物流产业自身来说，逆向物流的出现完美地使物流行业实现了闭环，出现了一些全新经营模式，能够刺激物流行业保持繁荣发展的状态。而且随着逆向物流的出现，物流服务在很大程度上改变了人们原来的生活方式，逆向物流的四个特点如下。

1）分散性

逆向物流过程是由商家推动的，个人无法实现。逆向物流费用由商家客户与第三方物流企业统一结算，商家客户与第三方的物流企业之间应当有强大、稳定的企业资源计划（enterprise resource planning，简称 ERP）系统，该系统是逆向物流所需要的。

废弃品或故障产品经济价值的第二次开发或者合理准确地处理废弃品是逆向物流的主要目的。不仅仅是商品，还包括商品的外包装、为了便于运输而配置的容器和其他相关资料都是逆向物流的运输对象，把这些实物从供应链的目的地顺着原来的运输路径反向地运输到相应的节点，整个过程中对实物的收集、检查、分门别类、第二次开发和确认报销处理等手续都属于逆向物流活动。逆向物流的活动对象是实物，但物流过程中也会出现信息数据、现金和商业的流动，这一点和正向物流是一样的，这使逆向物流更具有分散性。

2）多变性

企业的各种经营过程都会普遍使用逆向物流，从购买材料、配送到不同部门、缓冲储存、上生产线、营销出售到财务结算都需要做很多的管理工作。虽然逆向物流已经开始在一些竞争激烈的行业中成为企业获得优势、打造特色的关键因素，但是出于对运行成本、资产的商业价值和间接的或潜在的利益等方面的考虑，仍有部分管理者觉得逆向物流还远没有正向物流重要，因此逆向物流往往得不到充足的资源分配，而且还缺少具有专业管理能力和专业技术的行业人员，远不如正向物流强大完善的物流网络、信息系统和运行管理系统，因支持匮乏而受到制约。

3）高度不确定性

何时何地发生、回收物品的数量与质量等都是逆向物流运行过程中无法预测的因素，这使逆向物流具有高度的不确定性，另外，已恢复或再使用的产品市场本身就具有高度不确定性，这增加了逆向物流对回收需求的预测难度。在这一点上，正向物流的需求可控得多。因为生产原料的投入时间和地点都是按照计划进行的，这是生产的基本原则，所以需求方决定了正向物流对产品的需求量，容易实现供给和需求的平衡。

4）运作复杂性

和正向物流新产品的生产相比较，逆向物流因为其恢复过程和恢复方式在生命周期、资源设备、产品特点等方面有很大的区别，所以具有更多的不确定性和复杂性。2001年Rogers等对美国公司的一项调查表明，产品的再制造、维修、再循环、填埋报销、再包装和再处理等活动都是逆向物流的基础部分和主要功能。大量的其他研究调查也可以表明，在实施过程中至少存在四种环境因素直接影响企业的逆向物流，即消费者、产品供应商、行业竞争以及政府政策。一般来说，逆向物流可以和正向物流构成完整的供应链。由于涉及的相关因素太多，所以企业很难作出优化的战略决策来高效且经济地运作逆向物流系统。

思考题

1. 当前低碳采购运作中存在的问题有哪些？
2. 低碳供应链中降低企业物流成本的策略有哪些？
3. 谈谈如何理解低碳制造？
4. 逆向物流的特点有哪些？

案例讨论：点滴能源 低碳物流

即测即练

第 6 章

低碳供应链的协调管理

随着工业与经济的发展，大量的二氧化碳排放对人类的生存环境造成了严重的破坏。政府和消费者越来越关注碳排放，共同希望进一步促进低碳经济的发展。低碳经济发展的本质是在经济发展的同时兼顾企业生产活动与碳排放量的控制，将传统的以国内生产总值（GDP）增长为目标的经济发展模式转变为以 GDP 增长和提高碳减排水平为目标的低碳经济发展模式，实现兼顾经济与环境的可持续发展。因此，在提升企业自身经济效益和保护环境双重目标下，供应链上下游企业间的决策与合作将成为供应链管理的一个非常重要的课题。基于此背景，众多学者纷纷将低碳概念引入到供应链运营管理中。低碳供应链最初是以绿色供应链为基础拓展出来的。因为低碳供应链管理的研究还不够成熟，因此低碳供应链的概念也还不够明晰，其可被理解为在供应链的整个运营过程中考虑低碳因素，规划设计相应的资金及技术投入来降低产品在生产、运输等各个阶段的碳排放量。

在涉及广泛的供应链领域，各个环节相互合作，为节能减排做出应有的贡献是责任也是义务。从供应链管理的视角来看，绿色供应链和生态供应链管理改变了传统供应链的单程经济模式，但同时这两种模式在现实中由于目标多样化而存在很大的障碍。在低碳经济时代，虽然绿色、生态和低碳都涵盖了节能减排，但低碳是以更加细化地减少碳排放为标准的，因而这三者不存在矛盾。以碳排放来定量是绿色供应链、生态供应链进一步发展的必然要求，因此低碳供应链管理具有重要意义。虽然低碳供应链的概念还不够明晰，但参照供应链管理的基本概念可将低碳供应链管理定义为在可持续发展理论、生态学理论、供应链管理理论以及低碳经济的指导下对供应链中的各个参与主体（包括供应商、制造商、零售商和分销商）乃至最终用户的商流、物流、信息流、资金流、知识流等进行科学的计划、组织、协调与控制，其目的是在供应链中考虑和强化碳排放因素，通过各节点企业间的合作以及企业创新实现碳排放的最小化，从而实现低碳制造、低碳营销、低碳物流、低碳消费等，最终达到低碳经济的目标。低碳供应链管理就是将低碳化的思维融入所有的物流和供应链环节中，形成从原材料采购到产品设计、制造、交付和生命周期支持的、完整的低碳供应链管理体系。同时，低碳供应链管理也是目标、组成成员、要素与活动的高度集成，但由于供应链上节点企业之间彼此产权独立，都具有各自的经济利益。从信息经济学角度看，供应链上企业间的委托—代理管理比较复杂，既合作又竞争，是一个长期动态博弈的过程，且低碳供应链目标的多重性导致出现多目标的委托—代理，企业自身既是委托方也是代理方，这种双重角色决定了企业间逆选择和道德风险并存。总体来说，低碳供应链管理是在绿色供应链管理概念的基础上将碳排放深化为供应链可持续发展的衡量标准，尝试通过各类低碳技术尽可能地使整个供应链的碳排放量大幅度减少甚至清零。低碳供应链管理概念的提出既是当前形势的需要，也是经济发展的必然要求。

由于低碳供应链管理是在绿色供应链管理研究的基础上对绿色供应链管理中"绿色""环保""无害"等指标进行细化和深化，因此低碳供应链管理的主要研究内容及范式与绿色供应链管理是相似的。由于供应链的协调管理是绿色供应链管理研究的重要内容，因此也是低碳供应链管理所关注的重点研究内容。下面将从协调问题、提高协调性的方法、协调运作的激励机制以及碳政策对低碳供应链的影响四个方面展开后续论述。

6.1 低碳供应链协调问题

6.1.1 低碳供应链协调的内涵

传统供应链管理的方法包括：分散式、集中式和协调管理。分散式管理方法是指决策过程中并不考虑供应链的整体效益，仅将决策权及过程分布在分散的企业中，低碳供应链上的每个企业都是一个不同的自主经济实体，都是为各自利益而作出相对独立的决策，在低碳供应链中各节点企业若都独立地进行决策，虽然可能会使局部的利益得到相对的优化，但对低碳供应链整体而言却不可能是最优的，因为低碳供应链协同的空间已经远远突破企业的界限。

集中式管理方法的思想强调对供应链中的节点企业进行集中治理，克服了分散式管理方法的缺点，以获得供应链的整体运作优势，并提高企业的效率以及快速反应能力。但在低碳供应链中该方法可能会使一些企业产生怠慢情绪，实际实施低碳管理时可能导致主导型企业不明显等问题。

协调管理方法的思想是让供应链中的伙伴企业通过沟通与协作实现信息共享，从供应链整体效益出发作出相应的决策。此方法相对比较适合低碳供应链管理的特点。因为通过虚拟的供应链、战略联盟以及网上供应链等新的运作模式可以产生不断向更大范围、更大空间和时间的拓展，低碳供应链系统的资源能利用的范围已经被无限扩大。另外，由于低碳供应链节点企业间的相互依托，环境因素影响的范围不断扩大，而且环境污染没有明显的界线规定，所以要求低碳供应链的运作战略必须在更大的活动范围内制定。要想降低整条供应链的碳排放，仅依靠单个企业是不可能实现的，只有供应链上各企业根据市场情况不断沟通协调，并通过信息共享实时调整计划才能共同实现碳减排，使供应链整体绩效得到提高。目前，市场需求、能源价格等不断地变化，供应链中的企业能否持续发展与资源的利用效率有很大的关系，要使资源在供应链上各节点企业的流动过程中强调其对环境产生的影响，以此提高低碳供应链成员企业的环境友好属性和可持续性的发展。低碳供应链应该有总体的运作规划，以此来保证供应链运作过程中各个流程的同步协调运行。世界已呈现经济一体化的特征，现代企业传统的生产制造方式已经不再适合当前的市场环境，只利用单一企业碳减排是不够的，需要供应链节点企业通力协作，才能体现低碳供应链协同生产的优越性，实现整条供应链碳减排，从而实现整个社会的碳减排。

低碳供应链协调是指从低碳供应链的总体出发，协调供应链上不同环节的企业以及各自所拥有资源，以实现自然环境与经济活动的协调发展为目标，要求供应链中各成员企业实施高效益、低能耗、低污染的技术和管理方法，从而实现局部利益最优化，并服从整条供应链收益最优化的目标。低碳供应链中的许多低碳项目活动是靠各节点企业共同合作，而各企业间的流程更应该是相互沟通，一环扣一环，所以要达到统一的协调管理需要使供应链中的节点企业各个运作的环节及实施的过程同步、实现集成化的协调管理。有了这种共识，才可以通过降低资源消耗来加强供应链的整体竞争力，达到共同发展经济的效果。因此，低碳供应链协调问题已成为低碳供应链管理领域的重要研究课题。

6.1.2 促成低碳供应链协调的因素

在实践中，实现低碳供应链协调是有一定困难的。低碳供应链面临的最大挑战就是在结构复杂、环节众多、变动因素增加的情景中实现协调。一般来说，可将能促成低碳供应链协调的因素归纳为外部因素和内部因素。

1. 外部因素

促成低碳供应链协调的外部因素主要包括以下四个方面。

（1）市场全球化。新的市场不断地变化、资源不断地全球化、产品生命周期不断地减少、运输成本不断地增加、信息传递不断地加快等因素促使经济全球化加速。经济全球化会导致市场竞争的全球化。尽管不同国家和地区的经济独立性以及差异仍然存在，但它们之间的商品、资源、资金、劳务、技术等方面的联系不断增加，跨国企业的业务范围持续扩展，世界经济出现了相互交织、相互渗透的局面，这推动了经济全球化的进程，使世界经济成为一个有机的整体。

（2）适应动态、复杂的环境。1900年以来，动态、复杂性与不确定性的全球经济环境给企业造成巨大的影响。动态的环境主要是指企业所处的宏观经济环境随着时间的变化而变化，主要包括社会、经济、政治环境、技术以及企业内外部和产业环境等的变化，还有市场竞争在形式、内容上所展示的差异。在这些经营环境不断变得复杂的情形下，通过实施低碳供应链的协调管理来减少环境变化带来的损失可以使企业能更好地适应这些不确定的形势。

（3）随着信息和网络技术的不断发展、计算机等各种信息系统的不断升级、集成制造技术的不断改进和创新，企业资源计划、制造资源计划、管理信息系统等系统的运用提高了企业在产品研发、生产、制造、销售和管理等方面的效率，并为企业间的协同合作提供了技术支持。市场交换中的协调分工、信息搜寻交易费用被很大程度地降低了，企业在日常活动中的信息传播、沟通更为及时，使企业能够跨越空间及时间界限进行广泛的协作。企业面对新的市场机遇时，可以借助信息网络在全球范围内寻找开发、运用、制造、支持该产品的协作伙伴,利用现代信息管理技术对企业实施管理,更容易形成协同效应。

(4)顾客需求多样化、个性化。在迅速发展的高科技背景下,市场竞争越来越激烈,消费者的需求趋于多样化和个性化。以制造业为例,对大批量产品的需求只占总需求的15%~25%,而中小批量的产品需求占总需求的75%~80%。在这种情况下,产品的售后服务、质量、价格等因素不再是决定企业竞争优势的关键,而有足够的生产柔性能满足顾客特殊需求的能力成为决定性因素。这表示传统的、大批量的、单一性的、功能性的生产方式已经不能满足当前的市场经济需求,面对快速变化、不确定的市场环境,企业不再把主要精力集中于整体产品,他们的战略目标和日常任务主要集中在专门的知识产品上,从"做所有的事"转移到"做顾客觉得重要的事"和"做自己最拿手的事"。通过借助外部资源的力量,企业将原本分散的人力、技术和管理等相关资源有效地整合,通过各节点企业的协同合作以及向消费者提供多样化、个性化的服务或产品以创造出最大的价值。

2. 内部因素

促成低碳供应链协调的内部因素主要包括以下四个方面。

(1)追求中间组织效应。目前,企业之间存在的关系一般都可以概括为两种形式:一是对组织外的关系;二是对组织内的关系。另外,现实中企业之间还有一种关系,被称为"中间组织",即在信息技术的支持下,企业之间基于核心能力、建立在信用基础之上、以合作为目的、依靠价格机制和权威机制配置资源、具有网络特征性的、相对稳定且普遍存在的一种契约安排。它们在形式上保留着许多关于市场交易中的关系特征,同时又融入了一些组织内部的关系特征。中间组织这种形式既包括内部组织优势,又将组织内部和外部关系融合并予以协调,一方面克服了市场失灵,防止交易费用过大;另一方面又克服了一体化组织失灵,防止组织费用过高,从而达到交易费用和组织费用的最小化和效率的最大化。

(2)降低供应链物流成本,减少碳排放。2004年,据中国物流信息中心的统计显示,我国的物流成本约占 GDP 的 21.3%,与美国的 8.5%相比成本明显过高,这里有非常大的调整空间。世界著名咨询管理公司埃森哲(Accenture)通过实施供应链管理的研究证明,改进供应链可以明显地将成本降低到原物流运输成本的 85%~95%,也可以降低整个供应链运行费用的 75%~90%,在减少物流成本的同时,也可以降低企业对环境的侵害、减少碳排放,既提高了经济和环境效益,又提高了企业的竞争力。这种一举多得的做法是企业的首选。

(3)追求最优化价值链。企业要加强管理和优化自身的价值链,同时也要加强了解和认识供应商以及供应商的经济价值链,只有这样才能在市场竞争中取得较好的战略优势并保持相对稳定的发展。尤其针对低碳供应链,本来企业就对这种新的管理方式存在戒心,如若不能正确地处理企业投入与产出的成本,就不会给节点企业带来更多的利益,企业肯定也不会自觉地加入到低碳供应链的协调管理中。对低碳供应链节点企业协调管理的优化有利于促进企业计划和决策,优化和整合价值链。企业可以通过全面地分析内部和外部面临的现状探索出提高自身不同环节利润水平的运作方式并调整不同的战略环节，进而加大对某个环节资源的投入，提高低碳项目的成功率，进而提高企业的优势。

（4）构造优势战略群。如果企业想依靠自身力量在巨大的竞争中很好地生存，则需要花费特别大的投入、特别多的时间以及承担更多的风险，而且还不一定能成功。企业在优化和强化自身主体优势的同时，也要在市场上不断地寻求拥有能够支撑竞争优势的企业，并将其归结为企业战略上的合作伙伴，构建具有集体竞争优势的战略群体。只有实现低碳供应链协调才能避免以上的风险与不足，促使各合作伙伴共同分担风险、共享资源，进而达到优势互补，实现企业共赢的目的。要想在这个群体协调运作的过程中不断地动态发展，需要各成员不断地合作、不断地创新。

低碳供应链的协调管理除了以上四个动因之外还有其他的动因，例如，提高企业获得的利润率和保持企业原有的核心文化等。这些动因之间的关系是相互作用、相互联系的。寻求中间组织这一动因是其他动因产生的基础和条件，因为只有找到了供应链协调管理的中间组织才能发挥协调作用。同时，战略群体优势这一动因既保证了中间组织的有效实施，也为提高企业的核心竞争力和保证最优价值链提供了保障。而追求最优价值链这一动因又可以进一步强化巩固形成的战略群体，并保证供应链协调运作的稳定性。这些协调动因之间是相互作用、相互激励的，缺一不可，它们也促使了供应链协调的产生和安全地运行。供应链的协调管理将供应链上的企业紧密地连接在一起，淡化了企业间的边界，从而形成了完整的业务项目运作链。供应链协调加强了企业间的合作关系，共同追求利润的最大化，建立企业间的双赢或多赢业务关系。

6.2 提高低碳供应链协调性的方法

通过分析低碳供应链协调的促成因素可知，研究低碳供应链的协调管理是有现实意义的，也是可能实现的。低碳供应链中的各个节点企业应结成相应的网络式联合体，在协调网络中，供应商、制造商、零售商等所有合作伙伴都可以变动性地共享其信息、不断地向共同目标努力发展。低碳供应链的协调要求各个合作伙伴都应为提高低碳供应链的整体竞争力而相互协作和努力。实现真正的协调管理要求各合作伙伴的信息、技术以及知识等能够共享，要求合作伙伴在承诺、信任以及制定相关协议基础上运作。实现低碳供应链的协调管理是一个崭新的、最为契合现实状况的发展模式，提高低碳供应链协调性的方法已经受到各界学者的广泛关注和重视，其主要包括以下七个方面。

（1）战略协调。战略协调是指用于指挥和调整整个供应链的高效率运作，以此可以提高供应链的整体竞争力，并使整体利益能够达到最好的规范和原则。因为低碳供应链的运行较传统供应链的实施更为困难，所以战略协调是实现整体碳减排的基础。战略协调的指导思想在共同目标的整体规划下，其已经成为各合作伙伴的行为基本规范。低碳供应链的战略协调能够确定供应链组建的意义及目的，明确合作伙伴在共同战略目标的引领下，能够更好地互相协作、互相帮助。战略协调是实现低碳供应链协调的重要基础，主要是对低碳供应链运行过程中遇到的事关全局的或者是重大的核心问题做出总体的协调与改进。

（2）信息协调。信息协调是低碳供应链协调能否实现的主要因素之一。因为供应链上各环节间紧密联系，既是分工的又是合作的、既是独立的又是融合的，这是供应链运行中的实际状态，也是能达到的最好状态。能够达到这种独立与融合、分工与合作的良好状态主要是因为信息的协调，若无良好的信息共享，各企业将会成为彼此孤立的个体。低碳供应链上的各节点企业只有实现高质量的信息传递、信息共享，才能使合作伙伴顺利地完成低碳项目和任务，为完成整体碳排放的计划打好基础。在实现信息共享的同时，要能够保证信息在传递的过程中不被扭曲，这样能够有效地预防供应链运行中产生的欺骗、委托和"牛鞭效应"等问题出现，还能促使合作伙伴建立长期稳定的合作关系，从而提高低碳供应链整体效益。

（3）信任协调。各个节点企业间所有合作关系的建立都应该在信任协调的基础上实现，所以必须加强企业间的信任协调管理。在现实中，虽然决策者都知道合作的重要性，但他们对合作缺乏信任，所以不会轻易地加入低碳合作。因为决策者怕自己在合作过程中"吃亏"或减值，所以在合作时企业决策者会尽量地将成本、责任、风险等不利因素转移到其他的组织中，但同时会将利益最大限度地收回本企业。实际中如果出了这样的情况，则各企业间必将无法继续合作，更不会建立起有效的合作。因此需要加强企业间互相合作、信任的培养，进而提高生产与服务的柔性，并在不可预测事件发生的时候增强企业各方的共同责任感。要想改变这些现状，就必须在低碳供应链合作的基础上建立信任机制，只有建立了信任机制，低碳供应链的整体运作效率才能得到保证，企业才能获得长远的优势和竞争能力。

（4）业务协调。业务协调是指在供应链中各合作企业间实现点到点的业务流程整合，使各合作环节的业务对接实施更加紧密、运作流程更加通畅、资源利用更加高效，以便快速响应不同客户的需求，抓住碳减排带来的市场机遇，及时应对外部的挑战。在低碳供应链管理的环境下实施业务协调既可以帮助企业实现供应商与供应商、供应商与客户间的协作，也可以帮助企业实现部门与部门组间的业务协调合作以及计划的相互协调。

（5）利益分配协调。低碳供应链通过合作伙伴的相互合作来实现碳排放，这会给企业带来相对较高的利润，但是各合作伙伴间存在很多客观的利益冲突，这既有风险分摊、投入分摊的问题，又存在利益分配不均等问题。合理的、公平的利益分配方法是低碳供应链成功实施协调管理的必要基础，因此低碳供应链应该建立合理的利益分配机制，真正实现供应链的风险共同分担、收益共同分享，以此来保证低碳计划高效地、顺利地实现。若要完成低碳供应链上合作伙伴的利益分配，就需要坚持合理、公平、公正的分配原则，来保证低碳供应链稳定顺利地发展。整个低碳供应链的利益分配要保证各伙伴的收益与付出相匹配，避免依据合作伙伴的规模大小来分配利益，应该依据资源与贡献的不同程度来分配利益。

（6）标准、制度协调。有统一的制度和标准是低碳供应链能高效运作的重要保证。因为低碳合作伙伴所采用的绩效评价、技术、衡量标准等不会完全相同，所以为了做好低碳供应链的协调管理，合作伙伴间必须建立标准和制度的协调，日常主要用到的有绩效标准的协调、技术标准的协调等。

（7）文化协调。在低碳供应链的管理中，每个企业都拥有适合自己的、独一无二的企业文化。如何实现文化的协调管理是低碳供应链的协调管理中较为困难的地方，整合合作伙伴的文化对所有的供应链来说都是很大的难点。因为合作伙伴只会注意自身的组织文化，不会自主地顺应低碳供应链。但在低碳供应链的发展中，部分企业会自主地发现其他企业文化好的地方，并将其运用到自己的管理实践中，这样就自主地实现了企业间文化的协调与兼容，创造出更有利于企业和供应链共同发展的文化。

通过协调合作伙伴的资源共享与合作，可以建立良好的、密切的合作关系，达到双赢的状态，达到减少低碳供应链的风险和降低运行成本的目的。基于协调管理的低碳供应链将不再独立地看待企业及企业的各个部门，而是通过他们有效的沟通、有效的信息共享后得出相应的协调决策。企业要以整体的最优化为目标，而不是分散地进行个别决策，提高了整体效率，才能同时抑制由某个决策者制定相关决定时带来的各种弊端。因为低碳供应链的协调管理面临很多制约因素（包括观念、行为、信息等障碍），所以要实现低碳供应链协调是一件非常庞大而复杂的任务。

6.3 低碳供应链协调运作的激励机制

通过分析提高低碳供应链协调性的方法可知，低碳供应链在协调管理方面涉及的内容较多，机制也较为复杂。由于获得更多利益是低碳供应链的最终目的，故下面仅就低碳供应链利益分配协调机制展开说明。

利益的合理分配是激励供应链上合作伙伴相互协调、合作的动力。在现实中，当某个个体的需求得到比较大的满足时，这个个体一定会比较努力地工作；若这个个体的需求得不到较大满足，那么他就不会积极地工作甚至会怠工。合理的利益分配能够加强现有合作伙伴的关系，反之则会伤害到企业的合作关系，从而影响供应链的整体经济效率和环境绩效，问题严重时甚至会使整个低碳供应链瓦解。低碳供应链协调管理的重点就是建立并稳固企业间的合作关系，使供应链上成员企业的运作能够保持相互的协调一致，同时也要使各企业尽量地充分发挥自身的长处，在达到碳减排的同时尽可能地降低运营成本。合理分配低碳供应链的利益能巩固和维持节点企业的合作伙伴关系，并能激励合作伙伴更好地开展合作，从而提高整个低碳供应链的运作效率，进而获得更多的利益。当低碳供应链获得的利益增加时，各合作伙伴的利益所得也相应地增加，这会促使合作伙伴愿意贡献更多的资源和力量，从而形成一个良好的循环。总之，设计合理的、科学的利益分配机制有利于低碳供应链的可持续发展，也有利于稳固和保护合作伙伴的关系，减少低碳供应链的资源浪费和不必要的损失。

低碳供应链成员企业之所以愿意共享资源与信息、互相协作，是因为其在协调低碳供应链时能获得更多的经济利益和环境效益。利益分配主要是指按照节点企业在供应链中所付出的贡献和地位，从低碳供应链的总收益中分得自己应得的那部分收益。低碳供应链协调的实现必须以建立合理的、公平的、公正的利益分配机制为基础。由于低碳供应链合作伙伴间的关系既是合作的也是竞争的，所以低碳供应链必须有一个合理的利益分配机制，使其能够保证整体价值被最大限度地创造出来，这也成为指导低碳供应链合作伙伴利益分配的依据以及分配行为的约束。

6.3.1 低碳供应链利益分配的含义及构成

1. 利益分配的含义

利益分配是指合作时所获得利益在各个合作伙伴之间的分配。低碳供应链利益分配的实质是合作伙伴间的利益分配，包括分配合作的利益和产品产生的直接经济价值，还包括分配低碳合作过程中产生的无形资产的利益，如顾客忠诚度、专利、商标、企业商誉、营销渠道等。

供应链的协调结果与协作各方的利益相关，应确保各方长期合作。当然，协作各方也需要清楚地认识到在协作过程中各自所承担的义务和责任。在真正的协作实施中，各个协作企业需要在共同的目标下共同承担风险，共享收益。稳定发展低碳供应链和获取持久利益必须满足以下三个条件：第一，低碳供应链的总体利益要是最大的；第二，低碳供应链的总体利益要不小于合作伙伴自己经营或自己改善环境绩效所得的所有收益的总和；第三，节点企业从低碳供应链中所得的收益一定要不少于其独立经营时企业得到的最大收益。以上三个条件是相辅相成的，条件一和二是表述集体的利益；条件三是表述个体的利益；条件一是低碳供应链协调的统一目标；条件二是低碳供应链协调的具体体现，也是满足条件三的基础和前提。若这些条件有一个得不到相应的满足，则节点企业就可能退出低碳供应链，以防止自己短期的经济利益遭受损害，这种做法肯定会导致低碳供应链瓦解。低碳供应链被看成是一个利益共同体，但其是由各个不同利益主体组成的，每个企业都是为了追求自身利益的最优才加入低碳供应链的，这比较符合集体利益和个体利益的要求。成功地获得集体利益必须建立在满足个体利益的基础之上，也就是说只有让合作伙伴在低碳供应链实施过程中得到预期收益之后，才能保证低碳供应链的正常运行和健康发展，同时保证低碳供应链的发展和整条低碳供应链碳排放能够降低。

2. 利益分配的构成

低碳供应链的主要管理思想是通过集体的协调与合作以及集中的治理来实现碳减排，从而实现共赢的目的。低碳供应链强调在实现供应链整体利益最优的基础上实现每个合作伙伴利益的最高点，其利益分配构成主要包括以下三方面。

（1）利益主体。低碳供应链内，可以根据产品的生产、制造以及流通等过程将不同职能的企业分为制造型企业、原材料供应型企业、物流型企业（运输、仓储和配送）以及负责代理不同业务的企业。这些企业是利益分配的主体。

（2）利益客体。低碳供应链的利益客体主要是指供应链利益主体分配利益时的对象。低碳供应链上直接或间接共生所对应的能量最终都会转变为提高产品或服务产生的经济价值的增加值，这种增加值会引起整个供应链利益的增长。在分配利益时，这个价值就是利益分配的客体。

（3）利益中介。低碳供应链的利益中介是组织协调管理低碳供应链，通过协调管理低碳供应链，可以使潜在的低碳利益得以实现，使利益分配的主体与客体能够有机地结合在一起，使低碳供应链整体利益得到提升。

6.3.2 低碳供应链利益分配协调机制的原则

各企业在低碳供应链中的合作关系从本质上讲就是为了追求经济利益和环境效益的统一。获得收益是合作的基础，但利益的增长并不都能带来好处，它既能够促成企业相互合作，也能破坏合作企业的关系，而迫使合作链条解体。在实际的生产运作中，各合作伙伴都把获利作为首要目标，这要求利益分配的指导思想一定要科学公正，分配的要素一定要合理，分配的比例一定要恰当，要尽力地使各成员企业在最后分得的利益与其预想的收益接近。低碳供应链利益分配协调机制主要具有以下五个原则。

（1）共赢原则。企业参与低碳供应链的主要目的是获取碳排放的效益以及碳市场的利益。在利益分配过程中，既要保证加入低碳供应链后企业从中获取的利益不小于加入之前的收益，同时也要保证低碳供应链的整体利益大于之前各个分散利益的总和。利益的分配一定要遵循这个基本的原则，只有这样才不会降低合作伙伴的积极性，才能够制止合作的破裂及失败。

（2）风险补偿原则。收益和风险应该呈正比例，低碳供应链是共享利益、互相合作、共同分担风险的复杂组织，但在实际运作的过程中会伴随着很多潜在的、不确定的风险以及很多意料之外的因素。因此，在利益分配时要综合考虑各合作伙伴的风险补偿机制，从而提高企业间的合作积极性。目前，碳排放的项目运行并不是很稳定，所以低碳供应链在给企业带来额外利益的同时也聚集着很多不确定性风险。

（3）个体理性原则。参与低碳供应链的企业在实施供应链管理后所获得的利益应该不小于其独立运作所获得的利益。低碳供应链虽然是一个合作的整体系统，但其成员企业是独立的利益主体，故节点企业参与供应链的收益小于其未参与时的收益必然违背了个体理性的原则，使企业没有理由继续参加合作。

（4）收益与贡献相对称原则。由于企业在低碳供应链下所付出的投入、地位、分工等的不同，对低碳供应链贡献的程度也会不同，所以企业获得的利益应该体现出不同的水平。而且在低碳供应链运作的过程中，低碳项目的改进运行要求某些合作，尤其是核心企业要做出额外的贡献，所以在进行利益分配时要将这些内容也考虑进去。利益分配协调机制必须遵循企业从低碳供应链中获取的利益与企业对低碳供应链的贡献相匹配的原则。

（5）动态性原则。由于低碳供应链具有动态性网链结构，所以需要不断地适应企业的经营战略和市场需求变化，及时对市场等外部环境作出应对，并动态地创新分析。此外，低碳供应链的协调运作周期一般都比较长，各成员企业运作流程都可能在合作期间发生变化，因此在利益分配时也要做出相应的动态性调整。

企业在利益分配问题上是相互冲突和竞争的，如果低碳供应链没有建立良好的利益分配机制，则其将很难长期稳定地运行。因此，应该制定合理的利益分配机制，并在低碳供应链整体价值被最大限度地创造出来的前提下分配利益。

6.3.3 构建低碳供应链利益分配协调机制的影响因素

在现实操作中，构建低碳供应链利益分配协调机制受很多因素影响。其中，利益不协调是影响低碳供应链稳定性发展的根本因素，其直接的表现有：利益分配不均、成员企业受到不好的影响造成积极性下降，从而导致对供应链的支持力度下降，最终影响利益的分配，影响低碳供应链的协调管理。构建低碳供应链利益分配协调机制的影响因素主要包括以下五条。

（1）市场环境的变化情况。在如今这个高速发展的信息时代，客户的需求不断地表现出多样性，知识更新的频率也不断增加，个性的易变特征使市场环境也随之出现较明显的不确定性，这无疑会加大管理决策的难度。市场环境的不确定性变化是影响利益分配的主要外在因素。

（2）对自身利益最大化的追求。企业经营的最终目的就是获得利益，虽然加入低碳供应链，但企业最终目的从始至终都没有改变过，改变的只是其经营策略。

（3）成员企业整合程度及合作的态度。供应链成员企业间的整合程度包括文化、价值观、信息管理系统以及信用风险管理等企业间的对接或者部门间的耦合程度。整合的结果越好，成员企业间的相互促进、学习、配合也就会越好，发生冲突的可能性就会降低，冲突的复杂程度就会降低，解决的方法也会减少难度，从而促使低碳供应链运行和利益的获取能够得到良好的保障。供应链上合作的态度问题主要涉及的是企业是否愿意积极地参与合作，是否愿意配合低碳供应链的管理，并且在面临冲突时能够主动协商，而不是无视供应链的管理甚至以降低其他企业的利益为代价来扩大自身的利益，从而破坏合作伙伴的效率以及降低碳减排的稳定性。

（4）成员企业综合实力的强弱及其对供应链的影响。企业的综合实力差距直接影响该企业所在供应链运行的效率。企业综合实力的衡量指标包括软件标准和硬件标准；前者指企业掌握的管理水平、技术、市场影响力、企业文化、企业外在形象等因素，后者则指生产和服务依赖的基本物质基础，主要包括生产、建筑、通信等基础设施。在低碳供应链中，综合实力较好的企业往往会对低碳项目的运行和操作产生重大影响。

（5）是否存在全面、合理的评价标准。供应链贡献的评价体系对成员企业来说是非常重要的。因为存在大量的贡献因子和因素（例如，企业在低碳项目运行中投入的人力资源、资金、原料实物、承担的风险、合作的效率、为终端客户或突发事件所付出的额外贡献等），故量化这些因子是很不容易的（例如，企业在供应链中的地位不同、对供应链不同的影响等因素都会影响评价标准的设定）。此外，还有一些因素可能根本就不能实现特别准确的量化，所以只能根据经验粗略地估计。

6.3.4 低碳供应链利益分配协调机制的保障

由于通过低碳供应链获取利益有风险性和长期性等特性，同时还会受到很多不确定性因素的影响，所以保障低碳供应链的利益分配协调机制需从促进合作、降低风险、加强稳定性、减少动态性等方面综合思考，其主要包括以下四个方面。

（1）科学选择合作伙伴。运行低碳供应链需要合作企业投入大量的人力、财力、物力和时间等资源，在合作过程中一个或多个合作伙伴发生危机会给其他合作伙伴带来很大经济和资源的损失及浪费，可能会使企业丧失机遇。慎重地选择好的合作伙伴是低碳供应链有效降低风险、保证低碳项目顺利运行最基本的途径。科学合理地选择合作伙伴需要从信誉、合作态度、核心竞争力等方面建立相关指标体系以具体评估。通过不断地沟通或者以过往的合作经验，判断企业双方能否顺利地合作，能否实现碳减排，能否按时并保质保量地完成供应链中应承担的任务等条件来选择合适的伙伴。此外，还应对企业所拥有的资源、能力、人员素质等方面进行评价，要选择资源和核心竞争能力能够互补的企业进行合作，这样能带来持续竞争的优势。

（2）合作伙伴动态评审。要持续获得低碳供应链的利益，就需要建立低碳供应链合作伙伴间的内在动态评审机制，以此来实时控制企业和低碳供应链整体的发展，及时地发现合作中存在的冲突或问题，并实时地、有针对性地给出相应的调整方案，解除隐藏的危险、让碳减排能顺利进行。随着客户的需求和市场环境的不断变化，低碳供应链成员企业的合作态度、信用、核心竞争能力等也是处在动态变化的发展之中。

（3）合作激励。巩固、维护、发展低碳供应链的竞争优势要依靠合作伙伴共同的创造性和积极性。企业可以通过向合作伙伴提供培训来相互学习，或通过提供技术支持等来提高整体综合能力，以此激励成员企业共同发展。邀请合作企业共同研发和投资研究相关的低碳产品和技术既能促使资源的集成和优化配置，也能保障低碳供应链的创新优势。淘汰激励机制是负激励机制，主要是通过危机感刺激合作伙伴，使合作企业保持相对的优势、避免被踢出局。若合作关系出现问题，惩罚性的措施并不能给不好的事情带来转机。正确的处理方法应该是协作企业共同努力，结合合作中的所有环节，让所有问题部门调整行为态度和协调作业活动，共同解决面临的问题。

（4）行为约束。在低碳供应链合作伙伴间设置不同的行为约束机制，这些约束机制要贯穿整个低碳供应链的运行，如以制定相关的合同、加入相关的评价机制、引入相关的监督机制等措施来约束企业行为，防止损害低碳利益、破坏低碳合作行为的发生，以此来维持低碳供应链的良好发展。在进行低碳合作之前一定要制定相关契约及合同，而且要做到尽量详尽、周全。要通过明确的规定来管制合作伙伴的投机行为，同时应提高企业行为的可信度，并对违约企业制定相应的惩罚制度，完善各种监督制度。实施企业监督时也可以通过舆论、声誉等来达到目的。对企业而言，良好的声誉是一笔无形资产，能够提高企业应变的能力。在这种情况下，大多数企业出于对自身良好声誉的维护，会自觉地避免损害他人利益。另外，还可以建立检查和评估的相关指标体系，对不同情形进行绩效考核，并对绩效考核不合格的企业实行相应惩罚或将之剔出供应链。

低碳供应链要综合运用合作伙伴的核心竞争优势，将所有企业的技术、信息、物质等资源转化为收益。供应链利益分配是一个长期过程，其贯穿合作全程，并应在该过程中不断地调整。低碳供应链利益分配的内容主要包括两方面。一方面，在合作中如何分享利益；另一方面，如何分担成本。平衡恰当地处理这两方面的问题是实现低碳供应链协调的保障。

综上所述，协调低碳供应链的关键问题是要设计出合理的分配与分担机制，要遵循收益与成本及风险相匹配的原则,要先考虑影响利益分配的要素,再根据这些要素寻找分配的方法。

6.4 法律、法规和政策对低碳供应链的影响

6.4.1 法规体系对低碳供应链的影响

我国颁布的一系列政策对提高能源利用率、节约资源、控制温室气体排放以及增强应对气候变化能力提供了有力保障。《应对气候变化国家方案》《可再生能源中长期发展规划》《核电中长期规划》《中国的能源状况与政策》《中华人民共和国再生能源法》《中华人民共和国循环经济促进法》等方案、规划、政策和法律逐步将低碳经济发展的工作纳入法制化轨道。各级立法、执法机关修订已经发布的专项能源法规,跟进制定新的配套法规和政策,进一步强化清洁、低碳能源开发和利用的激励政策,并把低碳法律法规的实施作为社会生产和生活的头等大事抓紧落实,使低碳经济发展有法可依、有章可循。这些立法明确了政府、企业、公众在推行低碳供应链管理方面的义务和责任。从国家战略层面来看,目前与我国低碳经济相关的战略包括"可持续发展战略""节能降碳行动方案""能源规划""循环经济""创新型国家"等。由于低碳经济是一种全新的经济发展模式,确立"低碳化"的国家社会经济发展总体战略必须搞清楚低碳经济和上述几大战略的关系;在科学发展观的指导下,需要从建设资源节约型、环境友好型社会和节能减排的需要出发,遵照低碳经济的内在发展规律,将多个发展战略进行协调整合,建立低碳经济评价体系和社会经济发展碳排放强度的评价标准,并提出切实可行的发展低碳经济的战略目标,形成一个具有国家意志的、可操作的、低碳经济发展的总体思路与实施方案。低碳法规体系的构建为推动低碳供应链的发展提供了重要指导。

6.4.2 经济调控体系对低碳供应链的影响

在明确国家的大体方针和发展方向的前提下,需要制定相应的鼓励支持政策,增加低碳经济发展支出、政府主导"低碳"采购、设立环境整治与保护补助的专项资金、推进生态效益补偿资金的试点工作、制定财政贴息政策等都非常重要。政府的预算支出是支持企业大力发展低碳经济的资金保证,技术创新、产品研发等都需要大量的资金投入,而政府通过制定低碳采购标准、指定具体的低碳采购活动、规定低碳科技产品占政府总采购的比例等可以有效促进低碳技术的创新和引导低碳产品的消费。另外,政府可以通过财政补贴补偿企业在生产过程中所产生环境治理的费用,引导和鼓励企业保护环境和节约资源;对清洁生产、开发和利用新能源、废物的项目进行贷款贴息;对治理污染、发展低碳产品的项目给予贷款利率的优惠等,支持和扶持企业走上低碳经济发展之路。从以往国家颁布的财政政策来看,目前政府仍偏向于财政支出,对税收作用的重视程度不够,因此未来要结合构建绿色税,加强税收的调节作用,对发展低碳经济的企业给予税收支持,对从事低碳技术研发的企业给予一定的所得税减免或按照一定的比例进行税

额的抵免等，鼓励其他企业发展低碳经济。除此之外，政府还应完善关税政策，抑制高能耗、高污染、资源性产品的出口，支持高附加值产品的出口，鼓励企业对产品和技术的升级改造，鼓励高新技术产品的引进；健全环境税收政策，确保我国环境资源的有偿使用，适时开征碳税，控制资源的使用量和二氧化碳的排放量。

6.4.3 行政管理体系对低碳供应链的影响

世界各国在发展低碳经济的过程中都努力地出台国家政策，推动、保障低碳经济和技术的发展，制定了本国和本地区的节能目标，确立了"命令和控制"的行政管理模式，要求企业的污染物排放在限定的时间内达到限额标准（普遍实行污染物的"总量控制"），同时还要求政府机构在作出决定的过程中考虑对环境的不良影响。例如，美国出台的《国家环境政策法》规定："联邦政府的一切机构，在采取会对人类环境产生重要影响的联邦行动时，应当编制一份详尽的说明书，其中应包括拟议中的行动将对环境产生的影响。"由于各国污染控制法规大多采用严厉的"技术强制"处理方式（即强迫现有污染源"重新符合"排污限额，强迫新污染源采用"最佳使用技术"），可见"命令和控制"模式发挥了重要的作用。

我国也明确承诺了碳减排目标，有专门的低碳经济政策，指定地方政府的目标责任制，明确由中央和地方政府、重点企业层层分解落实节能减排指标，并配套出台《节能减排统计、监测与考核实施办法》《主要污染物总量减排统计、监测与考核办法》以及《单位GDP能耗监测、统计和考核办法》等文件，通过自上而下的"目标—任务分解—考核"方式推进。政策的实施需要地方政府和重点企业具有高效的执行力，科学地分解和指定阶段性目标。对新型的企业和项目，政府应严格执行《中华人民共和国环境影响评价法》，优先审批清洁生产项目、严把能耗增长源头关、从严控制新的高能耗项目，把能耗标准作为项目审批、核准实施和备案的强制性门槛，引导和约束企业实行清洁生产，走可持续发展之路。低碳行政管理体系的创新为推动低碳供应链的发展提供了有力保障。

6.4.4 社会全员参与意识对低碳供应链的影响

建设"低碳中国"是我国的战略选择和长远目标，全社会都必须大力宣传低碳经济的概念、内涵、措施，深入理解发展低碳经济的重要性、必要性，培养全面的低碳意识，倡导低碳消费，真正从生产环节降低对资源的浪费，从科学发展观的战略高度把低碳文化变为全社会的主流意识。在这个长期的过程中，政府应该承担责任，发挥宣传教育的基础性作用，充分利用媒体资源，倡导以过度消费为耻，以适度消费、健康消费、绿色消费为荣的思想意识，培养和提高全社会成员的资源环境忧患意识、低碳环保意识。低碳社会全员参与意识的构建为推动低碳供应链的发展提供持续动力。

思考题

1. 如何协调低碳供应链？
2. 提高低碳供应链协调性的方法有哪些？

3. 低碳供应链利益分配协调机制的保障有哪些?
4. 低碳供应链利益分配的内涵是什么?

案例讨论:碳交易助推国内供应链发展

即测即练

第 7 章

碳金融背景下低碳供应链的发展

7.1 碳金融概述

2020年9月22日,国家主席习近平在第七十五届联合国大会一般性辩论上向国际社会作出"中国将力争2030年前达到二氧化碳排放峰值,努力争取2060年前实现碳中和"的郑重承诺(即"3060"目标)。双碳目标即指"碳达峰"和"碳中和","碳达峰"是指我国承诺力争在2030年前二氧化碳的排放量不再增长,达到峰值之后逐步降低。"碳中和"主要指某一地区某一时间内受到人为活动的影响,直接或是间接排放的二氧化碳与通过植树造林等吸收的二氧化碳相互抵消,做到二氧化碳零排放。碳金融发展对"3060"目标的实现具有重要的金融支撑作用,这既对碳金融市场发展提出了挑战,也为碳金融产品发展提供了机遇。近年来,国际碳金融发展迅速,所涵盖的碳排放权交易、低碳经济等理念也逐渐受到各国重视,各国之间相关的合作交流与研究逐渐增多。

7.1.1 碳金融的定义

碳金融泛指一切与限制温室气体排放相关联的金融活动,既包括维护碳金融交易活动的相关制度,也包括为碳金融交易活动提供服务的资金。它有广义和狭义之分:狭义的碳金融是指以碳排放权为标的物的金融现货、期货、期权交易;广义的碳金融则泛指所有服务于减少温室气体排放的各种金融制度安排和金融交易活动,包括低碳项目开发的投融资、碳排放权及其衍生品的交易和投资以及其他相关的金融中介活动。

关于碳金融的定义,不同的主体有不同的界定,如表7-1所示。

表7-1 几种不同的碳金融定义

提 出 者	碳金融的定义
欧洲复兴开发银行	把碳金融的概念限定在融资层面,认为"碳金融是指用于碳市场体系中帮助温室气体减排项目融资的活动,主要涉及与清洁发展机制(clean development mechanism, CDM)和联合履约机制(joint implementation, JI)有关的金融活动"

续表

提 出 者	碳金融的定义
世界银行	碳金融是指向可以购买温室气体减排量的项目提供资源。这一定义使得碳金融的范围限定于《京都议定书》规定的 CDM 机制和 JI 机制，因为只有在这两个机制框架下的减排项目才能获得联合国签发的核证减排量（certified emission reduction，CERs）。定义中的"提供资源"不仅仅指投融资行为，也包括帮助发展中国家熟悉国际规则等活动
索尼亚·拉巴特和罗德尼·怀特（Sonia Labatt & Rodney R.White）	提出碳金融代表了环境金融的一个特别分支，探讨碳约束型社会里的金融风险和机会，提供和应用市场机制转移环境风险和促进环境目标的实现。可以简单地认为，碳金融就是一个赋予二氧化碳和其他温室气体排放价格的金融应用

上述碳金融的定义更多地反映了相关机构本身的实践，因此存在一定的差异性。总结以上内容可得出碳金融的一般性定义：碳金融是指与碳排放权交易相关的各种金融交易活动和金融制度安排的总和，它既包括碳排放权及其衍生品的交易和投资、低碳项目的投融资，也包括绿色信贷以及相关的担保、咨询等金融中介活动。

以上定义可总结出碳金融的三个主要特征。

（1）以碳排放权为标的的金融交易。碳金融是以碳排放权和碳配额为标的的交易活动，碳排放权具有准金融属性，首先被作为商品买卖，而后进一步衍生为具有投资价值和流动性的金融衍生工具（如碳排放期货、期权、掉期等），其"准金融属性"日渐凸显。从碳金融的定义可知，碳金融本质上是"碳交易+金融属性"，碳交易衍生为具有投资价值的金融资产，对碳资产收益的追逐带来产业结构的升级和经济增长方式的转变。

（2）特殊价值取向的金融行为。碳金融并不完全以经济效益为导向，而是以执行国家特定政策和保护人类共同生存、发展环境为宗旨，不以眼前利润为终极目标，而是以良好的生态效益和环境效益为己任，可支持低碳产业的长远发展，弥补传统金融忽视环境和社会功能的缺陷。

（3）社会科学与自然科学的交融性。碳金融将环境学、经济学、社会学紧密相连，将气候变化、环境污染、经济可持续发展与人类生存条件联系起来进行综合考虑，以市场机制来解决科学、技术、经济、社会发展的综合问题。首先，气候变暖的影响是全球性的，其决定了碳金融具有全球跨度特征；其次，降低碳排放和经济发展之间存在某种程度的替代关系，这意味着各国经济可持续发展的基本条件是采用低碳发展模式；最后，碳金融的发展对环境治理的作用关乎人类生存与灭亡的社会性问题。

7.1.2 碳金融国际公约

碳金融主要服务于旨在减少温室气体排放的各种金融制度安排和金融交易活动，即把碳排放当作一个有价格的商品，可以进行现货、期货等买卖交易活动。它的兴起源于国际气候政策的变化以及三个具有重大意义的国际公约——《联合国气候变化框架公约》《京都议定书》和《巴黎协定》。

1. 《联合国气候变化框架公约》

联合国于 1992 年 5 月 9 日在联合国环境与发展大会上通过了由 150 多个国家共同签署的《联合国气候变化框架公约》（以下简称《公约》），各国政府首脑参加了此次会议。1994 年 3 月 21 日《公约》正式生效。《公约》规定，要通过各国的努力将大气中二氧化碳浓度维持在一定的良好水平下，使人类活动不会对大气产生重大威胁。基于各国发展水平不同，所要履行的职责也有差异，因此《公约》采用"共同但有区别的责任"原则对发达国家和发展中国家规定的义务以及履行义务的程序实行差异化措施：要求发达国家作为温室气体的排放大户，需采取具体措施限制温室气体的排放，并向发展中国家提供资金以支付他们履行公约义务所需的费用；而发展中国家则只承担提供温室气体源与温室气体汇的国家清单义务，制定并执行含有关于温室气体源与汇方面措施的方案，不承担有法律约束力的限控义务。《公约》建立了一个向发展中国家提供资金和技术，使其能够履行《公约》义务的机制。

2. 《京都议定书》

1997 年 12 月 11 日，《公约》的第三次缔约方会议在日本京都召开，会议上通过了《京都议定书》，明确了发达国家的相关碳排放准则，以及各缔约国在 2012 年之前温室气体的具体排放削减量，明确规定了至 2012 年前，所有发达国家的温室气体排放总量要在 1990 年的基础上至少减少 5.2%，并从各个国家的情况出发进行综合考虑，对每个国家所需要承担的减排义务作出规定。例如，在 1990 年的基础上，处于发达国家行列的美国、欧盟与日本分别承担 6%、7% 与 8% 的减排量；而新西兰、俄罗斯等国减排量可以与 1990 年相当；澳大利亚、爱尔兰则需要在 1990 年的基础上分别承担 8% 和 10% 的减排量。

为了以最小的成本实现温室气体减排量最大化，各国应该把温室气体减排活动安排在减排成本最低的地方。基于这个原理，《京都议定书》创造性地提出三个"灵活机制"——清洁发展机制（CDM）、联合履行机制（JI）和国际排放贸易（international emissions trading，IET）。其中 CDM 被用于促进发达国家和发展中国家之间的合作，JI 被用于推动发达国家内部的合作，IET 则允许发达国家相互转让它们的部分"允许排放量"。这三种机制使缔约方获得了低成本、高效率的减排或获得帮助其他国家减排的机会。虽然各缔约方减排的成本不同，但是任何一个缔约方采取减排行动，对全球温室气体减排都将有一定的贡献。

（1）清洁发展机制（CDM）。《京都议定书》第十二条规定的一种机制，其规定发达国家可以通过提供资金和技术的方式在成本较低的发展中国家进行既符合可持续发展要求又有助于产生温室气体减排效果的项目投资，换取投资项目所产生的部分或全部减排额度以作为自己履行减排义务的组成部分，同时也降低了自己的减排成本。

（2）联合履行机制（JI）。是由《京都议定书》第六条规定的灵活机制，指发达国家之间通过双边项目合作实现的减排单位可以转让给另一个发达国家，但是同时必须在转让方的"分配数量"配额上扣减相应的额度。

（3）国际排放贸易（IET）。由《京都议定书》第十七条规定的机制。允许发达国家之间相互转让它们的部分"容许的排放量"。即指一个发达国家可将其超额完成减排义务的指标以贸易的方式转让给另外一个未能完成减排义务的发达国家，并同时从转让方的允许排放限额上扣减相应的转让额度。

在《京都议定书》的框架之下，三种机制协同作用以帮助各个缔约国用灵活的方式完成减排目标。三种机制的共同特点是在本国以外的地区进行减排活动而不是在本国内实施，目的是在全球范围内寻求最低的减排成本。三种机制是基于市场机制减少温室气体排放的手段，即在全球温室气体排放总量的前提下，各国对温室气体排放额度进行交易。

3.《巴黎协定》

《巴黎协定》是 2015 年 12 月 12 日在巴黎气候变化大会上通过、2016 年 4 月 22 日在纽约签署的气候变化协定，该协定为 2020 年后全球应对气候变化行动作出了安排。《巴黎协定》的长期目标是将全球平均气温较前工业化时期上升幅度控制在 2 摄氏度以内，并努力将温度上升幅度限制在 1.5 摄氏度以内，是继 1992 年《公约》、1997 年《京都议定书》之后人类历史上应对气候变化的第三个里程碑式的国际法律文本，形成了 2020 年后的全球气候治理格局。《巴黎协定》获得了所有缔约方的一致认可，充分体现了联合国框架下各方的诉求，是一个平衡的协定，体现了共同但有区别的责任原则，同时各国根据各自的国情和能力自主行动，采取非侵入、非对抗模式的评价机制，是一份让所有缔约国达成共识且都能参与的协议，有助于国际间(双边、多边机制)的合作和全球应对气候变化意识的培养。欧美等发达国家继续率先减排并开展绝对量化减排，为发展中国家提供资金支持；中印等发展中国家应该根据自身情况提高减排目标，逐步实现绝对减排或者限排目标；最不发达国家和小岛屿发展中国家可编制和通报反映它们特殊情况的、关于温室气体排放发展的战略、计划和行动。

7.1.3 碳金融产品

碳金融能够运用金融资本驱动环境改良，以法律法规作为支撑，通过金融手段和方式在市场化的平台上使相关产品及其衍生品得以交易或者流通，最终实现低碳发展、绿色发展、可持续发展的目的。

1. 碳金融基础产品

碳金融和其他金融工具一样可以分为基础产品和衍生品。其中，基础产品包括了碳信用产品和碳现货产品。碳信用是碳金融市场上最基本的交易产品，包括碳排放权，碳配额和减排单位。欧盟碳排放配额（european union allowances，EUA）、配额排放单位（assigned amount units，AAU）、自愿减排单位（voluntary emission reduction，VER）、核证减排单位（certified emission reduction，CER）及减排单位（emission reduction units，ERU）等都属于原生交易产品。现货交易（spot transaction）是指双方通过共同的协商后所签订的协议，其交货时间、地点、数量、方式、价格和质量都由签约双方自行议定，排放额度不够用和有盈余的企业都可以通过专业的交易中介相互联系，以一对一的谈判形式达成买卖意向，从而实现交易的目的。在国际温室气体排放权交易市场中，最初出现的就是这种碳信用的现货交易，主要包含 EUA 现货、CER 现货和 EUA/CER 差价现货。

一般而言，碳排放权是碳金融的主要产品，也可以被称为基本贸易产品。碳金融的本质就是碳排放权的交易，而碳排放权的标的物就是以二氧化碳为主的温室气体。排放权是使用环境资源的有限权利，碳排放交易制度正是基于这一权利展开的。

碳排放权（亦称碳权）通常指权利人在符合法律规定的条件下向环境排放污染物的权利，如果允许这项权利在特定条件下交易，那么它就将成为可交易的排放权，即"碳排放权交易"。碳排放权交易的概念最早出现于《京都议定书》，《京都议定书》把二氧化碳（CO_2）、甲烷（CH_4）、氧化亚氮（N_2O）、氢氟碳化物（HFCs）、全氟碳化物（PFCs）和六氟化硫（SF_6）六种气体确定为温室气体，故碳排放权交易被泛化为各类温室气体（GHG）排放权的交易。由于在所有的温室气体中，二氧化碳是最大宗的，占据了绝对主导地位，因此用"碳"一词作为温室气体的代表，同时这也是为了更好地让民众理解、接受。温室气体减排量的交易也以每吨二氧化碳当量为计算单位，通常被称为碳交易（二氧化碳以外的温室气体的排放量将被根据其使全球变暖的潜能折算为二氧化碳的排放量）。碳排放权交易主要包括碳排放总量的确定、碳排放权初始分配、碳排放权交易以及碳排放权监管四个方面，即政府首先根据排放总量进行初始分配，然后确定排放权的价格，从而实现资源的最优配置。这一贸易体系鼓励参与者根据市场信号作出行为决策，而不是设定减排任务。

碳排放权交易是由联合国发起的、为减少以二氧化碳为代表的温室气体排放而设计的一种国际贸易机制，是指政府将碳排放达到一定规模的企业纳入到碳排放配额管理体系，并在一定的规则下向其分配年度碳排放额。排放单位可以通过市场购买或者销售其相对实际排放不足或者多余的配额以履行碳排放控制责任。碳排放权的交易使环境价值通过经济市场得以体现，比起单纯的行政减排政策，碳排放权交易更能够降低整个社会的环境治理成本。碳排放权交易在治理环境污染、实现循环经济、绿色经济、保护人类共同生活的家园中发挥着重要作用，在现行的各种减排方式中，碳排放权交易是减排成本最低、效率最高、最具可操作性的减排方式。

然而，碳排放权交易的意义实际上远不止如此，作为一种特殊的、稀缺的有价经济资源，碳排放权在市场交易中逐步由商品属性向金融属性过渡，凸显出日益明显的金融资产属性。

碳排放权的金融属性主要表现在：碳排放权的"准货币化"特征、碳排放权作为金融资产的特殊性以及碳排放权市场的定价权由碳期货市场决定这三个方面。

（1）碳排放权的"准货币化"特征主要体现在由《京都议定书》的框架范围内建立的"碳货币"雏形。按照《京都议定书》的规定，2012年后如果各国就气候问题达成一致，就可以对国际货币新体系——"碳货币"达成一致，届时各国只有购买"碳货币"才能在这个新框架下维持自身发展。与此同时，碳排放权或碳信用的自由存储和借贷、政府信用基础、稀缺性、可计量性和普遍接受性都凸显其货币特性，并为碳信用在低碳能源和低碳技术的计价以及国际结算方面奠定了基础。

（2）碳排放权作为金融资产的特殊性，主要体现在被市场赋予的双重属性——商品属性和衍生的金融属性。前者反映碳排放权本身供求关系的变化对价格走势的作用，后者则主要体现在利用金融杠杆进行投机炒作的市场行为。碳排放权首先作为商品买卖，各国为达到减排指标或自身碳中和需要进行碳交易，这类简单的碳商品现货交易表现出的主要是商品属性。随着碳交易市场的扩大，各类具有投资价值和流动性的金融衍生工具，如碳期货、碳期权、碳互换、碳排放信用、碳排放证券等逐渐被开发出来，吸引了大量资金介入，利用金融杠杆投机炒作，从而体现了其"泛金融属性"的特征。与此同时，它特殊的价值取向也推进了其从商品属性向金融属性的转换。碳排放权交易紧密连接了金融资本与低碳实体经济：一方面金融资本直接或间接地投资节能减排的企业与项目；另一方面，来自不同企业和项目产生的碳减排量进入碳金融市场交易，并被开发成碳金融现货及碳衍生产品。碳排放权逐渐衍生为一种金融资产，以金融资产的运作模式活跃在金融市场。

（3）碳排放权市场的定价权由碳期货市场决定，主要体现在：碳排放权的定价逐渐从现货市场转移到了期货市场。现货市场原有的定价方式可以被称为碳排放权的"商品属性"，在引入期货交易机制之前，碳排放权的定价仅限于"某些地域"和"某些交易者"的价格决定机制。引入碳期货就是希望市场上的交易者可以预见到促使价格剧烈波动的风险因素，使价格波动趋于平缓。只要期货市场的交易者认为自己能够预测价格的变化，就可以入场交易，承担套期保值者转嫁的风险。由于交易者对未来价格有所预期，故此使价格不局限于历史经验或者上一年度的价格，有时候甚至不局限于碳权真正的供求关系。

2. 碳金融衍生产品

目前，有许多类型的碳金融衍生产品，如碳远期、期货、期权和掉期等。碳金融衍生品市场可分为交易所内交易和交易所外交易（或叫场外交易）。交易所交易的产品主要是标准化的碳期货或期权合约。场外交易是买卖双方就碳产品的价格、时间和地点达成的协议，例如，碳金融衍生品互换。但衍生品又可以分为基本衍生品和创新衍生品：基本衍生品即碳排放权的远期、期货及期权交易；创新衍生品包括碳排放权的货币化/证券化、碳排放权交付保证、碳交易保险、套利交易工具、以 CER 收益权作为质押的贷款以及其他产品等，具体见表 7-2。

表 7-2 碳金融衍生品

碳金融衍生品	特点和功能
碳排放权的货币化/证券化	CDM 项目交易属于远期交易，项目成功后通过出售所获减排额获得回报。CDM 项目的开发期一般都比较长，这使项目的投资或贷款缺乏流动性。为充分利用项目资金，投资者或贷款人被允许将其未来可能获得的碳减排权证券化以提高流动性。可将具有开发潜力的 CDM 项目卖给 SPV(特殊目的工具)或投资银行，由他们将这些碳资产汇入资产池，再以该资产池所产生的现金流为支撑在金融市场上发行有价证券融资，最后用资产池产生的现金流清偿所发行的有价证券
碳排放权交付保证	在初级 CDM 交易中，由于项目成功具有不确定性，这意味着投资人或借款人会面临一定的风险。在这种情况下，投资人或借款人有可能大幅度压低原始项目的价格，这对促进减排项目的发展是不利的，而且其也可能扼杀一些有前景的赢利机会。为此，一些金融机构（包括商业银行和世界银行下属的国际金融公司）为项目最终交付的减排单位数量提供担保（信用增级）。这有助于提高项目开发者的收益，同时也降低了投资者或贷款人的风险

续表

碳金融衍生品	特点和功能
碳交易保险	项目交易中存在许多风险，如价格波动、不能按时交付以及不能通过监管部门的认证等都可能给投资者或贷款人带来损失。因此需要保险或担保机构的介入分散风险，提供担保以促进项目的流动性。碳交易保险可以同时为碳交易合同或者碳减排购买协议的买卖方提供保险，如果买方在缴纳保险后不能如期获得协议上规定数量的CER，则保险公司将会按照约定提供赔偿；保险公司也可以为开发CDM项目的企业提供保险，如果企业在缴纳保险后不能将具有很大开发潜力的项目开发为CDM项目，则其将会获得保险公司提供的CDM项目开发保险
套利交易工具	碳套利交易是指利用不同碳信用产品之间的差价及变化获利的金融活动。由于不同的碳金融市场上交易的碳信用及衍生产品有所不同，且市场存在一定的价差，所以存在套利空间。进行套利的不同的碳信用产品必须有相同的认证标准，且受同一个配额管制体系管理。当合同涉及的减排量也相等时，就可以由市场价差产生一定的套利空间。在过去一段时间中，利用市场价差套利的工具有了较快的发展。其中包括：CER和EUA之间、以及CER与ERU之间的互换交易和基于CER和EUA价差的价差期权等
与碳排放权挂钩的债券	投资银行和商业银行开发出了与减排单位挂钩的结构性理财产品，挂钩的对象可以是现货价格、原始减排单位价格、特定项目的交付量等
以CER收益权作为质押的贷款	具有良好CDM项目开发潜质和信用记录的企业以CER收益权质押向银行申请贷款。由于CER收益权是一种未来的收益权，具有很大的不确定性，因此，银行在为企业提供这种质押贷款时需要高度关注企业CER收益权实现的风险。已获得CER签发的企业需要由银行核准该企业CDM项目、CER签发量的真实性和有效性；在联合国注册成功的CDM项目也应由银行密切跟踪项目的进展情况，并适当上浮利率以防范风险
其他产品	商业银行向项目开发企业提供贷款；为项目开发企业提供必要的咨询服务；为原始碳排放权的开发提供担保；在二级市场上充当市商，为碳交易提供必要的流动性；开发各种创新金融产品，为碳排放权的最终使用者提供风险管理工具，或者为投资者提供新的金融投资工具、绿色信用卡、碳中和产品等

碳金融衍生产品按其功能可分为碳金融交易类、融资类、支持类等。

（1）碳金融交易类产品。为了满足多样化的市场交易需求，深圳、上海、北京、广州、湖北等地进行了碳债券、碳基金、绿色结构存款、碳配额场外掉期、借碳、碳配额远期等创新实践。其中，碳债券和碳基金是碳资产证券化产品，将碳配额及减排项目的未来收益权作为支持资产通过可交易证券融资，既可以投资于CCER（核证自愿减排量）项目开发，也可以参与碳配额与项目减排量的二级市场交易，对培育低碳投资市场和绿色投资偏好投资者具有重要的实践意义。

绿色结构存款和碳金融结构存款是碳金融领域的存款类产品创新，它们将碳配额和传统的存款业务结合以对碳资产进行高效管理并实现高收益，同时帮助碳市场更好地管控企业。

碳配额场外掉期和碳配额远期都是在未来某一时期对碳排放权或者碳资产进行的交易，掉期约定在未来某时以当时的市场价格完成与固定价交易对应的反向交易，远期通过帮助买卖双方提前锁定碳收益或碳成本来保值。借碳交易由买卖双方对配额进行借入借出的交易，借入者在到期时需要支付一定的租金。

为了扩大交易主体范围，深圳和湖北引入境外投资者参与碳交易，增强了企业在低碳减排技术创新上的竞争力和活力。丰富的碳金融交易产品能解决市场信息的不对称问题、引导碳现货价格、有效规避交易风险，让参与主体收益最大化。

（2）碳金融融资类产品。碳金融融资类产品是为控排企业减小控排压力、增加投融资渠道而产生的。我国各试点融资产品包括碳配额质押贷款、碳配额托管、CCER 质押贷款、碳配额回购融资、碳配额抵押融资、碳排放信托、碳资产质押授信等。

其中，碳抵押、质押类产品是以碳配额或项目减排量等碳资产作为担保进行的债务融资，举债方将估值后的碳资产质押给银行或券商等债权人以获得一定折价的融资，到期再通过支付本息解押。碳配额托管和碳排放信托都是将碳资产交给第三方进行管理和运作，实现碳资产的保值增值，进而减少碳资产流失等带来的风险与损失，实现经济利益和社会利益的共赢。但对于控排企业而言，第三方机构可能存在一定的信用风险、财务风险和专业能力风险。

碳回购指重点排放单位或其他配额持有者向碳排放权交易市场其他机构交易参与人出售配额，并约定在一定期限后按照约定价格回购，从而获得短期资金融通。

碳金融融资类产品充分挖掘了碳配额的资产属性，有利于提升碳资产管理在项目企业管理中的地位，并通过整合多元化资金渠道以提升节能减排的积极性和主动性，增强企业的低碳竞争力，推动企业的可持续发展。

（3）碳金融支持类产品。碳金融支持类产品主要有碳保险和碳指数。碳保险是为了规避减排项目开发过程中的风险，确保项目减排量按期足额交付的担保产品。它可以降低项目双方的投资风险或违约风险，确保项目投资和交易行为顺利进行。

碳指数是反映碳市场总体价格或某类碳资产的价格变动及走势的指标，是刻画碳交易规模及变化趋势的标尺。我国碳指数产品包括北京的中碳指数、广州的中国碳市场 100 指数和上海的置信碳指数，它们既是碳市场重要的观察工具，也是开发碳指数交易产品的基础。

除了以上三类主要的碳金融产品外，碳交易市场上还有其他的创新产品。例如，上海环境能源交易所和海通证券、宝碳合作的碳市场集合资产管理计划，是首个大型券商参与的碳市场投资基金；广州碳排放交易所推出的碳资产抵押品标准化管理；湖北碳排放交易中心和汉能碳资产管理（北京）股份有限公司合作的 CCER 碳众筹项目。这些产品推动了社会对碳资产的认识，将碳资产的金融化程度加深，也为碳金融市场注入了新鲜血液。

碳金融衍生品的多样化组合增加了碳交易市场的活跃度，满足了不同参与者的需求。我国碳交易市场也紧跟国际潮流，先后在各地建立了碳金融交易所以进行碳排放权和各种碳金融衍生品的交易。我国各交易所现有的碳金融产品主要如表 7-3 所示。

表 7-3 我国各交易所现有的碳金融产品

交易所	碳金融衍生产品
上海环境能源交易所	碳配额远期、碳配额质押、碳中和、卖出回购、CCER 质押、借碳交易、碳信托、碳基金
湖北碳排放权交易中心	碳远期、碳基金、碳资产质押融资、碳债券、碳资产托管、碳金融结构性存款、碳排放配额回购融资
深圳排放权交易所	碳资产质押融资、境内外碳资产回购式融资、碳债券、碳配额托管、绿色结构性存款、碳基金
北京绿色交易所	碳配额场外掉期交易、碳配额场外期权交易、碳配额回购融资、碳配额质押融资、碳中和
广州碳排放权交易中心	碳远期、碳配额抵押融资、碳配额回购融资、碳配额托管
天津排放权交易所	碳中和
重庆碳排放权交易中心	碳中和
四川联合环境交易所	碳远期、碳排放配额回购、碳资产质押融资、碳债券、碳基金
福建海峡股权交易中心	林业碳汇、碳排放权约定购回、碳排放配额质押

碳排放权是碳金融市场中最基本的交易产品，而碳金融衍生品也是碳金融市场中必不可少的产品，其可以有效规避交易价格的波动风险，同时也可增加市场流动性。碳金融基础产品与衍生产品的合理组合对碳市场的发展具有重要意义。

从环境保护的角度出发，《议定书》以法规的形式限制了各国温室气体的排放量，而从经济角度出发，它更是催生出了一个以二氧化碳排放权为主的碳交易市场。这一市场的参与者从最初的国家、公共企业开始向私人企业以及金融机构拓展。在这个目前规模超过 600 亿美元的市场中，交易主要围绕两方面展开，一边是各种排放（减排）配额通过交易所为主的平台易手，另一边则是相对复杂的以减排项目为标的的买卖。前者派生出类似期权与期货的金融衍生品，后者也成为各种基金追逐的对象。未来，这一市场的交易工具在不断创新、规模将迅速壮大，按照目前的发展速度，不久的将来碳交易将成为全球规模最大的商品交易市场。

7.1.4 碳金融市场

正是由于碳排放权由商品属性向金融属性过渡，并逐渐演变为具有投资价值、交易需求及流动性的金融衍生产品，碳金融市场才应运而生。

碳金融市场（carbon finance market）有狭义和广义之分，狭义的碳金融市场专指以碳排放权为标的资产的碳交易市场；广义的碳金融市场则指与温室气体排放权相关的各种金融交易活动和金融制度安排。这种安排不仅包括碳交易，还包括一切与碳投融资相关的经济活动，具体表现形式有：①碳信贷市场，如商业银行的碳金融创新、绿色信贷、CDM 项目抵押贷款等；②碳现货市场，如基于碳配额和碳项目交易的市场；③碳衍生品市场，如碳远期、碳期货、碳互换、碳期权等衍生产品市场；④碳资产证券化，如碳债券、碳基金等；⑤机构投资者和风险投资者介入的金融活动，如碳信托、碳保险等；⑥与发展低碳能源项目投融资活动相关的咨询、担保等碳中介服务市场。

作为全球第一个国际气候公约的实施纲要,《京都议定书》使温室气体的减排量成为一种具有产权属性和交易属性的商品,以二氧化碳等温室气体为标的物的碳排放权交易也随之兴起。在各缔约国为完成碳排放任务的需求下,以碳排放权为标的的期货、期权等金融衍生品相继出现,国际碳金融市场随即发展起来。碳金融市场的主要参与者包括碳金融的供需者及金融机构等,目前西方主要有欧洲能源交易所、欧洲气候交易所以及芝加哥气候交易所(CCX),随后,亚洲也建立了亚洲碳排放权交易所,我国也分别成立了北京环境交易所、天津排放权交易所和上海环境能源交易所等,全球的碳金融交易体系正在逐步完善。

国际碳市场架构如图 7-1 所示,其主要分为配额交易市场和项目交易市场,配额交易市场又分为强制碳交易市场和自愿碳交易市场。强制碳交易市场是为温室气体排放量超标的国家或企业提供交易平台来完成减排指标,主要代表是欧盟排放权交易市场,主要产品有欧盟排放交易体系下的欧盟配额(EUA)和《京都议定书》下的分配数量单位(AAU)。

自愿碳交易市场是在强制碳交易市场建立之前就已经存在的,主要代表是芝加哥气候交易所(CCX),这类碳交易市场主要适用于企业市场营销、社会责任和品牌建设等。

随着全球对环境气候问题的高度重视,碳排放量标准进一步具有了法律约束力,使碳交易市场异常活跃,以碳排放权为基础的碳金融资产的交易量也不断增长,这给碳金融市场带来了前所未有的机遇。近年来随着低碳经济的发展,我国也积极参加到国际碳金融交易市场中,同时也取得了显著的经济效益,更好地促进了我国绿色能源产业的发展以及节能减排技术的进步。

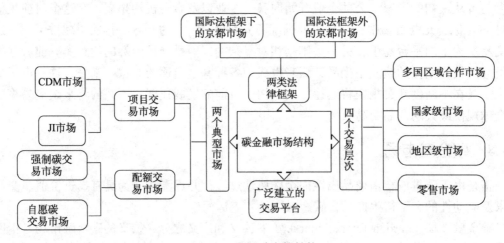

图 7-1 国际碳市场结构

7.2 碳金融对低碳供应链的影响

7.2.1 低碳供应链的内涵

供应链包括计划、采购、制造、交付和回收这五个基本环节,而低碳供应链是将绿色、低碳、环保的理念和技术融入供应链环节之中，强调"低碳"指标的细化和深入，目的是通过上下游各个成员企业的合作减少供应链各环节的碳排放，包括原材料采购、生产加工、储存、运输、使用与保养、回收再利用等，最终使整个供应链碳排放最小化。

物流是以满足客户要求为目的，将产品、服务和相关信息从起始点到消费点的正向或逆向的流动和储存，进行有效率和有效益的计划执行和控制的供应链过程。而供应链则是物流在管理深度和业务环节广度方面的扩展。低碳供应链包括了上述过程中的所有物流活动，也包括了生产运作，它驱动企业内部和企业之间的营销、销售、产品设计、财务和信息技术等过程和活动的协调一致。也就是说，低碳供应链就是将低碳、环保思维融入所有的物流和供应链环节之中，形成从原材料采购到产业设计、制造、交付和生命周期支持的完整的绿色供应链体系。低碳供应链牵涉从设计、消费到循环的各个过程，主要包括低碳设计、低碳采购、低碳制造、低碳营销组合、低碳运输和配送、低碳逆物流循环这六个部分。因此，低碳供应链能够联系企业内部和企业之间的主要功能和基本商业过程，并将其转化成为有机的、高效的商业模式，它提倡增效、减排、清洁生产，通过上下游企业之间的合作和企业各部门之间的沟通以实现整条供应链的低碳化。

低碳供应链主要由供应商、低碳产品制造商、零售商、分销商和客户构成，一般较为常见的为制造商主导型的低碳供应链，即以制造商作为低碳供应链的核心企业，如图 7-2 所示。制造商投入资金开发减排技术，同时也可向分销商提供低碳营销资金以支持和促进低碳产品市场的扩大、提高低碳产品市场销量。政府则会为低碳产品制造商提供减排成本补贴，推动低碳经济的发展。作为生产的基本单位，尤其是能源和重工业企业一直是温室气体的主要排放者，为了营造自身的社会形象、展现企业的责任担当，大多数企业都在积极转型或是寻求降低碳排放成本的策略、生产低碳产品。通过积极响应世界减排潮流、制定合适的减排策略、加入到碳交易市场中，企业希望能够减轻碳排放限制政策对其生产运营的影响，赢得支持低碳生活消费者的青睐，提升企业品牌形象及产品声誉。

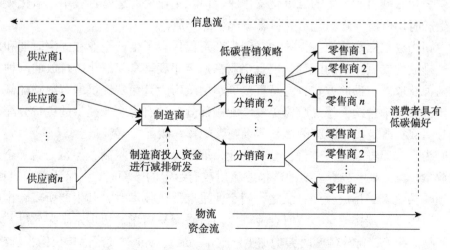

图 7-2　制造商主导的低碳供应链结构

7.2.2 低碳供应链中的碳金融交易

中国是世界上人口最多的发展中国家之一，是全球第二大经济体，目前也是世界上唯一拥有联合国产业分类中全部工业门类的国家，200 多种工业品产量居世界第一，近10 年来制造业增加值稳居世界首位，这一切背后的支撑是庞大的供应链生态体系。随着美国于 2017 年 6 月宣布退出《巴黎协定》，中国作为世界上最大的能源消费国和碳排放国将在应对全球气候变化方面发挥更重要的作用。随着减碳、低碳等理念深入人心，社会逐渐步入碳约束时代，碳排放权也逐渐成为企业继现金资产、实物资产和无形资产后又一新型资产类型——碳资产。其因为稀缺性而形成一定的市场价格，具有财产属性。对重点排放单位来说，碳资产管理得当可以减少企业运营成本、提高可持续发展竞争力并增加盈利；管理不当则可能造成碳资产流失、增加运营成本、降低市场竞争力，进而影响企业的可持续发展。企业在供应链中运用碳金融工具、以实现利润最大化为目的而决策，这是其目前需要迫切关注的问题。目前企业主要采取的措施为碳排放权交易，而碳税和碳补贴政策则是政府宏观调控碳金融市场的主要手段。

碳排放权交易的核心内容是：当企业年度二氧化碳排放量达到一定规模时，政府就会将其强行纳入碳排放交易体系中，要求企业第二年向环境交易所上缴的实际排放量的碳配额数量不得少于前一年的二氧化碳排放量（其中包括政府为企业免费分配的一定数量碳排放配额）。在企业实际生产时，一种情况是二氧化碳排放量一旦超出免费碳排放配额，企业就需要通过碳交易平台购买碳配额来完成履约工作；另外一种情况是企业超额完成碳减排工作，即未超出政府所给免费碳配额，此时企业可将多余的碳配额出售给其他企业换取额外利润。

二氧化碳的直接排放量和二氧化碳的间接排放量构成了企业年度碳排放总量。在制造企业的年度生产中，二氧化碳的直接排放来源由三部分组成：一是企业处理废弃物导致的二氧化碳排放；二是在工厂加工过程中产生的二氧化碳排放；三是企业运输或者固定设备燃烧化石燃料所产生的二氧化碳排放。而在企业生产运营过程中二氧化碳的间接排放是生产时用电所导致的化石燃料燃烧产生的排放。

作为碳排放权交易的唯一标的物，碳配额不仅代表了生产企业在固定时期和固定区域向大气排放的二氧化碳的配额，也是企业在指定年度享有二氧化碳排放的一种权利。企业有两种获取碳配额的方式：一是直接可享用政府为其免费提供的有限碳配额，二是通过碳排放交易平台购买超过政府免费碳配额部分。政府为企业提供的免费分配碳配额由三部分组成：既定设施碳配额、新增设施碳配额、碳配额调整量。

政府为有效促进碳交易进行，会对企业采取碳排放额度限制，但也会给予企业一定的碳排放量。当企业生产所需要的碳排放超出政府给定的限额时，为保证生产顺利进行，企业必须购买更多碳排放额度；反之，当企业采取低碳技术时，其生产所需碳排放量就会小于政府给予的碳排放量，这时企业可以通过碳交易市场销售多余碳排放量并增加其收益。企业在购买碳排放额度时会增加生产成本，最终会导致其产品单位销售价格增加，也就是说，碳交易会间接影响低碳企业与普通企业的市场竞争关系；随着碳交易市场的建立，碳排放权逐渐成为制造商生产的资源投入，改变了制造商的盈利模式。因此，在低碳背景下制造商需要注重自身的碳排放情况决策碳交易政策下的最优运营策略。

由于低碳生产技术的储备和能力不同，不同制造商生产同样产品的边际减排成本不同，受碳交易政策影响的边际效用也不同。由于缺乏专门的低碳设备和技术，因此在现实生产中绝大多数普通产品制造商通过外包的方式将产品委托给具有低碳减排成本优势的低碳产品制造商以发挥低碳企业优势。例如，新能源汽车核心部件——电池，大部分新能源汽车生产企业选择外包给第三方企业生产，这使宁德时代成为很多新能源汽车公司动力电池的外包制造商；通用公司将汽车三电业务（电池、电机、电控）外包给有三电开发技术的低碳制造商以实现三电系统的整合，这不仅有助于降低研发和生产成本、减少制造商为扩大生产而亟须筹措资金的压力，还有助于减少环境影响，从整体上促进低碳产业和碳金融的发展。

7.2.3 碳排放交易对低碳供应链的影响

碳达峰和碳中和对经济发展提出了新的要求，很多高碳行业将逐渐退出市场，经济发展逐渐低碳化，对供应链经济产生了重大影响，导致供应链经济的流程、模式、结构、主体等都将发生改变。保持供应链的循环稳定是保持经济高质量发展的根本，实现双碳目标是经济高质量发展的刚性要求。

低碳理念和生活方式逐渐让消费者树立环保意识，低碳供应链上的企业出于自身利益和长期发展战略的考虑，会迎合消费者的偏好而进行低碳环保产品的生产加工活动，使运输和市场发生重大改变。碳排放交易政策会把整个商品购买市场变得更加复杂多样，使企业不断权衡利润和碳排放的成本与收益。伴随碳限额与交易机制不断成熟，消费者理念的进步要求企业不断优化战略来迎合未来充满竞争的商品市场。同时，产品的碳排放量不仅受生产企业所采用的生产技术影响，也会受到供应商所提供的原材料以及零售商针对低碳产品的促销影响，所以产品减排需要供应链上下游企业合作。越来越多的品牌制造商开始甄选能够积极节能减排的供应商，或者推动供应商节能减排。对供应商在环保、碳减排和社会责任方面进行审核是众多品牌供应商为保障供应链的低碳水平所采取的策略。企业的供应链管理除了关注上游供应商的原材料碳排放情况，也要关注下游零售商针对低碳产品开展的促销活动，这些因素都有利于提高低碳产品的销量及市场认可度。因此产品减排不能仅依靠制造商，还需要供应商和零售商紧密合作。

为了降低供应链的碳排放、实现供应链成员利润最大化，不同的企业可能会采取不同的措施，如成本共担机制。随着低碳意识不断深入，部分消费者的需求将受产品碳排放情况的影响，而最终产品的碳排放情况不只受制造商减排的影响，还受供应商所提供原材料的低碳化程度的影响。因此，为了鼓励供应商参与减排，制造商会分担供应商部分减排成本。同时，低碳产品的市场需求还会受到下游零售商对低碳产品宣传力度的影响。为了鼓励零售商加大低碳产品的宣传促销力度，制造商会分担零售商关于低碳产品宣传促销的部分成本。

金融的本质是汇集零星的资金，在时间和空间上匹配需求，通过相应的企业转换为集约化生产力。从碳金融的角度出发，中小型企业和个人以其自身的实力和效率来说，都不能做到自建碳减排项目或者碳汇集项目，例如，人人自建农场种植绿植是完全不现实的。因此，他们只能通过购买碳排放指标或者额度将资金集中到碳指标"出售者"手中，集约化地实施碳减排项目建设。而碳排放指标除了驱动能源端之外还能以供应链作为载体层层分解减排行动，是最高效、可全程追溯的商业路径。也就是说无论是对供应链的链主、中游乃至 N 级供应商，碳排放指标都可能率先像"入场券"一样成为在供应链上实现交易的前提条件。

在整个碳指标层层分解的过程中，产业链顶端的链主企业往往具有较大的实际影响力和决定权，可以要求供应商在提供合适的产品或者服务的同时提供碳指标或碳额度。另外，链主企业也有能力自建碳减排项目、实现碳交易和申请各种碳补贴。处于中游的企业往往是链主企业某一方面的专业集成商或者承包商，部分还具备自行获取碳指标进行碳交易的能力，但它们更有可能利用自身的优势将碳指标分解给三级乃至更低端的供应商。处于供应链末端的往往是大量的中小微企业，若其无力自建碳减排项目则必须依赖购买碳指标来完成"义务"。

全国碳排放权交易制度的实施势在必行，这将会深刻改变供应链企业间已有的合作关系，推动企业间减排合作向稳定、长期的方向发展，使企业由被动减排向主动合作减排转变。同时，消费者低碳意识的不断觉醒也为企业主动减排提供了动力。在消费者具有低碳偏好的情境下，企业实施低碳策略不仅能够抢占市场，而且能树立起富有责任的社会形象，这是企业的一笔巨大财富。

碳排放交易的本质即为碳限额与碳交易，其在供应链中的影响是由企业拥有的碳配额赋予的一种全新的交易商品属性，可以直接用作交易。此时的供应链节点的外部联系主要包括三种：碳排放配额交易、资源交易和产品交易。碳排放限额与碳交易下的供应链交易模式如图 7-3 所示。

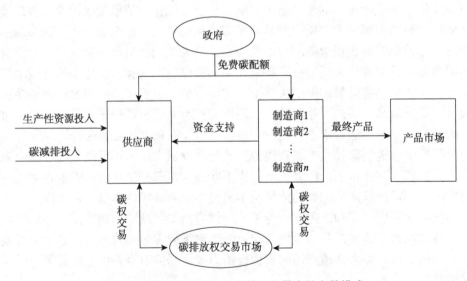

图 7-3 碳排放限额与碳交易下的供应链交易模式

由此交易模式可知，交易初始时由政府部门提供免费的碳配额，再由制造商和供应商的每个企业各自领取，若碳配额有欠缺或盈余，各企业可根据自身的经营需求在碳排放市场交易。在控制碳交易和碳排放总量的基础上，供应链各企业的利润和成本都会有所变化，而为了适应市场的变化，各企业就必须视变化情况制定碳交易及碳排放机制下的最佳决策。供应商位于供应链上游，其要想达到利润最大化就不得不平衡产品定价和碳减排来寻找新的盈利点；制造商位于供应链下游环节，也受到碳减排成本的影响，导致产品价格上升从而处于被动地位。由于碳限额及碳交易政策由政府发布，不符合碳交易机制要求的企业甚至供应链都将面临政府相关部门的高额罚款，因此在供应链中具有较大减排弹性空间的企业（如供应商）仅需要对是否购买先进的减排技术和设备以及购买量制定决策，而制造商作为供应链下游企业（相对供应商来说）则会因存在减排空间有限和减排难度较大的局限性而只能处于被动地位，只能通过碳交易完成政府规定的额度。与传统供应链不同，低碳供应链中的供应商不仅存在生产和运营方面的成本，还有碳限额与交易的成本。对制造商来说，若碳排放量已超过政府规定的范围，那么企业除了付出生产和运营的成本外还要支付碳交易所需的资金。由于企业的碳排放权也可以成为市场上的交易对象，故拥有多余碳排放额度的企业将可得到除产品交易以外的利润。如此一来，部分企业就会购买减排技术或者控制生产量和碳排放量以获得剩余碳限额，并将其出售。因此，在比较与分析碳限额及碳交易下的供应链企业时，要充分考虑企业成本和利润与在传统供应链下的不同之处。

随着绿色环保知识的普及，碳限额与交易制度的实施也在变相地影响或者改变消费者的消费理念。消费者在选择商品时，不仅要考虑价格、质量、性价比，是否低碳环保也成为一项重要指标。消费者的低碳绿色环保意识越高，他们为产品所付出的价格就会越高。有学者通过控制变量法得出结论：两种商品价格相同的情况下，消费者在进行购买决策时更看重减排水平较高的商品，甚至有的消费者愿意花费更高的价格购买碳减排较好的绿色产品。与传统需求函数不同，产品的市场价格会随着碳减排水平而提高，由此可见，碳减排水平的高低可以直接影响商品的价格。因此，低碳供应链的企业可以此为契机，以碳减排技术对产品重新定价来提高自身利润，同时企业也应当花更多的资金投入到碳减排设备与技术中。在实践发展中，减排投资需要一定的时间才能取得降低碳排放的效果，具有滞后效应，企业当年的减排投资会影响若干年后产品的碳排放情况，企业对减排进行的投资是持续的，这就说明了企业的减排行为是动态的，低碳行为对企业的发展也将是有持续性影响的，从长远发展的角度来说，碳投融资策略是利大于弊的。

7.2.4 碳交易对供应链成员决策的影响

近年来，世界各国政府皆出台了低碳减排政策，消费者也逐渐树立了低碳与环保的消费意识，同时制造业更是在生产过程中引入了碳减排技术和设备，以此响应绿色环保的全球性倡议。产品在生产和使用环节都会产生碳排放。例如，汽车产品在制造和使用过程中都会产生大量的碳排放。不同的产品生产工艺和产品设计方案为企业选择低碳技术提供了可能。企业可通过改进生产工艺等低碳技术减少产品生产中的碳排放（如改进汽车装配工艺来减少生产环节碳排放），也可通过更新产品设计方案等减少产品使用中的排放（如改进发动机设计原理来降低油耗）。

下文将在考虑碳交易政策的基础上，分析引入碳交易政策对低碳供应链成员的决策和利润产生的影响和作用。

（1）碳交易政策的引入有助于提升制造商的长期碳减排水平，并使基于产品碳排放数据的碳交易政策产生的效果更佳。与碳交易政策颁布前相比，在基于企业碳排放历史数据的碳交易政策下制造商碳减排水平有所提升，但基于产品碳排放数据的碳交易政策下的制造商产品碳减排水平最高。在碳交易政策的作用下，制造企业迫于政策压力需要减少碳排放，并进一步寻求更为低碳环保的生产方式以满足政府要求。结果表明，碳交易政策的引入能够从长期的角度有效提升制造商产品的碳减排水平。

通过规定碳排放总额度，政府能够影响供应链企业的决策，但是这种影响是间接的。在极端情况下，制造商甚至可以通过减产来满足碳排放要求，而不是努力降低产品的碳排放。与之相比，政府通过规定产品的单体碳排放限额能够直接影响企业决策，并进一步引导制造商增加低碳研发投入，降低其产品的碳排放。此外，基于企业碳排放历史数据的碳交易政策对高碳排放企业的控制效果较为显著，而对碳减排做得好的企业几乎没有任何激励作用；基于行业内产品的碳排放数据的碳交易政策能够较好地激励不同类型的企业。因此政府应积极推动行业产品碳排放数据的搜集和整理工作，并为特定产品制定碳排放标准，进一步推动制造商碳减排的长期行动。

（2）碳交易政策的实施能够提升企业长期的低碳宣传水平和产品的商誉，不同碳交易政策下的零售商低碳宣传水平相同，相对而言，基于产品碳排放数据的碳交易政策对产品商誉的提升更大。与碳交易政策颁布之前相比，碳交易政策的引入能够提升零售商的低碳宣传水平，且与碳交易政策的类型无关，即两种政策下低碳宣传水平相同。也就是说，碳交易政策能够通过供应链系统间接影响零售商的决策并提高其长期的低碳宣传水平，但是由于其并非直接作用于零售商，所以最终两种碳交易政策对零售商产生的效果相同。同时碳交易政策的引入能够提升产品的商誉，并且基于产品碳排放历史数据的碳交易政策提升的效果更加显著。

（3）从长期的角度来看，碳交易政策的实施能够提升零售商的利润，并在基于产品碳排放数据的碳交易政策下使零售商的利润水平更高。碳交易政策的实施能够提升产品长期的商誉水平，进而增加产品的市场需求，最终导致零售商的利润增加，从长期的角度来说对零售商是有利的。此外，虽然零售商在低碳宣传方面的投入相同，但在基于产品碳排放数据的碳交易政策中，产品的碳减排水平更高、商誉值也更大，并进一步带动了市场需求，提升了零售商的利润。而制造商利润的大小与政府的决策密切相关，政府在基于产品碳排放政策中对制造商产品碳排放的限制更宽松，制造商除了因产品商誉的提升而增加销量并进一步增加利润之外，还能够从碳交易市场中获得额外的利润。

7.2.5　碳税和碳补贴对低碳供应链的影响

碳税是指针对二氧化碳排放所征收的税。它以环境保护为目的，希望通过削减二氧化碳排放来减缓全球变暖。在不同的生产模式下，政府碳税政策和补贴政策对企业所起的效果不同。主要原因是：当低碳企业只生产低碳产品时，政府两种政策对低碳企业的影响是正向的，但是政府补贴政策是直接方式（通过补贴直接降低低碳产品的生产成本，增加低碳产品的市场竞争优势），而政府碳税政策是间接方式（通过碳税政策提高普通产品生产成本，降低普通产品的市场竞争优势）。总之，两种政策对普通产品生产企业是不利的。当低碳企业同时生产两种产品时，政府的这两种政策虽然降低了普通产品的市场竞争优势，但增加了低碳产品的市场竞争优势。

（1）当低碳供应链企业同时生产两种产品时，政府补贴政策虽然可以降低单位低碳产品的销售价格，但是对普通产品单位销售价格没有影响。造成这一现象的主要原因是政府对低碳产品进行补贴，低碳供应链企业为获得更多补贴会降低单位低碳产品销售价格来增加低碳产品需求量；另外，由于普通产品也是由低碳企业提供，为进一步增加低碳产品市场销售量，企业会保持普通产品单位销售价格不变，相对增强低碳产品价格优势，即政府补贴政策降低单位低碳产品销售价格，促使低碳产品销售量增加，而市场规模不变，间接导致普通产品的销售量减少。但是，在低碳供应链企业同时生产两种产品时，企业获得的收益是增加的。也就是说，普通产品因销售量减少造成的损失要小于低碳产品增加的销售量带来的收益，最终使低碳供应链收益增加。在低碳企业只生产低碳产品时，政府补贴可以有效促进低碳企业利润增加，减少普通产品生产企业的利润，即政府补贴有利于促进低碳产业发展。

政府采取补贴时应考虑低碳产品的生产模式。当低碳供应链企业只生产低碳产品时，政府补贴可以降低普通产品的单位销售价格，这时，政府应加大补贴，降低普通产品的市场竞争优势，促使普通企业转向生产低碳产品；当低碳企业同时生产两种产品时，政府补贴不能降低普通产品的单位销售价格，这时，政府应逐渐减少补贴，转而采取其他政策促进低碳产业发展。

（2）当低碳供应链企业同时生产两种产品时，政府碳税政策对单位低碳产品销售价格和两种产品需求量没有影响，会增加普通产品的单位销售价格。造成这一现象的主要原因是，当政府对普通产品收取碳税时，企业为获得更多收益会通过提高单位普通产品销售价格，把政府碳税部分转移给消费者。也即消费者要为政府碳税"买一部分单"，最终造成企业整体收益减少。

当低碳供应链企业只生产低碳产品时，单位低碳产品销售价格、需求量和收益随碳税增加而增加。表面看这一现象不可能，因为低碳产品单位销售价格增加一般会导致低碳产品销售量下降，但是政府采取的是针对普通产品收取碳税，普通产品生产企业为降低其单位产品生产成本，会提高单位产品销售价格转移部分碳税给消费者；普通产品单位销售价格提高时，低碳产品生产企业为获得更多收益，也会提高单位低碳产品销售价格。同时，为保持低碳产品市场优势和满足消费者对低碳产品的需求，低碳产品生产企业提高单位销售价格后，其低碳产品相比普通产品仍然具有一定的价格优势，最终导致低碳产品市场需求量增加和产品收益增加。

相对于政府补贴政策，政府碳税政策可以有效降低普通产品的市场竞争优势。虽然政府碳税政策会增加消费者购买成本，但是，从长远角度来看，可以促进普通企业逐渐转向低碳产品生产。在低碳企业发展初期，政府应采取补贴政策以解决低碳产品销售难题，随着低碳供应链的发展，政府可采取碳税政策引导企业转向低碳发展。

（3）当低碳企业只生产低碳产品时，政府采取补贴政策或碳税政策可以增加低碳产品收益、降低普通产品收益。这是因为低碳企业会通过降低单位低碳产品销售价格获取更多政府补贴，单位低碳产品销售价格降低将直接使低碳产品需求量增加；另外，政府补贴可以弥补单位低碳产品销售价格降低带来的损失，最终使低碳产品收益增加。当政府采取碳税政策时，普通产品生产企业会通过增加单位普通产品销售价格将碳税转移给消费者。这时，低碳产品生产企业为获得更多收益也会增加单位低碳产品销售价格，且低碳产品销售价格增加要小于普通产品单位销售价格增加幅度，因此又进一步促进了低碳产品销售量增加，最终使低碳产品收益增加。

而对普通产品生产企业而言，政府采取补贴政策时，普通产品生产企业为增加产品市场竞争力，在单位低碳产品销售价格降低时也会采取降价策略。普通产品销售价格降低会使低碳产品更具有优势，最终使普通产品销售量减少，综合单位普通产品销售价格降低和销售量减少，导致企业收益减少。当政府采取碳税政策时，普通产品生产企业为降低成本，会提高单位普通产品销售价格，会使其销售量降低，这种销售量降低带来的收益降低要大于销售价格增加带来的收益增长，最终使其收益降低。

（4）当低碳企业同时生产两种产品时，政府补贴增加了低碳企业的收益、碳税减少了低碳企业收益，也即政府采取补贴政策时低碳企业收益最大，政府采取碳税政策时低碳企业收益最小，不采取政策时居中。因此，政府在采取政策时要考虑低碳企业是否同时生产两种产品，当低碳企业只生产低碳产品时，政府可以采取碳税政策，因为碳税政策可以减少普通产品销售量、增加低碳产品销售量，同时还可以增加单位低碳产品利润；当低碳企业同时生产两种产品时，政府采取补贴政策才能更有效促进低碳产业发展。

政府采取何种政策应依据低碳企业的生产模式决定。当低碳企业只生产低碳产品时，政府采取碳税政策间接降低普通产品市场竞争优势比直接补贴更有利，也即政府采取碳税政策最有效；当低碳企业同时生产两种产品时，政府碳税政策会降低低碳企业收益，降低低碳企业发展低碳产业的积极性，而政府采取补贴政策对普通产品单位零售价格没有影响，但会降低单位低碳产品销售价格、增加低碳企业收益，提高低碳企业发展低碳的积极性。

7.3 碳金融的未来趋势

7.3.1 碳金融交易平台更加完备

回顾我国的碳金融和碳市场发展情况，在借鉴国际碳金融发展实践的基础上，我国的目标是建立一个全国统一的碳金融交易平台。随着金融市场上碳交易进行得如火如荼，我国正在加紧构建一体化的金融市场，先在部分区域设定金融试点，将原本分散的碳交易行为集合在一起，以加强碳交易所内部的沟通交流，提高碳金融产品领域的管理质量和管理效率。在一体化完备的碳交易平台影响下，资源的利用率能够明显提高，企业的生产与发展行为能够变得更加规范,将更有助于构建合理的碳价格机制。与此同时,构建完备的交易平台还能够降低交易主体的成本,提高我国在国际碳交易市场中的地位,充分保障国内企业的合法权益。

作为碳金融发展的支撑平台,交易所起到的是纽带作用。经过长时间的发展,日本、美国等发达国家均已经创立了比较完善的交易所。对比之下,我国这方面的发展就显得较为落后。在建设交易所时不能盲目追求数量,更要注重质量,根据发展需求稳步开展建设。很多时候不是交易所的数量越多就表示碳金融发展得越好,在成立交易所时应当遵循宜精不宜多的原则。美国碳金融发展较早,然而,其碳金融交易所仅有几个。欧盟由许多国家组合而成,但是交易所的数量也寥寥无几。因此,我国可以借鉴美国的做法,与其将精力分散于多个交易所,不如将所有的精力集中放在少数交易所上,通过省市之间的合作将多个交易所合并,扩大交易所规模。此外,在改进运行政策方面需开展好交易所功能划分工作,打造各具特色的交易所,由此建设完备的标准体系,实现交易所的精细化发展。

加快由环境交易所向环境金融交易所的延伸。现行模式下,环境交易所还只是直接从项目本身出发为企业之间的合作牵线搭桥,商业银行从事的碳金融业务也还比较单一,主要集中在绿色信贷投资方面,体现为增加新能源和减排技术的信贷,降低高耗能和产能过剩产业的信贷。其实碳金融本来就是环境金融的分支,主要是创造基于市场的完成环境目标和转移环境风险的金融工具,发展和丰富多层次的金融衍生产品,既要大力推动我国碳交易市场的完善,也要为节能减排项目提供融资。环境金融交易所可以类比期货交易所,采取会员制度,有资质的金融机构和开展相关业务的企业可以成为其会员,交易相关的碳金融产品。

目前,分层次的金融市场交易平台正在逐渐形成,将政府和排放企业置于一级市场主体位置之上,使政府与企业之间可以通过招标或拍卖等形式落实碳排放权的交易,选择科学合理的分配形式,适当地予以相关企业政策优惠,积极促进国内企业的优化转型。对促进国内社会公共事业发展的排放主体,可以适当降低碳金融产品的出售价格,对从盈利角度出发且产生碳排放量较大的企业,则可适当控制其购买碳金融产品的定额。

政府应将排放企业置于二级市场主体的位置之上,协调好各方的碳排放资源需求,使企业能够获得完成减排任务的机会;同时在交易方式上予以变革,在交易方式方面给予交易机构更大的灵活性,在严格监管的前提下研究探索碳排放权交易,开展连续交易和集合竞价;另外,政府还应引入中央对手方机制,建立碳定价中心,设立碳配额预留机制与市场平准基金,以完善价格调控。

未来碳金融交易平台的交易主体会更加多元化。虽然对许多企业而言,碳金融仍然属于较为陌生的领域,社会公众对碳金融的了解也仍然较为浅薄,但在投入大量的精力,加强对碳金融的宣传推广后,社会的参与度会不断提高,碳交易主体也不再局限于企业,更多的个人和银行等金融机构也会参与其中。即一方面鼓励社会公众和排放企业充分了解碳金融相关的内容,牢牢把握碳金融产品领域的交易脉络,严格遵循行业发展规范促进碳金融行业的发展,为广大交易主体参与碳金融市场交易降低准入门槛;另一方面,引导排放企业深入挖掘碳金融领域的发展潜力,积极主动地参与到碳金融活动当中,降低企业参与碳排放交易的成本,针对不同类型企业、深入研究提供额外收益的碳金融产品以合理规避风险，提高企业参与碳金融市场的积极性，为碳金融领域的蓬勃发展奠定坚实基础。

7.3.2 市场向一体化、国际化趋势发展

为进一步减少碳排放、提高企业碳减排积极性，2020年底我国生态环境部正式发布《碳排放权交易管理办法（试行）》，并于2021年2月1日开始施行，这标志着我国将建立全球最大的碳交易市场。我国的碳市场能否发挥应有的作用关乎实现承诺的减排目标，也关乎全球气候变化。全国统一碳市场启动在即，但由于我国碳市场实践起步较晚，相关政策法规尚不健全，依然存在碳交易市场"潮汐"现象频发、流动性不足、风险管理工具缺乏等问题。因此，开展针对碳金融市场建设等方面工作刻不容缓。未来要建成一体化、金融化、国际化的碳金融市场才能充分发挥合理为碳定价、引导清洁能源投资、促进低碳产业发展等功能，在引领国际低碳产业合作、共同应对全球气候变化等方面发挥重要作用。

要想建成全国一体化的碳金融市场，我国势必要整合八大试点碳市场的割裂分散状态，实现高度集中和统一，释放我国碳市场的规模潜力，真正发挥碳价信号的引导作用。碳市场的高度金融化旨在将更多的金融产品运用到市场交易中，同时吸引更多投资机构和金融机构参与碳金融市场交易，扩大碳资产融资服务。国际化碳金融市场旨在将我国碳市场和国际碳市场接轨，推进中外双方控排企业、投资机构的交流合作，有利于进一步扩大我国在参与全球气候治理方面的影响力，形成权威的碳定价机制。唯有推动形成并逐步完善国际化的碳金融市场才能减少国际碳价波动对我国碳金融市场带来的不确定性和潜在风险，提升碳金融市场的配置和运行效率，加快绿色低碳转型步伐，尽早实现碳达峰和碳中和目标。

我国需要逐渐引入国内中介机构，争取国际市场的话语权。由于我国CDM项目建设才刚刚起步，金融业介入不深，碳金融体系不健全，故我国碳交易议价能力较弱。目前，我国企业参与国际碳交易一部分是通过经纪商从中撮合我国的项目开发者和海外的投资者，另一部分主要途径则是由一些国际大投行充当中间买家，收购中国市场上的项目，然后到国际市场上寻找交易对象。因此在国际市场上，我国成为碳排放权最大的供给国，但这也使国内碳价格远低于国际市场价格，降低了碳资产的价值转化效率，也制约了本土碳交易市场的发展。在各项国际合作中，中介机构一直都发挥着非常重要的作用，通过中介机构的推介和运作，各项金融产品的定价都能够及时反映市场波动和信息。所以环境交易所及商业银行等机构可以成立专门运作碳金融产品的部门，并充当中介机构为我国碳金融产品的流通环节服务。

碳金融市场交易主体范围更大。目前我国碳排放权交易纳入的行业范围有限，并对需要参与碳市场交易的企业设置了一定的准入门槛，中小微企业、组织和个人参与较少，碳交易市场的流动性较低。要增加碳市场交易的活力，应该完善市场准入机制，尽可能多地纳入不同行业的大中小企业、组织，鼓励并引导个人直接或间接参与碳金融市场，提高民间参与度。目前，应多鼓励银行等金融机构参与碳金融业务，加大商业保险和碳金融交易的合作，确保企业的基本运营不因碳金融市场波动而产生重大影响。

我国目前正积极借鉴学习国际碳金融市场发展的经验，主动促进碳金融市场的国际

化发展、调节市场价格、主动成为碳金融产品价格制定过程的参与者而非一味地被价格左右。建设碳金融市场应积极主动地与国际市场衔接在一起，将国际认可的检测指标代入到国内，严格约束各市场参与主体的交易行为。同时也应开展更深层次的碳金融理论研究，在现有的碳金融定价体系之上加强国际层面的互动交流，汲取更加充足的经验，及时发现潜在的问题并提出相应的策略。

7.3.3 人员逐渐专业化

我国碳金融发展落后还有一个重要原因是银行对碳金融人才培养方面的缺失导致缺乏专业的碳金融人才。因此，通过专业的培训提高碳金融工作人员的专业技能水平是必要的。此外，银行应从外部引入高端碳金融人才，从而加快碳金融业务的创新发展，构建规范化流程，用人才驱动碳金融业务的发展和产品的创新。例如，我国正不断加强开发针对个人参与碳金融市场的产品。未来低碳经济的发展必将成为大势所趋，这种行为将持续影响企业，还会对个人的行为方式产生影响。作为一种金融创新产品，低碳信用卡将金融产品与自愿减排结合起来，可以被看作是个人参与碳金融的一次试水。为了促进金融机构的可持续发展、吸引民众广泛参与绿色消费，一定需要更多更深层次的金融创新产品，如碳金融交易市场会员制对个人的开放，个人利用网络轻松参与碳排放权的期货期权市场。一体化、国际化的碳金融交易市场和多样化的碳金融创新产品对我国碳金融专业人才提出了更高的要求。

未来我国金融业的碳金融专业服务能力将逐渐增强。我国碳交易成本之所以较高，缺乏碳金融专业人才是很重要的一个原因。随着碳金融市场在国内不断发展和成熟，各大商业银行、金融机构不断致力于发展绿色信贷，使金融顾问、服务咨询、产业规划等领域专业人才的需求日益旺盛，需要熟悉碳交易规则、了解碳交易市场、精通相关金融知识的跨领域人才，尤其是在碳资产管理与专业项目结合、碳金融成本效益分析等新兴领域的创新型人才。当前形势下，我国要推进碳金融大国地位的提升必须加强学习国外的先进经验，引进领域内的优秀人才，构筑人才高地。因此，我国应鼓励高校积极开设碳金融相关课程，培养专业人才来推动碳金融市场的发展。与此同时，建立专业的碳金融中介机构或者鼓励现有的大型金融中介机构设立碳金融服务板块，形成连接交易所和控排企业的强大纽带，促使多方主体形成交易闭环，确保各方利益，进而提高碳排放履约企业的积极性，推动国内碳金融市场朝繁荣稳定的方向发展。

7.3.4 制度逐渐健全

从发展时间来看，国内碳金融制度还处于发展的初期阶段，尚未形成成熟的碳金融政策体系，在碳金融业务的风险管控政策方面也存在很多的不足。作为新兴的经济发展方式，碳金融离不开制度支持，国家和政府也提供了相应的优惠政策，不断完善碳交易体制和制度，以政策的形式引导金融机构参与碳金融产品价格调节的进程中，在必要时以适当减免税收或质押贷款的形式出售碳排放权，鼓励和支持企业的发展。近年来，国家和政府大力支持电力企业能源结构转型，为新能源电力系统的发展和节能减排提供绿色金融支持，鼓励各大金融机构自主开发与碳金融相关的产品，如为绿色金融债券提供税收优惠等，从而更好地满足国家和企业不断发展的需求。

（1）逐步建立并完善风险管理体制和专业技术咨询体系。碳交易项目的开发周期一般较长，前期开发投入资金较多，且收益并不明显，因此风险较大。目前我国许多保险企业和信托机构在基础设施建设项目的风险产品开发方面已经积累了一定的经验，可以把这些经验和相应的产品加以创新和发展，运用到碳金融产品中。另外，专业的技术咨询体系正在发展中，其与项目的合作成果做出国际上公认的认证结果也是必要的，这不仅需要接纳国际标准并且让我国制定的相关标准被国际认可，而且需要专业技术咨询体系有足够的公信力并取得相应的认证资格。

（2）碳金融顶层设计制度更健全，碳金融法律法规日渐完善。完善的法律制度是碳金融市场高效运作的保障，而目前仅依靠各地的管理条例和暂行办法无法提供有效的保障。各级政府及相关部门应制定与碳金融市场配套的法律法规和部门规章，明确碳排放权的归属和交易主体的法律地位，在充分考虑国情和减排目标的基础上明确市场交易准则、违规碳排放处罚、碳现货、碳金融衍生品等方面的交易规则，进一步完善碳市场交易机制，增加市场透明度和信息公开度，并对碳金融市场的运作进行严格的监管，逐渐完善配额分配方式，稳定市场预期，逐步推进碳金融市场相关立法建设，规范碳金融产品发展，并保持政策的延续性。此外，碳金融创新需要较强的、较完善的碳现货市场支撑，设立明确的碳排放配额总量控制目标及相应的动态调控机制，是碳现货市场交易长期平稳有效运行的重要条件。我国可以发电行业为切入口逐步扩大行业覆盖范围，并尽快将 CCER 等抵消机制纳入全国碳排放权交易体系中，为金融机构开展碳金融业务提供广泛的行业基础。

7.3.5 政策日趋完善

在我国碳金融发展过程中，一些政策只停留在理论层面，无法完全被落到实处，对此，政府应当结合我国国情提出可行方案，将政策落实到可执行层面。针对监管、税收、外汇等方面，政府应颁布和完善相关的利好政策，提供政策层面的支持。政府可利用财政资金加大环保投入，对一些环保项目进行补贴，提供技术、资金层面的支持。同时，还可以引导高校、科研机构开展节能减排技术的研究工作，并制定一些扶持政策。除此之外，政府各部门之间要加强联合，各自负责自身在碳金融政策发展中的重要职责。例如，财政部门要给予财政政策支持。

（1）大力发展碳金融交易产品创新政策。国外一直致力于不断开发碳金融交易产品的创新政策，所以能够先后推出碳保险、碳信贷、碳基金等新型碳金融产品。尤其是随着《议定书》的诞生，发达国家的碳金融发展政策得到了落实，开发了多样化的碳金融衍生品。现阶段，许多市场主体都主动参与了碳金融交易活动，如银行、金融机构等。国外的碳金融产品在政府支持和鼓励政策及碳减排政策相结合的基础上开始朝专业化、精细化方向持续前进，同时可以给客户提供具有强竞争力的产品。而我国在碳金融项目发展上仍处于初步交易阶段，较少涉及碳金融衍生品的开发利用今后加强碳金融交易产品创新政策的发展将成为我国碳金融发展的重头戏之一。

（2）国家大力出台相关的利好政策，鼓励众多中介机构参与碳金融业务，以推动碳金融业务良好发展。政府可以将碳信用评价机构等中介机构纳入到碳金融业务中，增加碳金融业务的完善性，通过碳信用评级机构对碳金融业务的评价明确碳金融业务的合理性，提前预防碳金融业务可能面临的风险，提高碳减排量的公信力。当前我国的碳金融仍处于初步发展阶段，很多地方都不完善，如市场不成熟、缺乏相应的技术标准、中介机构不完善等。因此，现阶段发展政策除了需要吸引国外的先进中介机构参与我国碳金融发展外，还需要大力扶持和培育我国本土的中介机构，使其能够支撑我国碳金融的发展。信用评级工作直接影响碳金融安全，国内应积极构建符合实际情况的碳信用评级政策，严控评级质量，从而更好地规避碳金融发展风险，也有利于支持那些信用等级高的企业及时获得外部融资，加快碳金融事业的高质量发展。

（3）加快推进绿色信贷政策的实施。目前国内商业银行政策规定发放的贷款中绝大多数要用于基础设施建设项目，而在绿色环保项目方面的贷款很少，这显然不利于碳金融的发展。对此，银行政策需要作出改变，适当减少传统贷款的比重，增加绿色信贷的比重。银行贷款政策的完善必将引导很多企业加大在节能减排上的投入，不论是在哪一环节都能更注重节能减排。政策的完善还可以在一定程度上限制高污染和高能耗企业的发展，并且利用资金来推动低碳经济的快速发展。目前，国内有许多新能源企业，其中大部分是中小企业，它们的负债率高，流动资金比较缺乏。在这种环境下，银行不愿将资金贷给它们。因此，推进绿色信贷政策发展的同时还需要完善风险评估、确认和管理政策，从而将整体业务发展风险管控在合理范围之内。此外，还可规定银行为中小型的环保企业提供贷款服务，例如，可以让企业以抵押排污许可证的方式获得相应额度的贷款。

思考题

1. 碳金融的内涵是什么？
2. 碳排放权交易的核心内容是什么？
3. 碳金融产品有哪些？它们之间的区别和联系是什么？
4. 碳金融衍生产品有哪些？它们之间的区别是什么？

案例讨论：低碳银行是实现低碳经济的重要推手

即测即练

第 8 章

闭环供应链的主要回收模式

　　随着经济全球化的发展，市场竞争日趋激烈，厂商面临产品品种增多、生命周期缩短、交货期要求提高，对产品和服务的期望越来越高等诸多挑战。由核心企业联合供应商和零售商所组成的一条从供应商到制造商再到批发商、零售商和用户，贯穿所有企业的正向（传统）供应链，其特点就是通过核心企业将各企业的核心能力集成起来，使企业能够对市场需求作出快速响应、有效配置和优化资源、降低成本、提高产品质量和生产效率，从而提高企业自身竞争力和盈利能力。正向供应链及其相关技术对新产品快速进入市场起着积极的推动作用。但是，产品品种的增多和生命周期的缩短造成了废旧产品猛增。在正向供应链中，货物流动以消费者为终节点，废旧产品的处置在大多数供应链流程图上是看不到的。许多企业投入了大量的人力、物力、财力用于构建和完善供应链系统，却忽略了产品回收直到最后处理这个链条。由于正向供应链是站在供应链中核心企业的角度来看待问题，缺乏对可持续发展的必要认识，是以降低成本、提高竞争力为目的，仍然是一种物质单向流动的线性结构，在生产中以消耗大量的资源来实现经济增长的目标，而消费后的废旧产品又会使生态环境恶化。显然，正向供应链远不能适应可持续发展的要求。

　　闭环供应链是在正向供应链上加入逆向供应链，从而形成的一个完整环路供应链体系。闭环供应链实质上是通过产品的正向交付与逆向回收再利用，使"资源—生产—消费—废弃"的开环过程变成了"资源—生产—消费—再生资源"的闭环反馈式循环过程。闭环供应链在整个供应链运作过程中综合考虑环境因素和资源利用效率，以现代信息技术和供应链管理技术为基础，涉及供应商、制造商、分销商和用户，其目的是使产品从原材料的获取、加工、包装、仓储、运输、使用到报废处理以及回收再利用的全生命周期对环境的负面影响最小，资源利用效率最高。

　　闭环供应链是对正向供应链的变革。从管理思想上看，闭环供应链确立了一种全新的管理理念，在供应链管理中融入了可持续发展的战略思想，从单一的追求经济利益转向经济、生态和社会效益三方面统筹兼顾；从管理范围上看，闭环供应链在正向供应链的基础上新增加一系列逆向供应链作业环节和相关网络，形成一个完整的闭环网络；从系统结构上看，闭环供应链改变了正向供应链物质单向流动方式，使所有的物料都在闭合系统中循环流动，减少了供应链活动对外界环境的不利影响。

闭环供应链的出现取代了传统物料的单向运作模式，实际上是正向供应链与其逆向反馈过程的整合，使之形成一个完整的系统，实现了逆向供应链与正向供应链无缝连接，使物料循环流动，物质资源得到充分、合理的利用，降低了产品和服务成本，是一种符合可持续发展要求的供应链。

闭环供应链的突出特征主要体现在以下四方面。

（1）闭环供应链系统高度复杂。闭环供应链系统与正向供应链系统无论在广度上，还是深度上，均具有较大的差异。从广度的视角看，闭环供应链系统不仅包含了正向供应链系统，还包含了逆向的回收再制造系统；从深度的视角看，闭环供应链系统不仅涉及企业的生产运作层面，还涉及从战略层到策略层、再到运作层的一系列方面，因而系统具有高度的复杂性。

扩展阅读 8-1　闭环供应链的部分定义

（2）闭环供应链管理目标的复杂多样性。与正向供应链相比，闭环供应链的管理不仅包括了企业经济效益目标，而且还包括了环境和可持续发展目标，即综合考虑了经济因素和社会环境因素，因此，闭环供应链管理具有双重目标。

（3）闭环供应链系统的高度不确定性。由于闭环供应链系统是由正向物流和逆向物流集成的封闭系统，其运作过程中存在许多不确定性因素。特别是在逆向物流层上，回收废旧产品在时间、流向、数量和质量上均具有较高的不确定性。此外，由于单位废旧产品的可再制造（利用）程度不尽相同，故废旧产品的处理时间、再制造利用率等也是高度不确定的，这些不确定性凸显了闭环供应链管理的高度复杂性。

（4）闭环供应链系统供需的非均衡性。在闭环供应链系统中，由于产品回收流和市场需求流之间存在时间滞后效应，当前市场销售的产品需经历一定的时间后才能被回收再制造，这就导致废旧产品供应和需求上的不匹配。因此，闭环供应链系统中的制造商在进行产品回收再制造时应考虑产品自身的生命周期以及市场生命周期。

闭环供应链的特征决定了其不同于正向供应链，深刻理解这些特征是高效管理闭环供应链的基本前提。闭环供应链的成员相对于正向供应链有了新的变化，包括供应商、制造商、销售商、用户、回收商和再制造商等。由于结构复杂，故闭环供应链没有形成一个统一的运作模式。从闭环供应链的管理实践来看，制造商、零售商、第三方回收商和在线回收商均可负责对废旧产品进行回收。下面将分别针对几种典型的回收模式进行具体说明。

8.1　零售商回收

零售商回收是指制造商委托零售商进行废旧产品的回收。在零售商回收情境下，零售商以一定的转移价格将回收得到的废旧产品返回至制造商（回收处理中心），进而由制造商（回收处理中心）针对这些废旧产品进行处理、再制造。具体而言，零售商往往可以在得到制造商授权的基础上进行废旧产品的回收、拆卸、修理、配送和再利用等业务。

零售商回收具有以下优势。

（1）逆向物流问题得以解决。由于零售商一般不仅销售单一制造商的同质产品，而是面对同一产品类，为分布在不同区域的许多制造商负责，因此，零售商可以在不同区域合理配置相关拆卸设施，极大程度地缩短废旧产品的逆向物流，且收集废旧产品系统的开发也将变得更简单。

（2）制造商可以专注核心生产业务。零售商负责回收废旧产品将促进制造商专注核心生产业务。

零售商回收存在以下一些不足之处。

（1）双向反馈信息难以获取，且再制造成本难以降低。一般来说，零售商的废旧产品回收处理技术较差，难以保证制造商回收处理中心对回收产品品质的要求，会给制造商增加再制造的难度，也不利于制造商从消费者那里直接获取相关产品的双向反馈信息，难以降低制造商再制造的成本。

（2）逆向选择和道德风险的产生。零售商回收情境下制造商与零售商之间的信息不对称，这将进一步导致逆向选择和道德风险问题。

目前，一些知名的制造商已经委托其零售商针对废旧产品进行回收，并针对这些废旧产品进行了相应的再制造。例如，柯达（Kodak）委托其零售商进行废旧相机回收，并按照双方事前约定的契约给予零售商一定的补偿金来获取这些废旧产品，进而经过拆解、打磨、清洗和其他各种处理过程把废旧产品中超过75%的可用零件用于再次生产新产品。

下面将针对零售商回收情境下几种典型闭环供应链给出具体说明，所涉及的闭环供应链如图8-1—图8-3所示。

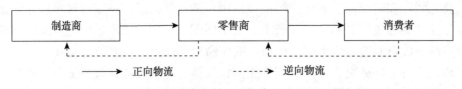

图8-1 单一制造商和单一零售商组成的闭环供应链

由图8-1可以看到，制造商通过零售商将新产品销售给消费者；待产品生命周期结束时，零售商负责回收消费者手中的废旧产品，并按照一定的转移价格将其返回至制造商；制造商得到这些废旧产品后将之用于再制造，并将再制造产品投放到消费市场。

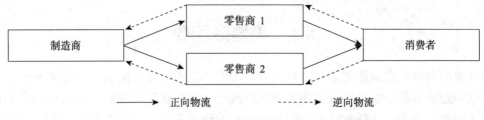

图8-2 单一制造商和两个零售商组成的闭环供应链

由图8-2可以看到，制造商通过两个零售商将新产品销售给消费者；待产品生命周期结束时，两个零售商负责回收消费者手中的废旧产品，并按照一定的转移价格将其返回至制造商；制造商得到这些废旧产品后将之用于再制造，并将再制造产品投放到消费市场。

由图 8-3 可以看到，两个制造商分别通过各自的零售商将新产品销售给消费者；待产品生命周期结束时，两个零售商负责回收消费者手中的废旧产品，并按照一定的转移价格将其返回至各自的制造商；两个制造商得到这些废旧产品后将之用于再制造，并将再制造产品投放到消费市场。

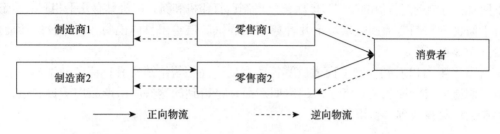

图 8-3　两个制造商和两个零售商组成的闭环供应链

8.2　制造商回收

制造商回收是指制造商自己建立废旧产品的回收渠道，或者与其他企业联合负责对废旧产品的回收，共同建立废旧产品回收处理中心。在制造商回收情境下，制造商扮演回收商和处理商的双重身份，且其往往在消费者比较密集的地区建立自己的回收中心，这样可以降低大量运输成本，也能提高自身的服务质量。

制造商回收具有以下优势。

（1）环保成本及相关信息反馈机制的形成。制造商为废旧产品的收集、拆卸、再制造等支付成本将促使制造商在产品设计时就考虑回收、再制造等一系列问题，并在产品的设计上做出相应的优化。

（2）废旧产品的拆卸集中化、专业化、效率高。由于制造商管理拆卸设施，只处理相对较小的产品有利于提高效率，而且拆卸经验的集中化也易于将产品问题反馈给产品设计者。同时，信息是双向流动的，产品的设计数据也可以用来指导拆卸过程。

（3）物料闭环回收和再利用机会的增加。如果可再利用零部件容易获得的话，会激发制造商对此类零部件的开发计划，制造商的拆卸设施也将由此获利。

从表面上看，制造商回收是对废旧产品的有效管理模式，该模式在经济、信息反馈、运行效率以及闭环再利用等方面都很有优势，但仍存在以下缺陷。

（1）信息反馈延缓。虽然制造商回收提供了直接的信息反馈机制，但只有等到产品使用寿命结束时才能获得产品设计的改善信息，才能知道精确的环保成本，而有的产品生命周期可能很长，这会延缓产品信息的反馈。

（2）管理成本过高。由于拆卸设施只能处理有限的产品品类，可能会出现因供应太少而不足以再制造，导致拆卸设施效率虽高但利用率不足，管理成本高。

（3）物流成本过高，且管理过程复杂。因为制造商管理拆卸设施，尤其规模较小的制造商只能在有限的区域内设置拆卸中心，那么废旧产品就要通过长途运输才能被回收拆卸，物流成本在回收成本中的比重就会提高；此外，废旧产品的回收需要从消费者手中将废旧产品收集起来并集中到拆卸中心，这必然会导致管理过程复杂化。

目前，IBM、戴尔、惠普、佳能、NEC、施乐、松下、东芝等电子产品企业已经构建了自己的废旧产品回收渠道，并将这些废旧产品用于再制造。例如，施乐提供邮资预付的邮箱以便顾客可以归还他们使用过的打印件，而不会额外收取其他费用；同时，该公司还从事回收和再制造高价值的废旧打印机，且再制造打印机和新打印机具有几乎相同的质量。

下面将针对制造商回收情境下几种典型闭环供应链给出具体说明，所涉及的闭环供应链如图8-4—图8-9所示。

由图8-4可以看到，制造商通过零售商将新产品销售给消费者；待产品生命周期结束时，制造商自行回收消费者手中的废旧产品，将得到的这些废旧产品用于再制造，并将再制造产品投放到消费市场。

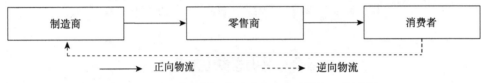

图8-4　单一制造商和单一零售商组成的闭环供应链

由图8-5可以看到，制造商通过零售商将新产品销售给消费者；待产品生命周期结束时，制造商和零售商联合（制造商–零售商联盟企业）回收消费者手中的废旧产品，将得到的这些废旧产品用于再制造，并将再制造产品投放到消费市场。

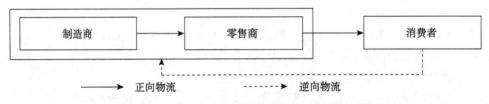

图8-5　单一制造商和单一零售商联盟情境下的闭环供应链

由图8-6可以看到，制造商通过两个零售商将新产品销售给消费者；待产品生命周期结束时，制造商自行回收消费者手中的废旧产品，将得到的这些废旧产品用于再制造，并将再制造产品投放到消费市场。

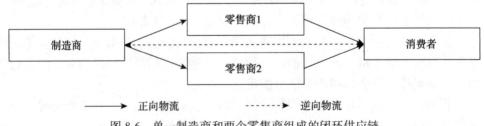

图8-6　单一制造商和两个零售商组成的闭环供应链

由图 8-7 可以看到，两个制造商通过零售商将新产品销售给消费者；待产品生命周期结束时，两个制造商自行回收消费者手中的废旧产品，将得到的这些废旧产品用于再制造，并将再制造产品投放到消费市场。

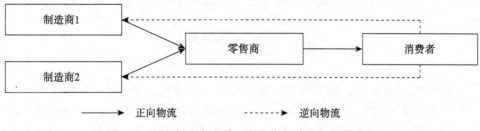

图 8-7　两个制造商和单一零售商组成的闭环供应链

由图 8-8 可以看到，两个制造商分别通过各自的零售商将新产品销售给消费者；待产品生命周期结束时，两个制造商自行回收消费者手中的废旧产品，将得到的这些废旧产品用于再制造，并将再制造产品投放到消费市场。

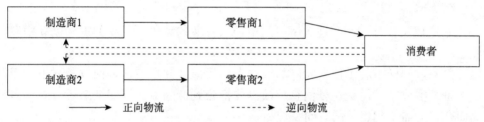

图 8-8　两个制造商和两个零售商组成的闭环供应链

由图 8-9（a）可以看到，制造商将新产品直销给消费者；待产品生命周期结束时，制造商与第三方回收商联合（制造商–第三方回收商联盟企业）回收消费者手中的废旧产

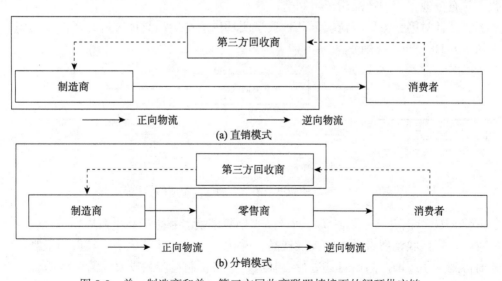

图 8-9　单一制造商和单一第三方回收商联盟情境下的闭环供应链

品,将得到的这些废旧产品用于再制造,并将再制造产品投放到消费市场。

由图 8-9(b)可以看到,制造商通过零售商将新产品销售给消费者;待产品生命周期结束时,制造商与第三方回收商联合(制造商–第三方回收商联盟企业)回收消费者手中的废旧产品,将得到的这些废旧产品用于再制造,并将再制造产品投放到消费市场。

8.3 第三方回收

第三方回收是指制造商委托独立的第三方回收商(专业化企业)回收废旧产品。在第三方回收情境下,第三方回收商以一定的转移价格将废旧产品返回至制造商(回收处理中心),由制造商对这些废旧产品进行处理、再制造;具体而言,第三方回收商往往可以在制造商授权的基础上进行废旧产品的回收、拆卸、修理、配送和再利用等业务。

第三方回收是现代专业化分工的产物,其具有以下优势。

(1)为制造商消除了与废旧产品管理不确定性相关的财务风险。

(2)制造商可集中精力专注于最擅长的核心业务,从而将回收拆卸的工作留给专业企业。

(3)制造商从提升运作管理效率以及由回收行业的竞争所驱动的拆卸创新中获得相应的收益。

第三方回收同样不利于信息向产品设计者的反馈,并且在这种回收模式下,反馈的经济成本是真实成本。但是这种信息反馈需要拖延到产品生命周期结束后,对许多复杂的产品而言可能需要相当长的时间。

目前,在汽车行业,一些原始制造商已经委托独立的第三方回收商进行废旧产品的回收,并针对得到的废旧产品进行再制造。例如,通用(GE)、福特(Ford)和克莱斯勒(Walter Chrysler)等汽车制造汽车均已委托相应的第三方回收商针对其废旧产品进行回收,并充分地将废旧产品用于再制造。

下面将针对第三方回收情境下几种典型闭环供应链给出具体说明,所涉及的闭环供应链如图 8-10—图 8-12 所示。

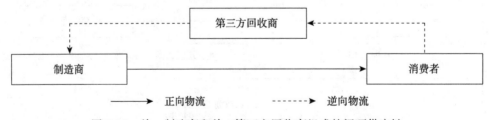

图 8-10 单一制造商和单一第三方回收商组成的闭环供应链

由图 8-10 可以看到,制造商将新产品直销给消费者;待产品生命周期结束时,第三方回收商负责回收消费者手中的废旧产品,并按照一定的转移价格将其返回至制造商;制造商得到这些废旧产品后对其进行再制造,并将再制造产品投放到消费市场。

由图 8-11 可以看到,制造商通过零售商将新产品销售给消费者;待产品生命周期结束时,第三方回收商负责回收废旧产品,并按照一定的转移价格将其返回至制造商;制造商得到这些废旧产品后对其进行再制造,并将再制造产品投放到消费市场。

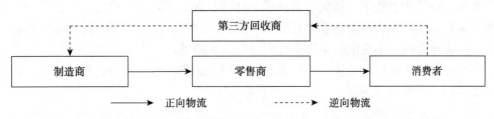

图 8-11 单一制造商、单一零售商和单一第三方回收商组成的闭环供应链

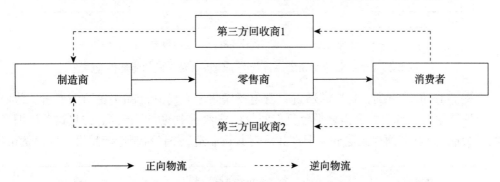

图 8-12 单一制造商、单一零售商和两个第三方回收商组成的闭环供应链

由图 8-12 可以看到,制造商通过零售商将新产品销售给消费者;待产品生命周期结束时,两个第三方回收商负责回收废旧产品,并按照一定的转移价格将其返回至制造商;制造商得到这些废旧产品后对其进行再制造,并将再制造产品投放到消费市场。

8.4 在线回收

在线回收是指制造商通过自营电子销售平台或委托其他电子平台(包括电子零售商平台和电子第三方回收商平台)进行废旧产品的回收。在此情境下,自营电子销售平台将回收得到的废旧产品返回至制造商(回收处理中心),而非自营电子平台则以一定的转移价格将回收得到的废旧产品返回至制造商,制造商将针对这些废旧产品进行处理、再制造;具体而言,非自营电子平台往往可以在制造商授权的基础上实施废旧产品的回收、拆卸、修理、配送和再利用等业务。

在线回收是以电子商务和现代信息技术为基础发展而来的创新型回收模式,其交易环节少、响应时间短、运转效率高、运行成本低,扩展了消费者群体,为企业赢得了产品竞争力。但是,在线的产品回收渠道与销售模式,往往会增加闭环供应链系统的复杂性,加剧供应链成员间的利益冲突,可能会导致闭环供应链系统绩效下降。

目前,在线回收得到了苏宁易购、京东等电商平台以及爱博绿、嗨回收等互联网平台的重视并被付诸实践。例如,爱博绿推出了线上线下融合模式,打通了线上信息与线下回收全产业链环节,允许消费者通过 App、小程序、公众号等平台登记回收意愿,爱博绿可以将线下具有返还废旧产品意愿的人群转化为精准回收信息源，再由回收人员快速接单上门回收，从而聚合线上回收信息源、派遣线下队伍回收、分拣货物、将废料循环再生等，形成线上线下一体化运营的服务体系；2020 年，"回收宝"平台与华为公司开展了深度合作，回收消费者手中的废旧手机；2021年，苏宁联手"速回收"平台开展手机、台式计算机（平板电脑）等电子产品的回收服务。

下面将针对在线回收情境下几种典型闭环供应链给出具体说明，所涉及的闭环供应链如图 8-13—图 8-16 所示。

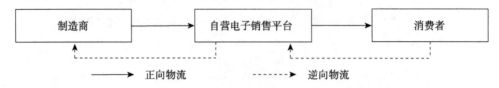

图 8-13　单一制造商和单一自营电子销售平台组成的闭环供应链

由图 8-13 可以看到，制造商通过自营电子销售平台将新产品销售给消费者；待产品生命周期结束时，自营电子销售平台负责回收消费者手中的废旧产品，并将这些废旧产品返回至制造商；制造商得到这些废旧产品后对其再制造，并将再制造产品投放到消费市场。

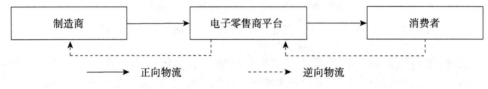

图 8-14　单一制造商和单一电子零售商平台组成的闭环供应链

由图 8-14 可以看到，制造商通过电子零售商平台将新产品销售给消费者；待产品生命周期结束时，电子零售商平台负责回收消费者手中的废旧产品，并按照一定的转移价格将其返回至制造商；制造商得到这些废旧产品后对其再制造，并将再制造产品投放到消费市场。

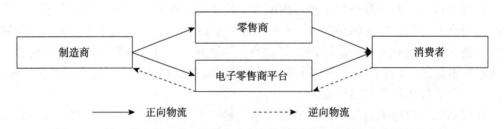

图 8-15　单一制造商、单一零售商和单一电子零售商平台组成的闭环供应链

由图 8-15 可以看到，制造商通过零售商和电子零售商平台将新产品销售给消费者；待产品生命周期结束时，电子零售商平台负责回收消费者手中的废旧产品，并按照一定的转移价格将其返回至制造商；制造商得到这些废旧产品后对其再制造，并将再制造产品投放到消费市场。

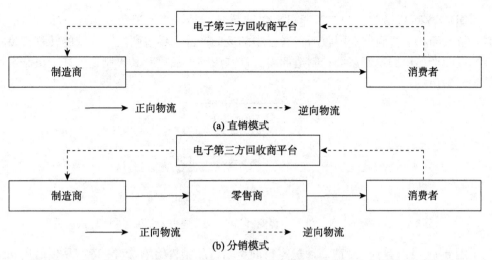

图 8-16 单一制造商、单一零售商和单一电子第三方回收商平台组成的闭环供应链

由图 8-16（a）可以看到，制造商将新产品直销给消费者；待产品生命周期结束时，电子第三方回收商平台负责回收消费者手中的废旧产品，并按照一定的转移价格将其返回至制造商；制造商得到这些废旧产品后对其再制造，并将再制造产品投放到消费市场。

由图 8-16（b）可以看到，制造商通过零售商将新产品销售给消费者；待产品生命周期结束时，电子第三方回收商平台负责回收消费者手中的废旧产品，并按照一定的转移价格将其返回至制造商；制造商得到这些废旧产品后对其再制造，并将再制造产品投放到消费市场。

8.5 混合回收

混合回收是指制造商通过多种回收渠道回收废旧产品。混合回收能够在一定程度上弥补一些单一回收模式的不足之处。但是，由于产品回收渠道与销售模式较为丰富，混合回收往往增加了闭环供应链系统的复杂性，也加剧了供应链成员间的利益冲突，从而导致闭环供应链系统绩效下降。

目前，许多知名制造商开始尝试通过多个回收渠道回收废旧产品。例如，海尔和长虹不仅收集和处理废旧产品，同时也会委托一些大型零售商（例如，苏宁电器和国美电器）回收废旧产品；瑞赛尔（ReCellular）通过零售商和独立的第三方回收商回收消费者手中的废旧产品。

下面将针对混合回收情境下几种典型闭环供应链给出具体说明，所涉及的闭环供应链如图 8-17—图 8-21 所示。

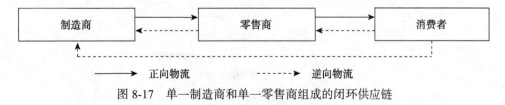

图 8-17 单一制造商和单一零售商组成的闭环供应链

由图 8-17 可以看到，制造商通过零售商将新产品销售给消费者；待产品生命周期结束时，制造商和零售商负责回收消费者手中的废旧产品，零售商按照一定的转移价格将其回收的废旧产品返回至制造商；制造商得到这些废旧产品后对其再制造，并将再制造产品投放到消费市场。

图 8-18　单一制造商、单一零售商和单一第三方回收商组成的闭环供应链

由图 8-18 可以看到，制造商通过零售商将新产品销售给消费者；待产品生命周期结束时，零售商和第三方回收商负责回收消费者手中的废旧产品，并按照一定的转移价格将其返回至制造商；制造商得到这些废旧产品后对其再制造，并将再制造产品投放到消费市场。

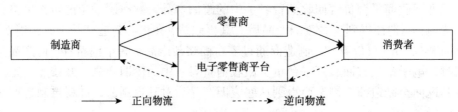

图 8-19　单一制造商、单一零售商和单一电子零售商平台组成的闭环供应链

由图 8-19 可以看到，制造商通过零售商和电子零售商平台将新产品销售给消费者；待产品生命周期结束时，零售商和电子零售商平台负责回收消费者手中的废旧产品，并按照一定的转移价格将其返回至制造商；制造商得到这些废旧产品后对其再制造，并将再制造产品投放到消费市场。

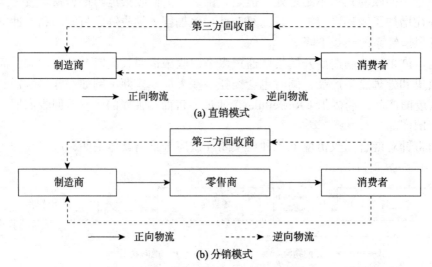

图 8-20　单一制造商、单一零售商和单一第三方回收商组成的闭环供应链

由图 8-20（a）可以看到，制造商将新产品直销给消费者；待产品生命周期结束时，制造商和第三方回收商负责回收消费者手中的废旧产品，第三方回收商按照一定的转移价格将其回收的废旧产品返回至制造商；制造商得到这些废旧产品后对其再制造，并将再制造产品投放到消费市场。

由图 8-20（b）可以看到，制造商通过零售商将新产品销售给消费者；待产品生命周期结束时，制造商和第三方回收商负责回收消费者手中的废旧产品，第三方回收商按照一定的转移价格将其回收的废旧产品返回至制造商；制造商得到这些废旧产品后对其再制造，并将再制造产品投放到消费市场。

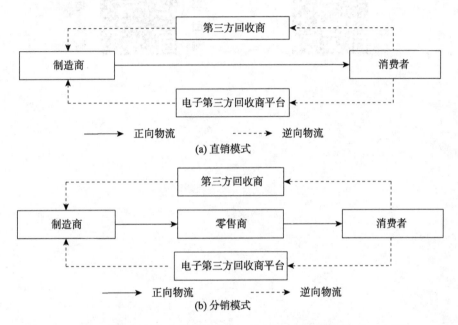

图 8-21　单一制造商、单一零售商、单一第三方回收商和单一电子第三方回收商平台组成的闭环供应链

由图 8-21（a）可以看到，制造商将新产品直销给消费者；待产品生命周期结束时，第三方回收商和电子第三方回收商平台负责回收消费者手中的废旧产品，并按照一定的转移价格将其返回至制造商；制造商得到这些废旧产品后对其再制造，并将再制造产品投放到消费市场。

由图 8-21（b）可以看到，制造商通过零售商将新产品销售给消费者；待产品生命周期结束时，第三方回收商和电子第三方回收商平台负责回收消费者手中的废旧产品，并按照一定的转移价格将其返回至制造商；制造商得到这些废旧产品后对其再制造，并将再制造产品投放到消费市场。

思考题

1. 零售商回收的不足之处有哪些？

2. 制造商回收的优势有哪些？
3. 第三方回收的优势有哪些？
4. 分析不同在线回收模式的差异。

案例讨论：爱回收：收废品，我们是认真的

即测即练

自学自测  扫描此码

第 9 章

闭环供应链的协调管理

闭环供应链管理是指以可持续发展理论和供应链管理的基本原理为指导、以建立闭环供应链为目的对整个闭环供应链内各行为主体间的物流、信息流和资金流进行计划和控制，提高资源的配置和使用效率，提高环境友善性的全新企业管理模式。从闭环供应链管理的定义可以看到，由于闭环供应链在实体数量、产品不确定性、时间和空间的深度和广度等方面均比正向供应链复杂，故实现闭环供应链的效益将高度依赖各行为主体间的紧密协调，且闭环供应链管理在一定程度上等同于闭环供应链的协调管理。

9.1 闭环供应链的协调问题

9.1.1 闭环供应链协调的定义及其特点

目前，闭环供应链的协调在学术界未建立统一、准确的定义，部分学者认为其与正向供应链的协调的定义并无太大区别，且闭环供应链协调的两个目标是提高协调后各参与方与闭环供应链的整体绩效。闭环供应链的协调不是一个静态的过程，而是在保证各参与方利益的前提下不断对相关参数进行调整，以保证整个闭环供应链相对稳定的过程。首先，闭环供应链协调的前提是各参与方以合作竞争的理念取代原有的零和博弈思想，积极为供应链上下游企业的业务运作提供便利条件。其次，从闭环供应链协调的对象来看，闭环供应链包含的内容非常广泛，除了物流、资金流、业务流外，信息流也是非常重要的组成部分，甚至可以说是整个闭环供应链协调的基础。知识流是广义信息流的一部分，它是现有信息流基础上的提炼和总结，对闭环供应链协调具有重要影响。再次，从闭环供应链的协调手段和过程来看，主要采用市场化的契约和信息协调，而不是用行政手段，且这种契约和信息都具有明显的不完备性。最后，闭环供应链协调的目标是多元的，不是以经济指标为唯一目标，如废旧产品的回收数量、回收利用率等指标衡量的循环经济指标也是闭环供应链社会和环境效益的突出表现，这些指标都是闭环供应链协调的重要目标。综上所述，可将闭环供应链的协调理解为在闭环供应链运作过程中针对各成员（包括供应商、制造商、分销售、零售商、回收商等）的一系列目标和经营运作活动进行的、集成化的管理和协同决策，目的是改善各成员和闭环供应链整体的绩效。

与正向供应链相比,闭环供应链具有高度的复杂性和不确定性,这使其协调工作体现出如下特点。

(1)闭环供应链的协调定价具有难度。价格是协调正向供应链的主要手段,而在闭环供应链中,确定协调的价格往往具有更大的难度。确定协调的价格困难主要体现在三方面:首先,由于管理成本和业务流程的时间约束以及回收产品种类繁多且性能差别各异,企业往往难以进行准确的产品定价,这也是当前产品回收往往被视为营销工具而非正常业务运作的重要原因;其次,由于回收商间的竞争会对回收价格产生影响,从而使核心企业对协调价格的控制存在一定的困难;最后,回收商与再制造商的努力程度直接影响回收产品的数量和利用水平,如何以价格的方式反映回收商与再制造商的努力水平将是在确定协调价格时面临的难题。

(2)闭环供应链协调目标包含社会和环境效益目标。与仅关注供应链整体利润的正向供应链相比,废旧产品的回收利用率也是闭环供应链所关注的重要指标,是闭环供应链对社会和环境影响的重要衡量指标,这表明闭环供应链目标还包含社会和环境效益目标。

(3)闭环供应链的协调对回收商的高度依赖性。回收数量对闭环供应链的整体运作是至关重要的。由于回收产品数量和质量上的不确定性直接影响其处理和再制造,因此提高回收产品的数量可以在一定程度上缓解回收产品的不确定性对后续闭环供应链流程所带来的负面影响。不同于正向供应链中下游企业主动向上游企业采购产品,逆向供应链中产品的回收数量与回收商的努力程度是紧密联系的,如何使回收商更努力回收产品是闭环供应链协调研究中的一个重要内容。

(4)闭环供应链的协调对信息共享的程度要求较高。闭环供应链不确定性的来源分布较为广泛,既包括内部各行为主体间的不协调,也包括大量产品与用户本身的原因。对后一种情形的不确定性,仅依靠闭环供应链内部企业的协作是难以有效解决的,必须依赖更广范围的信息共享。这种信息共享所需的信息采集、传输、储存、加工和提取在时间与空间的广度及利用的深度上都是正向供应链所不能比拟的。

9.1.2 闭环供应链协调问题的表现及产生原因

闭环供应链协调问题的表现及产生原因可概括为以下四方面。

(1)分散式决策。分散式决策是指供应商、制造商、分销商、零售商、回收商等闭环供应链成员通常仅从自身利益出发单独决策,而不考虑其他成员的利益和供应链整体绩效,整个供应链没有形成集成化的决策机制。在闭环供应链中,产品的生产与销售阶段的分离、废旧产品的回收和再制造阶段的分离等均是分散式决策的体现。分散式决策导致双重边际化效应,即供应链成员只考虑各自利益,导致供应链整体绩效下降。

(2)信息不对称。信息不对称是指在闭环供应链中,某些成员拥有一些私有信息,且这些信息难以与其他成员共享。信息不对称将引起委托代理问题,进而导致供应链无法协调。按照不对称信息发生的时间可将委托代理问题分为逆向选择和道德风险两类问题,这两类问题往往是并存的。逆向选择是指由于事前的信息不对称,代理人将依据与委托人签订的合同及自身的私人信息按自身利益最大化原则行动。例如,零售商出于自身利益可能会谎报废旧产品的回收成本,使制造商提高废旧产品的回收转移价,这种做法损害了制造商利益,并且导致闭环供应链效率低下。道德风险是指由于事后的信息不对称,委托人无法观察到代理人行为,而代理人可能做出有损于委托人利益的行动。例如,零售商在废旧产品的回收过程中的努力水平很难被制造商准确评价,而这种努力就是隐蔽行为,它往往是不可验证的。

(3)有限理性与机会主义。有限理性和机会主义是交易费用经济学中关于人性的两个基本假定。有限理性是指交易中的参与者(行动者)试图合乎理性地行动,但本质上他们在某种程度上受不完善直觉和理解能力限制,这些限制因素降低了参与者对决策信息价值与准确性的判断,增加了交易费用,是信息扭曲、运作效率低下等问题产生的主要原因。机会主义是指交易双方均可以利用信息的不对称性和交易方的有限理性而采用欺诈手段追求自身利益。例如,零售商在自身不努力的情况下,利用制造商的声誉、能力甚至采取欺骗等手段达到提高自身利益的目的。机会主义的存在使闭环供应链各成员相互防范、缺乏信任与合作,只追求各自利益最大化,是利益冲突和隐藏行为等闭环供应链协调问题产生的主要原因。

(4)不确定性。闭环供应链的不确定性可以分为衔接不确定性和运作不确定性。衔接不确定性是指在闭环供应链中,供应商与制造商、制造商与零售商(回收商)等企业之间合作上的不确定性。运作不确定性是指企业内部生产过程缺乏有效管理与控制机制而造成的不确定性。由于衔接不确定性涉及多个利益主体,如果不采取有效的协调措施,将严重影响闭环供应链的运作效率和绩效水平;而运作不确定性主要源于产品市场需求的不确定性、制造商生产和再制造的不确定性以及原材料和废旧产品供应的不确定性,企业可以通过相关措施加以控制。

这里需要强调的是,分散式决策、信息不对称和不确定性属于客观因素,即由闭环供应链自身结构特点和外部环境影响而形成的因素。有限理性与机会主义则属于主观因素。这些主客观因素相互作用可能会导致闭环供应链无法协调。

9.1.3 闭环供应链协调类型

从协调对象、范围和功能的视角出发,闭环供应链协调类型可进行如下划分。

(1)从协调对象的视角出发,闭环供应链协调可以分为物流协调、信息流协调和资金流协调。物流协调指设计闭环供应链网络和回收渠道,及时将货物运输到目的地,以及协调库存、生产计划等与物流相关的协调过程。信息流协调指闭环供应链成员间应用信息技术实现信息共享,减少信息不对称或不确定性,加速供应链响应速度等与信息相关的协调过程。资金流协调指闭环供应链成员间通过定价、利益分配等与资金相关的手段减少双重边际化效应,实现闭环供应链整体利益最大化。

(2)从协调范围的视角出发,闭环供应链协调可以分为企业间协调和企业内协调。企业间协调是指供应商、制造商、分销商、零售商、回收商等企业之间的相互协调。这种协调能减少库存、降低成本、提高供应链的管理水平和运作效率,从而提高闭环供应链整体绩效。企业间协调又可分为垂直协调和水平协调两种。垂直协调是指贯穿于整个产品生命过程的相关上下游企业之间的协调，包括从原材料的采购到产品生产、销售、废旧产品的回收直至再制造的相关节点企业之间的协调；水平协调是指闭环供应链中处于同一地位的各企业之间的协调，例如，在各分销商之间的协调，当制造商的库存不能满足分销商的需求时，不同分销商之间可以协调库存。企业内协调是指供应商、制造商、分销商、零售商、回收商等企业自身内部各部门之间的协调。例如，产品开发、原材料采购、生产、销售等部门之间的协调。企业内协调又可以分为功能间协调和功能内协调。功能间协调指企业内不同功能部门之间的协调，例如，再制造部门与销售部门、制造部门的协调；功能内协调指企业的一个功能部门内各项活动和过程的协调，例如，在再制造部门内，废旧产品拆卸、再加工、质量检验等功能之间的协调。

（3）从协调功能的视角出发，闭环供应链协调可以分为买—卖、生产—分销、库存—分销、回收—库存、回收—再制造、再制造—分销等功能之间的协调。例如，在回收和再制造功能的协调中，废旧产品的回收时间、数量、质量等具有很大的不确定性，这对再制造产品的出场时间、数量、质量等有很大的影响，二者之间的协调将有助于科学预测和控制再制造产品的数量和质量。

9.2 提高闭环供应链协调性的方法

（1）基于协调契约的激励机制。契约可被理解为合同（合约），其是两人以上相互之间在法律上具有约束力的协议。协调契约是指通过合适的信息共享和激励措施协调供应链成员利益、优化销售渠道利益的相关条款。目前，常见的协调契约包括收益共享契约、回购契约、合作促销（绿色）努力契约以及补贴激励机制。由于协调契约将以合同的形式确定闭环供应链成员间的权利、责任和任务，从制度上约束合作方，实施容易、具有较强的"硬性"约束力，有助于明确问题，使成员共同分担诸如市场需求、价格、生产过程等不确定性因素产生的风险，克服成员间的双重边际化效应，因此，基于协调契约的激励机制已成为企业界和学术界关注的热点。但是，该激励机制也有一定的缺陷。例如，与产出变量高度相关的隐藏行动经常很难被分离出来，这就使激励机制的设计变得相对复杂。

（2）基于组织整合的激励机制。随着市场竞争环境的改变，企业也必须不断转变战略视角、改变组织形式。根据闭环供应链协调管理的特点，战略联盟是一种很有前途的企业组织形式。从交易费用经济学的角度来看，当闭环供应链节点企业（包括供应商、制造商、分销商、零售商、回收商）结成战略联盟后，各企业专注于核心业务，既相互独立又相互依存，彼此间开展战略协同合作不仅能够降低外生交易费用，还能够有效降低内生交易费用，从而提高各节点企业与整个供应链的抗风险能力。此外，资产的专用性也使链上企业退出合作联盟要付出较高成本，相应地限制了机会主义行为的发生。

正向供应链企业合作关系与闭环供应链企业战略联盟合作关系比较如表9-1所示。

表 9-1　正向供应链企业合作关系与闭环供应链企业战略联盟合作关系比较

类　　别	正向供应链企业合作关系	闭环供应链企业战略联盟合作关系
战略目标	单一且追求利润最大化	多元且追求节能与环保
协调范围	供应商、制造商、分销商、零售商	增加了消费者和回收商
稳定性	更换合作伙伴比较频繁	长期、稳定、紧密
产品研发	较少考虑产品的节能与环保	考虑产品生命周期的节能与环保
产品回收	基本不作要求	废旧产品回收率高

（3）基于信息共享的激励机制。能否高效响应市场需求是判断供应链运作是否有效率的重要指标之一，而信息的顺畅流动无疑对供应链组织起到了重要的作用。当代社会快速发展的信息技术和计算机技术促进并推动了供应链管理思想的产生与发展。在一定程度上可以说，没有信息技术支撑就不会有供应链协调管理的概念。立足于宏观的信息层面，信息技术在闭环供应链的协调管理中的作用主要体现在以下几方面。

第一，闭环供应链节点企业的协同活动以信息技术作为支持。先进的信息技术集成闭环供应链的信息，通过因特网平台使节点企业间信息充分共享，及时高效的信息传递减少了信息的不对称性，为闭环供应链节点企业的协同活动提供了必要的支持。供应链协同中的生产同步化以先进的信息技术为前提。在地理上分散的节点企业实现了网络虚拟化，供应链中的配送计划、库存管理、自动补充库存等都离不开信息技术的支持。

第二，信息协调贯穿供应链协调管理流程。在过去的业务处理环境中，信息受当时技术设备的限制，在数据采集、处理、存贮、管理、检索和传输等环节都相当缓慢，更谈不上建立共享的数据仓库，信息传递的"牛鞭效应"会经常导致预测失误，进而影响经济性。随着信息技术的进步，以开放分布式系统为基础的共享数据仓库和信息结构的应用使整个供应链的数据对节点企业透明，使信息得以共享。从信息流的角度看，各成员企业通过信息协调和共享可以大大降低供应链的运营成本、提升供应链的价值；同时，通过及时把握顾客需求的变化和发展动向，企业可以开发能够满足顾客需求的产品，提高顾客满意度。

第三，大部分供应链协调管理都应用了信息技术。如果不以先进的计算机技术和通信技术为基础，供应链协调管理是无法实现的。供应链协调管理中的主要信息技术的内容及特点如表 9-2 所示。

表 9-2　供应链协调管理中的主要信息技术内容及特点

类　　别	内　　容	特　　点
条码技术	通过一组规则排列的条、空及对应的字符组成的数据表达信息的自动识别技术	输入速度快、可靠准确、灵活经济
EDI 技术（电子数据交换）	在标准化的基础上，企业间通过计算机联网进行数据传输和交换的方法；数据标准化、EDI 软件及硬件、通信网络是构成 EDI 系统的三要素	提高内部和外部生产率、改善渠道关系、降低作业成本
EOS（电子自动订货系统）	企业间利用通信网络（VAN 或互联网）和终端设备以在线连接方式进行订货作业和订货信息交换的系统	实时高效

续表

类　别	内　　容	特　　点
GPS（全球定位系统）	利用通信卫星、地面控制和信号接收机对对象进行动态定位的系统	不受天气影响、定位精度高、功能多、应用广
GIS（地理信息系统）	处理地理数据的输入、输出、管理、查询、分析和辅助决策的计算机系统	应用领域广泛、应用环境网络化、集成化
人工智能	运用计算机以各种方式模仿人类行为的技术和软件	应用领域广泛、增强企业智能

（4）基于业务活动优化的激励机制。业务层面的闭环供应链协调管理是在供应链企业间建立亲密伙伴关系，并在共享需求、库存、销售等信息的基础上针对业务流程从产品设计、原料采购、生产制造、营销以及废旧产品回收的过程中使节点企业（即供应商、制造商、分销商、零售商、回收商）为了共赢的目标求同存异、紧密合作，使业务流程在各节点衔接得更加顺畅，消除有碍协调的活动、降低不确定性，最终实现闭环供应链整体绩效最大化。

9.3　闭环供应链协调运作的激励机制

9.3.1　基于协调契约的激励机制

基于协调契约的激励机制主要包括收益共享契约、回购契约、合作促销（绿色）努力契约和补贴激励机制。

（1）收益共享契约。在收益共享契约中，由单一制造商和单一零售商组成的闭环供应链中各成员的优化问题可分别表示为

$$\prod_M = \max_I \{D(\cdot)[p\phi + (\Delta - I)r(E)]\}$$

$$\prod_R = \max_{p,E} \{D(\cdot)[p(1-\phi) + Ir(E)] - C_R(E)\}$$

其中，$\prod_M$ 和 $\prod_R$ 为制造商和零售商的利润；$D(\cdot)$ 为由产品的零售价格 p（零售商的决策变量）和其他可能存在的决策变量所确定的需求函数；E 为关于废旧产品的回收努力（零售商的决策变量）；$C_R(E)$ 为零售商为回收废旧产品所付出的努力成本；$r(E) \in (0,1)$ 为废旧产品的回收利用率；Δ 为回收残值（新产品的单位生产成本与再制造产品的单位生产成本的差值）；I 为废旧产品的单位回收激励（制造商的决策变量）；$\phi \in (0,1)$ 为收益共享系数，即制造商分享的零售商销售收益比例。

（2）回购契约。在回购契约中，由单一制造商和单一零售商组成的闭环供应链中各成员的优化问题可分别表示为

$$\prod_M = \max_{w,u,I} \{u[w + (\Delta - I)r(E)] - C_M(u) - w[u - D(\cdot)]^+\}$$

$$\prod_R = \max_{p,E} \{D(\cdot)[p + Ir(E)] - wu - C_R(E)\}$$

其中，$\prod_M$ 和 $\prod_R$ 分别为制造商和零售商的利润；$D(\cdot)$ 为由产品的零售价格 p（零售商的决策变量）和其他可能存在的决策变量所确定的需求函数；w 为产品的批发价格（制造

商的决策变量）；E 为关于废旧产品的回收努力（零售商的决策变量）；$C_R(E)$ 为零售商为回收废旧产品所付出的努力成本；$r(E) \in (0,1)$ 为废旧产品的回收利用率；Δ 为回收残值（新产品的单位生产成本与再制造产品的单位生产成本的差值）；u 为产品的生产量（制造商的决策变量）；$[u - D(\cdot)]^+$ 为零售商返回给制造商未能出售的产品数量；$C_M(u)$ 为制造商的生产成本；I 为废旧产品的单位回收激励（制造商的决策变量）。

（3）合作促销（绿色）努力契约。在合作促销（绿色）努力契约中，由单一制造商和单一零售商组成的闭环供应链中各成员的优化问题可分别表示为

$$\prod_M = \max_{w,I,B} \{D(\cdot)[w + (\Delta - I)r] - BC_R(E)\}$$

$$\prod_R = \max_{p,E} \{D(\cdot)[p + Ir(E)] - wu - (1-B)C_R(E)\}$$

其中，$\prod_M$ 和 $\prod_R$ 为制造商和零售商的利润；$D(\cdot)$ 为由产品的零售价格 p（零售商的决策变量）和其他可能存在的决策变量所确定的需求函数；w 为产品的批发价格（制造商的决策变量）；E 为零售商的促销（绿色）努力（零售商的决策变量）；$C_R(E)$ 为零售商的促销（绿色）努力成本；$r \in (0,1)$ 为废旧产品的回收利用率；Δ 为回收残值（新产品的单位生产成本与再制造产品的单位生产成本的差值）；I 为废旧产品的单位回收激励（制造商的决策变量）；$B \in (0,1)$ 为支持率（制造商的决策变量），即制造商所分担的零售商的促销（绿色）努力成本的比例。

（4）补贴激励机制。在补贴激励机制中，由单一制造商和单一零售商组成的闭环供应链中各成员的优化问题可分别表示为

$$\prod_M = \max_w \{D(\cdot)(w + \Delta r) - rS(E)\}$$

$$\prod_R = \max_{p,E} \{D(\cdot)(p - w) - C_R(E) + rS(E)\}$$

其中，$\prod_M$ 和 $\prod_R$ 为制造商和零售商的利润；$D(\cdot)$ 为由产品的零售价格 p（零售商的决策变量）和其他可能存在的决策变量所确定的需求函数；w 为产品的批发价格（制造商的决策变量）；E 为关于废旧产品的回收努力（零售商的决策变量）；$C_R(E)$ 为零售商为回收废旧产品所付出的努力成本；$S(E)$ 为政府给予回收商的定额补贴，或依据废旧产品的回收努力 E 给予回收商的动态补贴；$r \in (0,1)$ 为废旧产品的回收利用率；Δ 为回收残值（新产品的单位生产成本与再制造产品的单位生产成本的差值）。

这里需要进一步说明的是，为方便理解和表述，仅针对上述激励机制下由单一制造商和单一零售商组成的闭环供应链中各成员的优化问题进行了说明。若涉及第三方回收商，则上述闭环供应链成员的利润表示形式将发生改变，这里不再赘述。

通过实践和学术研究可以证实，上文提及的激励机制在一定条件下均可协调闭环供应链。此外，设计其他更加符合现实需求的协调契约是进一步推动闭环供应链协调方法发展的必然要求。

9.3.2 基于组织整合的激励机制

闭环供应链节点企业要想实现战略联盟，首先必须有一个统一的战略目标。闭环供

应链有别于正向供应链的一个很显著的特点就是前者更多地考虑了环境因素，联盟在构建战略目标时，除了经济利益之外，还应把节能性、环境友好性作为重要的协调目标。消费者和回收商是闭环供应链的重要组成部分。消费者不仅是产品市场价值的最终实现者，同时其与制造商、分销商和回收商的合作也能使资源实现有效回收；而回收商对废弃产品的回收和有效的信息反馈则是闭环供应链闭合回路顺利循环的关键。

　　节点企业的利益产生于规模经济，当联盟企业的协调收益大于不协调收益时，将能促进企业构建战略联盟，但当联盟企业数目过多以至于出现规模不经济时，部分企业就会选择退出。因此，各节点企业在决定是否组成战略联盟时要做好成本收益分析。战略联盟根据实际情况可以有多种形式，但不管什么样的组织形式，其目标都是一致的，即从战略角度出发开展长期业务合作，建立稳定的合作伙伴关系，从零和博弈变为多方共赢。战略联盟是动态与静态组织的结合，只有各节点企业在各自的环节上做得最好，整条供应链才是具有竞争力的。但企业在组织战略联盟时必须注意保持和凝聚自己的核心竞争力，防止一味地为了合作成功而将资源从核心能力上转移出去。战略联盟有助于实现闭环供应链上的资源优势互补，建立信任、合作和开放性交流的供应链长期关系。从适应市场竞争环境的角度出发，战略联盟应促进整个闭环供应链向横向化、扁平化、业务流程顺畅化、环境友好的方向发展。

9.3.3　基于信息共享的激励机制

　　为了有效管理闭环供应链和在信息层面实现协调管理，供应链必须构建一个有效的信息共享平台。各节点信息共享的内容包括需求预测、销售点数据、生产计划、战略方向、客户目标等。结合闭环供应链的内涵和特点，构建基于信息共享的激励机制设计框架如图9-1所示。

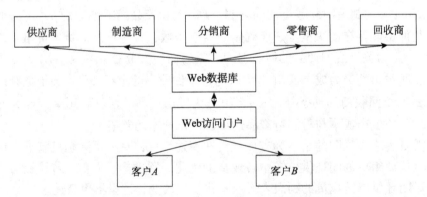

图 9-1　基于信息共享的激励机制设计框架

　　由于闭环供应链追求的是经济效益与社会效益、资源节约以及环境保护相协调的发展目标，考虑到产品的全生命周期，则废弃产品的回收是供应链的重要环节。在产品达到技术寿命或经济寿命之后，由于产品回收的通路不同，报废产品的相关信息将按照不同的处理流程在闭环供应链信息网络结构的不同节点上传递，使产品融入闭合的供应链回路中。这里需要注意的是，回收商与供应商、制造商、分销商、零售商、消费者之间信息的及时高效流动对重新挖掘实现废弃产品的价值至关重要。时效性要求高、生命周期短的产品回收后的价值会随时间的流逝而逐渐流失，一旦积压，其产品中隐含的数据信息和客户信息就会失效。因此，快捷准确地回收，使产品信息高效地在闭环供应链信息网络中传递就非常重要。

9.3.4 基于业务活动优化的激励机制

基于业务活动优化的激励机制主要包括产品设计协同管理、采购协同管理、生产协同管理、营销协同管理、客户服务协同管理和回收协同管理。下面将分别针对上述协调管理内容具体说明。

1. 产品设计协同管理

不同的研究角度对产品的全生命周期有着不同的界定。一般认为产品的生命周期包括原材料采购、生产制造直到流通至消费者。而在闭环供应链中，废弃产品在被回收后，经检测分类进入再利用、再制造或再循环环节，重新获得部分或全部的价值，从这一意义上讲，产品的"生命"并没有被终止。这里可以认为在闭环供应链的结构中，产品的全生命周期是指产品从获取原材料、生产制造、配送至消费者，经回收处理后价值实现的闭环过程。

有关研究表明，产品的设计阶段决定了其75%左右的性能，而设计本身的成本仅占产品总成本的10%，因而产品的设计应该面向产品的全生命周期。根据闭环供应链的定义和特点可知，产品的研发设计格外重要，它直接影响供应链的采购、生产、配送，尤其是回收环节。闭环供应链协调管理的最终目标是实现整条供应链的效益最大化，如果产品的前期研发设计出现失误，则产品设计完成后在供应链中各环节的流动以及回收阶段都会显性或隐性地增大供应链的运作成本，因此，产品设计在一开始就要考虑从概念形成到产品达到技术寿命或经济寿命后报废处理的所有环节的环境影响因素，主要包括质量、成本、资源的优化利用、废弃物的产生及回收等，将闭合性作为重要内容贯穿供应链设计的各个方面。图9-2展示了产品设计的内容框架。

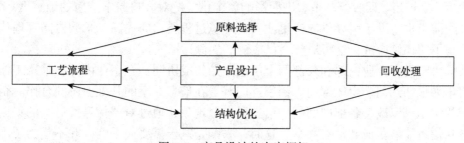

图9-2 产品设计的内容框架

在产品设计的初期就应考虑其可回收性以及回收处理方法。考虑是对包装进行再利用，或是回收部分零部件进行再制造，又或是对原材料进行综合处理再循环。同时要对回收活动进行成本效益分析。为了实现闭环供应链可持续发展的战略目标，在产品原料选择时应优先选择具有环境兼容性的易回收环保材料。在对产品结构进行设计时应尽量使其标准化、模块化，根据价值工程原理，用最低的成本获得其必要的产品功能，去除多余的功能，同时从简化拆卸过程的角度对产品构件进行优化布置。此外，产品的设计阶段还应综合考虑其生产制造加工和回收处理的工艺流程。

根据闭环供应链产品设计的内容框架，产品设计需要供应商、制造商、回收商、客户等的协同合作。闭环供应链可以在核心企业的引导下实施协同产品商务。协同产品商务的概念是美国的 Aberdenn Group 公司在 1999 年提出的，它指在使用因特网技术的基础上以产品为核心，通过在产品的全生命周期内共享产品数据使供应链的每个相关人员紧密合作，对产品进行协同开发、制造和管理。在协同产品商务中，不仅各个节点企业的信息系统得到了可兼容的集成，企业外的各级用户通过友好的界面也可随时访问，各相关人员取长补短，实现优势互补，显著提高了产品设计的效率。

在产品的设计开发阶段通过协同产品商务进行协同管理能尽量让更多的节点企业参与，可以尽早发现物流和信息流的问题，规避未来的风险、取得隐性收益。供应商对同类产品的零部件以及先进的工艺比较熟悉，它们可以提供如最新的科技或者新型材料等有价值的信息，而客户的参与使产品的设计开发更具有导向性。产品设计的协同管理以用户的实际需要为出发点，考虑企业与社会的整体利益，在产品的设计内容指导下根据客观的外部经济环境和企业的实际情况整合和利用企业内外有效资源，在设计合作伙伴、供应商、客户之间共享产品数据和工艺信息，协调设计方案和进度，最终快速响应市场需求。

2. 采购协同管理

在传统的企业采购模式中，采购部门与生产部门、销售部门等是一个个分隔的"信息孤岛"，采购的目的仅为补充库存，是机械的、基于库存推动的。同时，采购方与供应商的关系也是松散随机的买与卖的关系。这种采购模式比较适合大规模、单一化、订单需求比较平稳的生产。而随着顾客需求日益多样化和个性化，大规模生产正在向大批量定制生产转变，供应链的运营机制已由"推式"转化为以顾客需求为动力的"拉式"。在这种背景下，传统的采购模式已不能满足企业生产活动的需要。

在闭环供应链中，作为整个供应链物料输入的起点，从物流的角度看，采购环节直接影响生产、销售、回收等环节，进而影响整个供应链对客户需求响应的敏感度。同时，采购方的需求也有助于引导供应商更注重对环境过程要求的提高，采购协同管理从源头上就控制了闭环供应链，这将对整个供应链产生深远影响。

采购协同需要企业内部和外部两个层次上的集成协同。在企业内部，采购工作需要各部门（如采购部门、生产部门、销售部门等）在信息共享的基础上协同合作。企业资源计划的实施可以改善各部门间的"信息孤岛"现象，通过对"信息孤岛"的集成使各种业务和信息能够集成和动态共享，这时，采购是基于需要而采购，并不是为了维持一定的库存水平。企业外部采购协同的开展需要采购方与供应商建立良好的战略伙伴关系。良好伙伴关系的建立使企业的准时化采购成为可能。在供应链环境下的准时化采购实质是使采购行为变为订单驱动，供应与需求双方都围绕订单运作，这种采购模式不但可以减少库存，还可以加快库存周转、降低提前期、提高采购的质量，具有规模经济性，降低了整个供应链的采购成本。

供应商与企业间信息的共享是开展准时化供应的前提，企业将预测信息、采购计划信息、生产计划信息、产品期望要求等信息与供应商共享，使供应商能合理安排自己的生产活动、控制产品的质量，满足制造企业的要求。企业也应注重培养和提高零部件供应商的技术能力和开发能力，使零部件供应系统能够灵活敏捷地适应产品的设计变更和产品转变。应该注意的是，协同采购的应用在很大程度上依赖闭环供应链中信息的有效沟通，这对闭环供应链信息流的管理提出了较高的要求。

3. 生产协同管理

作为供应链活动中的重要环节，生产环节不仅要与采购环节紧密协同，确保物料在需要的时间内恰好送达需要的地点，使生产不至于中断，而且要根据客户需要，综合企业内部与外部各种资源信息，对生产流程进行实时控制，确保在计划期内按订单生产。随着买方市场向卖方市场的转变，大批量、单一化的生产模式已经难以满足客户多样化和个性化的需求，大规模定制作为平衡产品标准化和制造柔性化的新型生产模式显示出了很强的市场潜力。在大规模定制的模式下，根据客户订单分离点（也即市场拉动与供应推动结合点）的不同，制造商的生产活动与客户需求的匹配将有不同的协同模式。表 9-3 列出了四种与不同需求相匹配的生产运作模式。

表 9-3　大规模定制模式下的生产模式对比

生产模式	具体内容	客户订单分离点
按库存生产	根据市场预测安排生产，客户从最终产品中选择	销售商
按订单生产	对标准化零部件和模块进行组合装配，按客户订单要求装配件，订单有一定定制化要求	产品的总装阶段
按订单制造	在已有的零部件、模块的基础上进行变化设计、制造、装配，客户的订单定制化要求较高	产品的制造阶段
按订单设计	完全按照客户订单的要求进行设计	产品的研发阶段

在上述四种不同的生产模式中，供应链对市场的响应速度依次变长、成本依次变高，然而制造商与客户需求的契合度也越来越高。这里忽略供应链上的其他节点活动，仅考虑从客户需求到制造商接受订单的制造活动给出对应不同客户需求的生产需求协同模式，如图 9-3—图 9-6 所示。

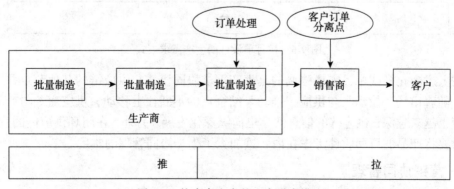

图 9-3　按库存生产的生产需求模式

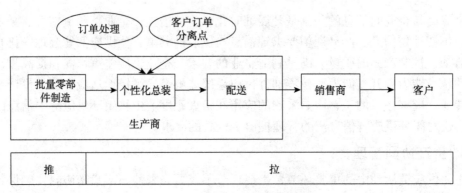

图 9-4　按订单生产的生产需求模式

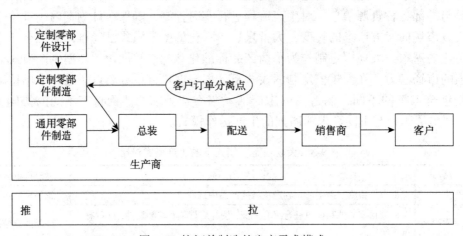

图 9-5　按订单制造的生产需求模式

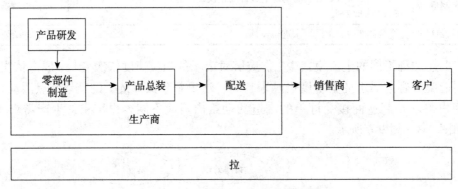

图 9-6　按订单设计的生产需求模式

在上述简化模式中，需要强调的是生产需求协同模式与供应链的其他节点并不是孤立的，随着市场"拉动"与供应"推动"结合点的不断往上移动，供应商参与产品设计的程度也越来越深，供应链的信息共享也向纵深化发展。另外，在闭环供应链的背景下，生产时要将产品的可回收性考虑在内，这加大了生产协同管理的难度。

4. 营销协同管理

为了增强整个闭环供应链的竞争力，仅对产品设计、采购、生产等环节进行协同管理是远远不够的。生产的最终目的是实现产品在市场上的价值转换，综合利用闭环供应链上各节点的优势，使供应商、生产商、分销商、零售商、回收商在建立战略联盟关系的基础上协同预测和规划，共同进行目标市场需求调研，开展协同营销对提高整个供应链对市场反应的敏感度是非常必要的。

传统的市场营销理论是以最终顾客为中心，而美国的市场营销专家在20世纪90年代初期提出的协同营销理论突破了这一概念，该理论认为企业的市场营销活动应在追求共同利益的基础上扩展到内外环境的所有重要行为者，不仅包括供应商、分销商、最终顾客，甚至还包括同盟者、竞争者等。协同营销的最终结果是共赢，其和供应链管理的共同目标是一致的，即利用企业内外部资源的集成满足并提升客户价值，最终达到共赢。

协同计划、预测和补给作为近年来供应链管理的一个新模式以及供应链计划和运作管理的新哲理，从战略的角度重新定位了制造商和零售商之间的关系，在高度信息共享的基础上协同开展市场预测，提高了预测的准确性。通过构建异常事件的处理机制，可使需求和供应间连接得更为平滑，提高了供应链运行的效率。协同计划、预测和补给实施的对象主要是制造商和零售商，本质上是供与需关系的协同，借助协同营销的理念，在闭环供应链的背景下，应该将其扩展到各个节点。供应商、分销商以及回收商都应该参与进来，协同预测与规划、平滑各节点间的供需关系，从营销观念、营销手段、营销战略上实现协同。

各节点企业应深入认识闭环供应链协同营销的战略意义，随着市场环境的变化而吸收各种先进的营销理念，同时关注新技术给企业经营带来的改变。例如，电子商务环境下的营销新特点。在树立共同营销理念的基础上，企业应从产品、价格、营销渠道、促销等方面达成具体的协同战略。此外，营销协同与产品设计协同、生产协同、客户服务协同等在闭环供应链的大环境下是紧密联系、相互促进的，不能把它单独隔开研究。

5. 客户服务协同管理

在日益激烈的市场竞争中，客户资源成为企业最有价值的资源之一，拥有了客户就等于拥有了市场。究其原因，第一，先进的服务作为产品的增值手段已成为制胜的关键；第二，现代市场的竞争主要表现为对客户的全面争夺，当顾客对企业产品和服务的实际消费超越期望值时，顾客就越会给予企业较高的评价和信任度，拥有忠诚客户的企业竞争力就越强。

客户对订单驱动型的供应链来说至关重要。闭环供应链在产品设计、采购、生产、配送等方面的协调管理最终目标就是迅速响应客户需要，快速地识别客户需求，把这种需求准确反馈给供应链上的各节点企业，是供应链需要解决的重要问题之一。在闭环供应链的基础上，各节点间集成实施客户关系管理对改善"牛鞭效应"、快速识别客户与市场的需求、协助企业作出正确决策具有积极作用。客户关系管理是以客户为中心的管理理念与技术软件的结合，它包括呼叫中心、销售自动化、市场营销、售后服务、渠道管理、优化支持、工作流设计与管理等功能，这些功能可以支持和完成客户管理的所有前台业务。

供应链管理和客户关系管理之间联系紧密。首先，二者都是以客户为中心，供应链管理的第一步就是确认关键客户或关键客户群,供应链的运营是由客户的需求"拉动"的,客户的需求信息经由零售商、分销商、回收商等的集成后传递给上游的制造商、供应商,客户需求信息的准确性对供应链的运行至关重要,只有准确地把握了客户的产品和服务偏好,才能有准确的市场定位,赢得客户的信任,而客户关系管理也是以客户为中心,设身处地的从客户的实际需要和便利性出发,提高客户对企业的信任度,以客户的满意度作为评价标准。其次,在信息层面,供应链协调管理中各个节点的供与需之间关系的协同都是以全面的客户需求信息为基础开展的,而客户关系管理恰恰在客户与供应链之间架起了信息沟通与反馈的桥梁。总之,在供应链的基础上实施客户关系管理、改善企业与客户间的关系能使节点企业与客户更好地沟通,更好地协同需求预测,从而识别并消除供应链上影响协同的需求变异原因。因而,实施供应链管理与客户关系管理的集成化是促进整个闭环供应链客户层面协同化运作的重要措施。

供应链管理与客户关系管理功能的集成可以改善供应链上节点企业间以及整个供应链与客户的关系。通过对销售信息和客户信息的数据分析和共享,各节点企业对客户需求进行协同预测,降低了"牛鞭效应"发生的概率。提供订单查询和订单跟踪业务可以使整个业务流程对客户更透明,同时这种增值服务满足了客户的特殊需求,提升了客户对企业的信任度。客户关怀和客户支持则更有效地提升了客户的消费质量,使他们能够放心、安全、可靠地使用产品,成为满意和忠诚的客户。通过呼叫中心、Web、电子邮件、传真等与客户的直接交流,则可以获得关于客户的第一手信息,如客户对产品的性能是否满意、偏爱哪种类型的产品等,这些信息为企业决策提供了有力的支撑。在实施供应链管理与客户关系管理功能的集成时,先要对整个闭环供应链业务流程进行分析,明确其对客户关系管理的需求、目标,保证客户关系管理与供应链业务流程的无缝集成。

6. 回收协同管理

回收环节是闭环供应链系统有别于正向供应链系统的最显著的环节,是闭环供应链的重要组成部分。产品的经济寿命或技术寿命结束时会在客户环节报废,这意味着正向供应链的结束,而基于可持续发展的战略思想下推行的闭环供应链将实现回收环节的协同,可重新获取价值,避免了资源浪费。在回收环节里除了废弃产品的逆向流动,同时还伴随着信息流、资金流、价值流、商务流的逆向流动,逆向流动通过与正向供应链中的各种流无缝对接成为闭环供应链物流系统的有机组成部分。

闭环供应链的实施使产品得到及时回收,进入逆向供应链的再制造、再循环或再利用环节,最大化利用资源并保护环境,同时闭环设计及制造理念的深入和产品多生命周期工程的发展也得以促进。产品及时回收和处置为用户解除了产品报废的后顾之忧,而回收商对产品的积极回收也增加了用户淘汰旧产品、尝试新产品的决心,起到了拉动用户消费的作用,同时也提升了企业的社会形象,提高了用户对企业的忠诚度,为企业创造了无形资产。

闭环供应链是正向和逆向供应链的有机结合,而高度的不确定性是逆向供应链的显著特点,逆向供应链的各个流程均存在很大的不确定性,这给其运作及预测造成了较大的困难。在实践中,大部分企业在产品回收过程中都存在回收产品等待处理时间过长的问题,结果导致某些产品在等待过程中回收价值被大量耗费,这与回收的最初目的以及闭环供应链的战略目标是相悖的。由此可见,在回收环节协同管理最终客户、回收商和再制造商是很有必要的。

产品的回收过程同时也伴随着逆向的信息流动。通过和最终用户的接触,企业可以获得第一手市场信息,用户对产品的需求量和要求、产品的实际寿命和质量等信息都是实时的。企业如果能及时汇集并对这些信息进行综合分析和数据挖掘,可以准确地预测市场需求,避免信息失真与放大效应,同时也可研发设计出更符合客户需求的新产品,在激烈的市场竞争中赢得先机。

思考题

1. 闭环供应链的协调类型有哪些?
2. 提高闭环供应链协调性的方法有哪些?
3. 基于业务活动优化的激励机制有哪些?

案例讨论:锂电闭环绿色供应链的华友解决之道

即测即练

自学自测　扫描此码

第 10 章

几种不同可持续供应链的联系

10.1 绿色、低碳及闭环供应链的区别

10.1.1 绿色供应链与闭环供应链的区别

人们早期的观点认为供应链是制造企业的内部过程，概念局限于企业内部操作层，仅注重对企业自身资源的利用。后来，人们开始注重企业与其他企业及供应链外部环境的联系，认为供应链是"通过链中不同企业的制造、组装、分销、零售等过程将原材料转换成产品，再到最终用户的转换过程"。绿色供应链是在此基础上综合考虑环境影响而发展起来的，其目的是使产品从原料获取、加工、包装、存储、运输、使用到报废处理的整个过程中注重使环境受到保护，使环境受到的影响（负作用）最小，资源利用效率最高，从而促进经济与环境的协调发展。

绿色供应链的概念最早由美国密歇根州立大学的制造研究协会在 1996 年进行的一项"环境负责制造（ERM）"研究中首次提出，它以绿色制造理论和供应链管理技术为基础，涉及供应商、制造商、分销商和消费者，是一种在整个供应链中综合考虑环境影响和资源效率的现代管理模式。我国在 2014 年发布的《企业绿色采购指南（试行）》中首次明确了绿色供应链的定义，即将环境保护和资源节约的理念贯穿于企业从产品设计到原材料采购、生产、运输、储存、销售、使用和报废处理的全过程。

绿色供应链广义上指的是将环保原则纳入供应链管理机制中，其目的是让产品更具有环保概念，提升市场竞争力。在做法上，有些企业提出以环保为诉求的采购方案、绩效原则或评估过程，要求所有或大部分供应商遵循。而另一些企业则研究对环境有害物质的种类并列出清单，要求供应商使用的原料、包装或污染排放中不得含有清单所列物质。如知名运动鞋制造商耐克公司为配合环保诉求，于 1998 年淘汰作为产品主要材料的聚氯乙烯，因为聚氯乙烯焚化处理会产生对人体有害的二噁英。目前人们所谓的绿色供应链大多指进入 21 世纪后欧盟倡议的绿色产品所造成的供应链效应。欧盟国家看准供应链间环环相扣的利益关系，积极将一些环保诉求上升到法律层面，希望以欧盟庞大的商业市场为后盾带领全世界制造业进入一个对环境更友好的新纪元。

闭环供应链是 2003 年提出的新物流概念，指企业从采购到最终销售的完整供应链循

环,包括了产品回收与生命周期支持的逆向物流。它的目的是对物料的流动进行封闭处理,减少污染排放和剩余废物,同时以较低的成本为顾客提供服务。因此,闭环供应链不仅包括传统供应链的内容,而且对可持续发展具有重要意义。

随着环境的恶化、可持续发展思想的深入,许多国家规定某些产品必须进行回收处理,包装容器必须回收,如德国、美国、日本等都颁布了相关的法规;2003年初,欧盟正式公布了《废弃电子与电器产品处理指令(WEEE)》;我国也从2003年起要求电子产品生产商必须负责回收废旧产品。在环境持续恶化以及相关法律法规限制的背景下,企业不得不考虑产品的回收、再利用等问题,同时也必须考虑从制造商到最终用户的正向流和从最终用户到制造商的逆向流,由此产生了闭环供应链。

相较于绿色供应链,闭环供应链的实质是通过产品的正向交付与逆向回收再利用使"资源—生产—消费—废弃"的开环过程变成"资源—生产—消费—再生资源"的闭环反馈式循环过程。因此,可将闭环供应链理解为除了传统供应链外还需考虑产品的获取、回收、再制造、再利用,以及回收再制造后的分销处理等问题,常见的模式有"以旧换新""以旧换再",最终实现产品的闭环销售。

虽然闭环供应链的产生在减少废弃物、减轻环境污染、以较低的成本满足顾客需求等方面有了较大提高,但从目前大多数学者对闭环供应链的研究来看,闭环过程更强调逆向物流。随着闭环供应链内涵的演变,后来的研究者加强了对绿色供应链的剖析,以更全面的视角来研究供应链各环节对环境的影响。与闭环供应链着重考虑产品的回收再利用不同的是,绿色供应链在供应链管理中更考虑和强化环境因素,具体来说就是通过与上下游企业的合作以及企业内部各部门的沟通,从产品设计、材料选择、产品制造、产品的销售以及回收的全过程中考虑整体效益最优化,同时提高企业的环境和经济绩效,从而实现企业和所在供应链的可持续发展,即绿色供应链在各环节都把绿色环保理念考虑在内,从产品设计到报废处理的全过程都考虑对环境的影响。绿色供应链的流程主要有以下几条。

(1)绿色设计。研究表明,产品性能的70%~80%由设计阶段决定,而设计成本仅为产品总成本的10%。因此,设计阶段要充分考虑产品对生态环境的影响,使设计结果在产品全生命周期内的资源利用、能量消耗和环境污染最小。

绿色设计需要从零件设计的标准化、模块化、拆卸和回收方面着手,标准化设计使零件的结构形式相对固定,减少了加工难度和能量的消耗,降低了工艺装备的复杂度;模块化设计满足了绿色产品的快速开发需求,使产品结构便于装卸、维护,有利于回收和再利用;可拆卸设计指零件结构设计布局合理,是易于分离的联结结构,便于回收利用、减少环境污染;可回收设计指产品在寿命周期内达到零部件的最大重复利用率、减少最终处理量。

(2)绿色材料。原材料供应是绿色供应链的源头,必须严格控制其污染。从大自然提取的原材料经过加工将形成零件,零件被装配后成为产品并销售给消费者,消费者在使用过程中产品可能要经过多次维修、再使用,直至生命周期终止而报废,报废后经过拆卸,一部分零件被回收直接用于产品的装配,另一部分经过加工成为新零件,剩下部分经处理后一部分形成原材料,一部分返回大自然,经过自然降解再生形成新的资源,通过开采又成为原料。

（3）绿色供应过程。供应过程是制造商向供应商采购原材料以确保供应业务活动成功进行的过程。

①绿色供应商。选择供应商主要考虑的因素有：产品质量、价格、交货期、批量柔性、品种多样性和环境友好性等。

②绿色物流。主要是指在运输、保管、搬运、包装、流通加工等作业过程中对环境负面影响的评价。主要表现为交通运输工具的燃料能耗、有害气体排放、噪音污染等；保管过程中是否对周边环境造成污染和破坏；搬运过程中是否有噪音污染，是否会因搬运不当破坏商品实体、造成资源浪费等；在包装作业中，是否使用不易降解、不可再生或有毒的材料而造成环境污染。

（4）绿色生产过程。生产过程是为了获得零件形状及质量等性状而施加于原材料上的机械、物理、化学等作用过程。这一过程通常包括毛坯制造、表面成型加工、检验等环节。该过程需综合考虑零件制造的输入、输出和资源消耗，即由原材料到合格零件的转化过程中的物料流动、资源消耗、废弃物的产生等对环境的影响。

①绿色工艺。在选择工艺方案时要对环境影响较大的因素加以分析，如加工方法、机床和切削液的选择等，尽量根据车间资源信息考察可供选择的多工艺路线，降低工艺选择的复杂度，以节约能源、减少消耗、降低工艺成本和污染处理费用。

②生产资源。尽量降低加工余量，减少材料的浪费和下脚料的处理消耗。

③生产设备。指选择实际运行过程中在能源、资源消耗及环境污染等情况下表现良好的设备，并使生产的零部件具有较好的通用性，保障设备维修或保养时间合理、费用适宜、维修人员劳动强度不太大等。

（5）绿色销售、包装、运输和使用。绿色销售是指企业对销售环节进行生态化管理，它包含分销渠道、中间商的选择、网上交易和对促销方式的评价等；绿色包装则是指消费者购买产品后，避免包装被任意丢弃造成环境污染和材料浪费；绿色运输主要评价集中配送、资源消耗和合理运输路径的规划；在产品使用阶段主要评价产品使用寿命和再循环利用效果，其关键在于延长产品寿命、增强产品的可维护性、减少产品报废后的处置工作。

（6）产品废弃阶段的处理。工业技术的改进使产品的功能越来越全面，但同时产品的生命周期也越来越短，废弃物越来越多。这不仅严重浪费资源、能源，而且制造了大量固体废弃物。产品废弃阶段的绿色化改造主要是回收利用、循环再用和报废处理。

简言之，绿色供应链与闭环供应链的关键不同之处在于，绿色供应链是整个供应链流程都强调绿色环保，避免产生废弃物和资源浪费等问题，而闭环供应链则看重产品的回收再制造和再销售，提高材料的重复使用率以节约成本和资源。回收废旧产品只是绿色供应链诸多绿色化改造中的一环，却是闭环供应链中不可或缺的一部分，否则供应链就无法形成一个完整的封闭循环体系。虽然二者的共同目标都是减少资源、能源、材料等的消耗，但绿色供应链更多地体现在社会效益和环境效益方面，闭环供应链则更多地体现在经济效益方面。

10.1.2 绿色供应链与低碳供应链的区别

20世纪90年代后,有学者开始将环境的影响纳入供应链管理中,在供应链中寻求更高的环境效益,追求环境效益与经济效益的统一,关注逆向物流、绿色供应链等问题。虽然绿色供应链能使供应链的各环节对环境的影响最小化、资源利用的效率最大化,并且不少学者对"绿色"的研究也一直在推进并取得了很多成果,但在低碳经济背景下,特别是在哥本哈根会议之后,"低碳"引起了全社会的广泛关注。为尽可能减少温室气体(尤其是二氧化碳的排放),研究者们提出了低碳供应链,以减少供应链的碳排放,实现经济的可持续发展。

低碳供应链是指在企业的正常生产生活中,在保障信息流、知识流、物流等环节正常工作的条件下,充分考虑企业生产的环境效益、资源效益、经济效益等问题,对生产过程如加工、采购、生产、仓储、包装、使用、消费等环节进行具有低碳意义的改造。低碳供应链以低消耗、低排放、高效率为基本特征,对企业与环境之间的资源效益、经济效益和环境效益进行有效的协调,是一种符合可持续发展理念的经济增长模式。

虽然低碳供应链尚未形成系统的理论,但学者对其内涵的认识和理解大体是一致的,都是以最小的环境代价实现可持续发展。我国一些学者对低碳供应链表达了自己的理解,有的学者认为低碳供应链是在绿色供应链的基础上形成的,它不但要强调提高供应链内行为主体与环境相容的程度,而且要充分考虑整个供应链的碳排放指标。也就是说,低碳供应链指在绿色供应链运作管理中,整条供应链的上下游节点企业都应当积极合作,从生产、采购、装配、运输、仓储、销售直至最后回收利用的过程中引入可持续发展与减少碳排放的概念,使整条供应链充分实现低碳化与高效运作。

低碳供应链的目的是通过上下游各成员企业的合作,以减少供应链各环节的碳排放,包括原材料采购、生产加工、储存、运输、使用与保养、回收再利用等,最终达到整个供应链的碳排放最小化。低碳供应链牵涉低碳设计、低碳采购、低碳制造、低碳营销组合、低碳运输和配送、低碳逆物流循环6个部分,提倡增效、减排、清洁生产,与绿色供应链的具体不同之处见表10-1所示。

表10-1 低碳供应链与绿色供应链的具体不同之处

低碳供应链	绿色供应链
低碳设计	绿色设计
是一种综合面向对象技术、并行工程、寿命周期设计等的全新设计方法。它包含了产品从概念形成到生产制造、使用乃至废弃后的回收再利用及处理的各个阶段。低碳设计是供应链管理的关键,主要有以下几方面内容:面向环境的产品结构设计,产品材料选择设计,制造环境设计(或重组)、装配设计、拆卸设计、回收循环利用设计等	按照最小消耗、最低排放、最优绩效的原则设计所有的供应链流程,以实现最佳的生态效益。在设计时应充分考虑绿色环保要求,将此要求融入产品、包装、配送网络和物料处理等所有环节

续表

低碳供应链	绿色供应链
低碳采购	绿色采购
优先选用可再生和回收的材料；尽量选用低消耗、少污染的材料，尽量选用环境兼容性好的材料及零部件，避免选用有毒、有害和有辐射性的材料	制定采购战略，选择绿色供应商，选择带有绿色环保标识的产品以及可回收利用、低污染的原材料、零部件。尽量根据企业的需求采购，减少库存量，并充分利用企业多余的设备和材料
低碳制造	绿色制造
实施低碳生产，按照生态工业模式实现清洁生产，减少生产过程中能源和材料的浪费、减少废弃物，其关键是保持产品的清洁与卫生，不危害人体健康和环境	采用在产品开发阶段设计的绿色生产方案，考虑产品的可拆解、可回收性；采用绿色节能减排的生产设备；采用精益制造的理念以最大限度地避免浪费等
低碳营销组合	绿色销售
低碳营销是指以促进可持续发展为目标，为实现经济利益、消费者需求和环境利益的统一，市场主体根据科学性和规范性的原则，通过有目的、有计划地开发来满足市场需求的一种管理过程。主要包括4P组合：①开发低碳产品，实施低碳包装；②制定低碳价格，根据"污染者付费"和"环境有偿使用"原则将生产开发低碳产品过程的环境成本内在化，在价格上反映资源和环境的价值；③开辟低碳营销渠道；④积极进行低碳促销	它包含分销渠道、中间商的选择、网上交易和促销方式的评价等，即企业根据产品和自身特点尽量缩短分销渠道；在选用中间商时注意考察其绿色形象；同时开展网上销售。在促销方式上，企业一方面要选择经济环保的方式，另一方面要大力宣传企业的绿色形象和产品的绿色特征
低碳运输和配送	绿色交付
针对运输工具因使用化石能源而排放的二氧化碳大致有两种减排思路：一是减少单位吨公里运输工具的排放量，例如，使用高效率的发动机减少油耗或采用经济合理的车速减少单位油耗；二是组织货源合理调度、减少空驶。即根据配送产品的运量需求合理地设计配送中心仓库的位置和数量，减少整体的运量，直接降低配送网络的第一碳足迹	从订单接受、订单处理到收货、验货、仓储、分拣、包装、发货、运输组织、网络设计等环节都采用绿色环保的技术和管理手段，以增加单位运量或降低单位油耗的方式实现绿色运输的目标
低碳回收	绿色回收
逆向物流活动包括为了保证新的用途或保证自然环境的持续发展，而对废弃物产品以及零部件等进行回收、拆卸和处理。具体来讲，低碳回收活动包括产品或物质的回收、检查拆卸、再使用、再生产、再分销和循环利用等	指在回收计划、回收授权、渠道回收、直接回收、拆解和循环利用、逆向物流等环节采用绿色管理和技术手段

  绿色供应链与低碳供应链在很多方面都有相似之处，都是要实现可持续发展而对供应链进行的低碳、节能、环保等改造，只不过相对于绿色供应链而言，低碳供应链更强调"低碳"指标的细化和深入。绿色供应链管理因环境意识、能源利用与供应链的交叉融合而产生；低碳供应链则以绿色供应链管理为基础，注重行为主体与环境的兼容度，关注供应链中的碳排放指标。

10.1.3　低碳供应链与闭环供应链的区别

  日益严峻的资源短缺和环境污染问题已引起各国政府及产业界的广泛关注，在经济发展与资源、环境之间寻求共赢是当前世界各国所面临的共同难题，通过对废旧产品进行回收和再制造形成的闭环供应链不仅可以帮助企业降低制造成本、提升竞争力，还有益于资源的合理利用和环境保护。"以旧换新""以旧换再"为旧产品的回收提供了新的途径，对制造商的收益、环境及社会福利产生了积极影响。例如，苹果公司推出的 Apple Trade In 换购计划鼓励消费者将旧产品以旧换新并享受折抵优惠，通过这一计划，苹果公司不仅节省了成本，提高了原材料的利用率，而且提升了品牌形象，促进了产品的更新换代。"以旧换再"是指产品购买者交回旧件并获得置换价格，以之购买再制造产品的行为。2013 年我国制定了《再制造产品"以旧换再"试点实施方案》，以汽车发动机、变速箱为试点领域对购买再制造产品并交回旧产品的消费者给予置换折扣和政府补贴。"以旧换再"政策的出台不仅进一步扩大了旧产品的回收渠道，还促进了再制造产品的销售，提升了消费者对再制造产品的接受和认可程度。

目前，比起单纯的旧产品回收，许多企业通过提供"以旧换新"和"以旧换再"服务进而构建闭环供应链，加强其可持续竞争优势。因为这种机制中的正逆向双渠道可以相互促进，其中的逆向渠道不仅起到了回收的功能，还能促进正向渠道新产品的销售（即消费者的再购买行为）——消费者将旧商品返还获得折价，并以折价后的价格购买新的产品。对生产商而言，"以旧换新"机制在发挥促销作用的同时也是其闭环供应链的逆向组成部分，旧产品再制造不仅可以节约生产成本，而且能节约生产资源、提升企业绿色生产水平。

低碳供应链与闭环供应链相比，二者都强调要加入逆向物流进行回收再制造，区别在于低碳供应链引入了碳排放指标，希望对整个流程进行碳排放控制，将与产品相关的碳排放贯穿整个生命周期内。在低碳供应链中，很多重要因素如核心企业、制造商、销售商、供应商等都需要重新以低碳化的眼光进行有效的优化，这样才能使企业的生产效益得到最大程度的提高。在低碳供应链的建设过程中，建立一个流程重组的平台，对供应链中的各项因素进行企业间的信息共享，从而对企业的物流、服务流及资金流作出良好的保证，使其能够更加适应当前市场的变化，并在对供应链作出全程规划后尽可能地使整个运作过程达到同步与集成，保障每个环节都实现低碳化运营。

闭环、绿色及低碳供应链是在传统供应链只追求经济效益的基础上结合时代发展要求演变进化而成，因为除了经济效益外，环境效益也是重要目标。在传统供应链仅追求经济效益的弊端显现后，闭环供应链、绿色供应链、低碳供应链应运而生，如图 10-1 所示。后三者以追求经济和环境效益为目标，引入环境影响因素以强调回收再利用和逆向物流，引入碳排放指标以强调"低碳"指标的深入和细化，希望提高资源利用效率，实现可持续发展。

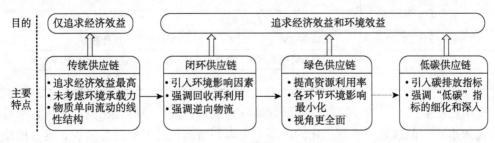

图 10-1　供应链的发展历程

10.2　绿色、低碳及闭环供应链的交叉融合

绿色、低碳及闭环供应链的概念和内涵既有各自的特点，也有交叉融合的部分。在现实生产、生活中，三者也可以是密不可分的，特别是在现今低碳经济、绿色经济、循环经济等理念的发展下，依托现实背景，将绿色、低碳及闭环供应链有机结合才能解决实际发展中遇到的问题。

10.2.1　绿色与低碳供应链在合作减排方面的融合

在全球经济高速发展的今天，考虑绿色发展道路是顺应时代潮流的选择，即要在经济发展过程中考虑绿色供应链的应用。而全球气候变暖不断加剧，由此带来的自然灾害频发给人类的生命财产安全造成了巨大影响。2019年全球碳排放水平达到了历史的新高点，施行全球范围内的碳减排刻不容缓。国际社会已经认识到了由碳排放导致的全球气候变暖问题的严重性，各国共同尝试制定碳减排对策，取得了一定的成效，但与控制全球气温继续攀升所要求的碳减排量相比还有较大差距。因此，在当前绿色发展与合作减排不断深入的背景下，将低碳与绿色供应链相结合，可对全球碳减排活动的有效开展提供一定的帮助。

绿色、低碳供应链中各环节之间并不是独立存在的，它们是一种相互依赖的关系，每个环节的碳排放水平都会影响供应链整体的减排效果。尤其在当前，各环节参与主体更关注自身的碳排放水平及收益，这往往会与产业链整体的碳减排目标相悖。表 10-2 比较了绿色供应链内部企业合作实行碳减排与企业单独进行碳减排活动的特征，从各个方面的比较结果来看，合作减排的效果优于企业单独实行碳减排，因此，应当加强供应链合作减排，提高碳减排成效。

表 10-2　绿色供应链合作碳减排与企业单独碳减排的特征比较

碳减排关键要素	供应链内部碳减排特征	企业单独碳减排特征
目标定位	整体减排	局部减排
减排方向	整体持续减排	局部短期减排
减排路径	供应链合作减排	企业单独减排
减排主体	碳减排主导者统一安排	企业自身
价值主张	主动减排	被动减排
资金来源	企业自筹+供应链融资	企业自筹为主
政府支持	以供应链为支持对象	普遍关注
关键资源	供应链关系网络	生产设备、技术水平
关键活动	减排任务分配、减排技术研发	设备改造、技术引进

就历史经验而言，为了达成总体最优碳减排效果，最简单的方法就是降低每个环节的碳排放水平，但这是一种理想化的状态。考虑到当前经济发展的复杂性，这样的做法能否实现、实现后能否长期保持都是一个未知数。另一种做法是保持某些环节的碳排放

水平不变而降低其他环节的碳排放水平，讲求整体供应链的减排效果。不管是哪一种方法，只要能够控制整条供应链的总体碳排放水平，那么其在理论上就是值得被推崇的。但站在不同的立场上，各参与主体会期望使用不同的碳减排组合策略，这就需要设计合理的碳排放策略并形成相应的协调机制，使这些主体在总体碳排放水平降低方面做出妥协和贡献。

在低碳经济的背景下，企业应从整体闭环供应链层面降低产品的生产、运输、销售及回收环节的碳排放量，各层级参与者均有责任与义务共同为绿色闭环供应链付诸行动，实现可持续发展。企业也可以通过设计运营机制促进供应链的合作，增加整个供应链的利润。同时，面临日益激烈的竞争及消费者环保意识不断提高的环境，企业制定各项决策时还应考虑上下游企业及竞争对手的决策。例如，沃尔玛在减少自身碳排放的同时，支持鼓励上游供应商在农业生产中使用清洁能源，积极处理生产过程中产生的废弃物，选择环保的包装材料以及减少森林砍伐等以减少碳排放。

随着我国经济与社会的不断进步，绿色发展已经上升为国家战略，实行碳减排则是其中的重要举措。同时减排技术也在进步，我国发展与改革委员会专家李连成表示："减排技术研发与产品推广改善的是整个社会的环境质量，离不开国家政策的引导"。政府通过对企业进行适度的低碳补贴能够促进企业加大减排技术投资并增大社会福利。

另外，区块链技术作为第四次科技革命的代表正在全球掀起一股热潮，在我国被正式列入"十三五"国家信息化规划。国家工业和信息化部发布的《2018年中国区块链产业白皮书》指出，区块链技术正逐渐向供应链管理等实体领域渗透。将区块链技术引入低碳供应链能够提升供应链各主体低碳决策的协同度，促进企业合作减排。

在整个减排过程中，区块链技术的不可篡改与实时性可以保障政府及时获得企业准确无误的碳排放信息，进而能根据区块链提供的绿色信息及时合理地调整低碳补贴方式与数额，实施绿色监管，更好地约束企业碳排放，激励企业碳减排。例如，深圳碳排放权交易所与中国能源区块链实验室合作，共建了基于区块链的绿色碳减排资产数字化交易平台，以增加企业参与度、激励企业加入节能减排计划、巩固环境保护成果。作为不可篡改、透明且可信赖的数据库，区块链对供应链的绿色运营也有一定的影响，其应用能够实现信息共享，提高供应链协同运作水平和运营效率，并降低期间产生的费用。此外，区块链技术能够实现产品溯源及碳足迹的追踪，可以有效解决消费者在购买绿色低碳产品中的绿色信任问题。

10.2.2 闭环与低碳供应链在碳排放约束方面的融合

近些年，环保和节能问题已经得到世界各国和国际组织的重视，当前社会解决节能环保问题最直接的反应即降低碳排放水平。从20世纪90年代开始，控制温室气体排放就成为了国际社会关注的重要问题。政府作为执行国际减排要求的主体，对制造企业的监管有着义不容辞的责任。发达国家陆续颁布碳减排政策，例如，实行温室气体总量管制与排放交易政策等，这无疑对制造企业提出了新的要求。美国的苹果公司运用产品生命周期分析法对苹果产品的碳排放量进行了估算，2011年苹果公司排放了2310万吨温室气体，其中61%来源于产品的制造环节，而通过提高产品的可回收性、增加产品的回收效率，苹果公司的收入与前几年相比持续稳步增长，但每一美元收入所产生的温室气体排放量却减少了15.4%。作为迅速崛起的发展中国家代表，中国在节能减排行动中的作用是不言而喻的，国务院率先发布了《节能减排"十二五"规划》，对我国污染减排工作提出了新的要求。

为了解决日益严重的环保和节能问题，废旧产品回收再制造带来的经济和环境效益逐步受到社会各界的广泛关注。世界各主要国家纷纷出台关于回收再制造的法律法规，鼓励和扶持企业发展再制造技术，为再制造行业创造了良好的发展环境。再制造企业通过对废旧产品的加工再生产，能够有效降低产品的制造成本，极大地提高制造商的利润。除此之外，对废旧产品进行回收再制造也减少了环境污染和资源消耗，符合现代人的环保意识。对于企业来说，在追逐自身利益的同时必须考虑产品在生产、运输、销售、使用及回收环节的碳排放约束，使之成为决策过程中必不可少的条件。基于此，考虑以碳排放约束应对日益严峻的节能环保问题，分析碳排放约束情况下制造商和零售商的决策，可以发现在低碳与闭环供应链融合的情况下碳排放约束对再制造闭环供应链的影响。

为了减少产品在生产流通环节对环境和能源产生的负面影响，政府可以设定制造企业的碳排放量上限。若其产生的碳排放总量高于此临界值，政府可对制造商进行处罚；否则对制造商进行奖励。由于再制造行业环保节能的特点，制造商使用原材料生产产品的碳排放量往往高于政府规定的碳排放上限，而通过对废旧产品进行回收再制造得到的产品碳排放量则往往低于此上限。在产品的生命周期中，制造、销售、使用和废弃过程都会产生碳排放，再制造产品对节能环保最重要的贡献体现在制造和回收环节，使废弃的产品得到回收，通过再制造重新加以利用。政府制定的碳排放上限介于两种产品碳排放量之间，因而可以对制造企业的碳排放量进行有效的控制。

在政府设定的碳排放量约束下，制造商需要协调两种生产方式下产品的数量和比例，并通过制定批发价格的方式影响零售商的回收和定价决策。该碳排放约束旨在引导制造商减少生产带来的碳排放量，并分析这一约束对零售商负责回收的闭环供应链的影响。

对制造商来说，政府的碳排放政策将直接影响其利润，在政府对制造企业设定的碳排放总量较低同时奖惩力度也较低时，制造商的最优利润与无约束情况下相比是下降的，因为在这种情况下，制造商和零售商都需要付出比以往更多的努力和成本才能达到规定的减排目标，但政府的奖励水平很低，这极大地打击了供应链参与方的积极性。相反，若二者的投入和回收努力降低且减少再制造产品的回收和生产，政府却没有有效的惩罚措施加以惩戒，那么这种政策会造成制造商和零售商消极怠工，是不合理的。此时，如果提高政府奖惩系数，意味着达不到碳排放要求就会受到严厉的惩罚，而有效减少碳排放量就能得到一大笔奖励，这样的措施才更有可能被企业接受，从而实现经济效益和社会效益的共赢。

此外，如果政府制定的产品碳排放上限较高，则意味着制造商无须在减排方面有太多的顾虑，为了追求政府的奖励，制造商会在盈利的条件下最大限度地促进废旧产品的回收，同时，通过再制造创造的环境效益对制造商的利润也有较为明显的影响。此时，再制造带来的环境效益较高，政府的碳排放政策给制造企业带来了额外的利润，也达到了促进废旧产品回收的目的，零售商的回收程度也较高。

因此，在再制造的背景下提高企业的环境效益时，政府可以对不同类型的制造商采取不同的碳排放奖惩政策，对回收再制造减排效果明显的企业加大奖惩力度，从而加大对温室气体排放的控制力度。在保证制造商利润的条件下限制碳排放量，合理制定企业碳排放总量和奖惩系数将得以实现经济利益和社会利益的共赢。

综合对产品碳排放总量和平均量的分析可以看出，对再制造减排系数较小的企业来说，碳排放约束既降低了全部产品的碳排放总量，又促使单位产品的碳排放量减少，实质上是提高了废旧产品的回收比例，从根本上减少了温室气体的排放；而对那些再制造减排系数较大的企业，虽然产品的碳排放总量得到了控制，但单位产品的碳排放量却高于无约束时的排放量，这意味着减少排放的原因是产品价格提高造成的产品需求降低，这将导致碳排放总量下降，同时降低产品回收比例。对以上两种类型企业，政府的碳排放约束政策应作出相应的调整。

企业对低碳减排的投入会占用生产活动资金，这降低了企业进行碳减排的积极性，为此政府可出台多种优惠政策弥补企业付出的成本，如税收优惠、补贴、政府优先采购等。其中，政府补贴是公认的有效政策，按照补贴对象的不同，补贴政策可以分为对供应链上游供应商、制造商的成本补贴和对供应链下游消费者的价格补贴。这三种补贴策略有利于提升供应链成员的利润以及增强产品的绿色度。

10.2.3 闭环与低碳供应链在政府补贴政策方面的融合

低碳、节能、环保的意识逐渐深入人心，促使了政府和企业界的变革，使绿色环保的低碳供应链受到各国政府和企业的推崇。政府为了保护环境开始陆续出台鼓励"低碳"的政策，促进企业采取低碳的经营方式和策略。面对"碳达峰碳中和"目标，企业迎来了新的运营环境。一方面，企业为实现节能减排需投入先进的低碳技术，改进工艺流程或采用环保材料，这将导致运营成本增加；另一方面，企业通过低碳技术的投资降低了生产、运输、销售等环节的成本，又能给消费者提供"低碳产品"，这将为企业提供新的竞争优势。

随着社会经济的高速发展，产品的更新迭代速度在不断加快。工信部数据显示，5G商用后仅废旧手机的年淘汰量就高达 5.24 亿部，有效处理数目庞大的废旧产品成为了政府推动环境保护与发展循环经济所亟待解决的重要问题。由于回收再制造能够提高资源利用率、减少环境污染，还能为企业带来额外的经济收益，受到了各国政府与企业的极大关注，所以我国政府颁布了一系列政策推动再制造产业的发展。在绿色可持续发展的背景下，考虑到消费者的低碳偏好以及政府的补贴政策，为获得持续竞争优势并节约制造成本，制造商必然要进行技术创新，向市场提供资源节约型和环境友好型的低碳产品，并且对消费者手中的旧产品进行回收置换以及再制造，提高原材料利用率。

一般而言，政府需要从全社会福利最大化的角度制定各种政策，但是，政府部门的介入进一步增加了供应链上不同利益主体间博弈的复杂性。显然，这些政策对供应链上的企业以及最终消费者的决策行为都将产生重要影响。政府可以通过征收环境费用的方式来鼓励企业开展产品的绿色设计，但针对剩余价值不同的废弃品，政府应制定差异化的回收政策。对再生资源转化率高的废弃品，回收商能从中获得高收益，随之自发提升回收该类产品的积极性，因此，政府对该类废弃品可以提供基础的资金补助；而对再生资源转化率低的废弃品，尤其当该废弃品对环境污染特别严重时（如"医疗废弃物""工业废弃物"等），回收商的回收意愿低，此时政府的回收补贴对回收商的激励作用相对较小，故政府还应制定强制回收量指标，以使废弃品资源化，无害化。

无论政府实施碳减排补贴或"以旧换再"补贴，只有当消费者对低碳产品的偏好足够高时，制造商才会主动低碳减排。政府补贴能够降低制造商投入减排对消费者低碳偏好的要求，而再制造产品的减排属性越差，制造商则越倾向于对碳减排进行投入。在两种补贴情形下，消费者低碳偏好的增加总会使制造商增加碳减排投入，进而提高产品价格及旧产品置换价格，提高消费者的置换积极性。具体而言，碳减排补贴会使制造商在制定减排决策以及置换定价时对消费者低碳偏好的变化更加灵敏。

当消费者具有较高低碳偏好时，碳减排补贴情形下的碳减排水平将随消费者低碳偏好系数增长得更快。当提高产品价格带来的消费者效用下降量大于提高碳减排水平带来的消费者效用上升量时，将导致购买新产品以及直接购买再制造产品的消费者减少。"以旧换再"补贴情形下，碳减排水平随消费者低碳偏好增长得更平缓，提高产品价格带来的消费者效用下降量不会大于提高碳减排水平带来的消费者效用上升量，因此产品销量将随消费者低碳偏好系数持续增长。也就是说，在政府实施碳减排补贴政策时，制造商倾向于以提高减排水平、提高价格的方式利用高消费者的低碳偏好获利；实施"以旧换再"补贴政策时，由于"以旧换再"交易行为的增加，制造商将以提高减排水平和扩大再制造的方式获利。

在两种补贴情形下，随单位补贴的增加，制造商总会提高碳减排水平、降低新产品价格，以提高消费者购买新产品的效用。在再制造产品方面，碳减排补贴情形下制造商为了提高消费者购买再制造产品的效用，要提高置换价格并降低再制造产品价格，但消费者购买再制造产品获得的效用往往低于购买新产品，因此再制造产品销量会随单位补贴的增加而减少。"以旧换再"补贴情形下，制造商会提高再制造产品价格并降低旧产品置换价格，由于政府实施补贴，再次消费者"以旧换再"获得的效用将高于购买新产品，因此再制造产品"以旧换再"销量会随单位补贴逐渐增加。再制造产品销量的增加将引起市场上总体消费者效用增加。

政府补贴能够以引导制造商碳减排降低产品价格并鼓励消费者"以旧换再"从而扩大再制品销量的方式使消费者与制造商受益。其中，碳减排补贴有利于制造商提高减排水平，扩大低碳产品的市场优势并吸引初次消费者。而"以旧换再"补贴不仅能使制造商提高减排水平，也能使再制造产品价格上升，提高企业对"以旧换再"活动的积极性，并鼓励再次消费者选择"以旧换再"的方式更新产品。消费者对低碳产品的偏好能够激励制造商低碳减排，增加供应链环境效益，并使制造商从中获利，政府补贴则是这一过程的催化剂。

两种补贴政策都对供应链环境效益具有积极影响，且由于碳减排补贴政策是对制造商碳减排投入成本直接补贴，因此其对供应链环境效益影响更加显著。政府补贴并不都有利于增加制造商利润，仅当政府补贴使制造商获得的收益大于由其导致的"以旧换再"活动成本增加量时，制造商利润才会随补贴逐渐增加。因此，政府应结合不同供应链及产品情况设定"以旧换再"补贴力度，才能有效提高制造商开展"以旧换再"活动的积极性。

10.2.4　闭环、绿色、低碳供应链在管理模式方面的融合

现今有关研究表明，闭环供应链在帮助企业实现资源循环利用的同时，减少了废弃物的排放，但这些结论往往建立在闭环供应链是"绿色"的假设上，假设产品循环利用投入的成本和对环境的影响能满足长期可持续发展的要求，因此有必要将闭环与绿色供应链相结合以考虑供应链的管理模式。

在供应链管理研究中加入低碳的要求，相对过去绿色供应链的研究提出了许多新的挑战。例如，传统的绿色供应链表明，产品租赁回收比产品出售更环保，因为租赁可以更好地实现产品回收再制造，但有学者考察消费者租赁产品时过度使用的行为，却发现由此对环境的破坏比产品出售时更严重。类似的"伪绿色"产业还有生物燃料的制造，其过程中使用的能源有可能超过了它所提供的能量。在考察货物联运时，卡车运载率增加会导致负重增加，其对公路的损耗又进一步增加了维护和整修公路的成本，进而出现了碳管理"此消彼长"的困境。

因此，基于低碳经济的绿色闭环供应链是为了从资源优化利用的角度以低能耗、低污染、低排放来考虑制造业供应链的发展问题。也就是说从产品的原材料采购期开始就应进行追踪和控制，要使产品在设计研发阶段就遵循环保规定，以低能耗、低污染、低排放为原则减少产品在生产期、使用期和回收期给环境带来的危害。低碳经济条件下的绿色供应链是由正向与逆向绿色供应链相互联系构成的物流系统，其在发展正向绿色供应链的同时融入了由废旧物品回收、再生资源循环使用等组成的逆向绿色供应链，形成从产品绿色设计→原材料绿色采购→绿色制造→绿色营销和绿色回收处理的闭环供应链管理模式，其中绿色物流贯穿整个供应链的各环节，通过链中各企业和各部门间的紧密合作使供应链在环境友好管理方面协调统一，达到系统环境最优化。

基于低碳经济的绿色供应链管理将能源节约作为削减成本与改善内部环境的途径，将生态环境与经济发展连接为一个互为因果的有机整体。低碳经济条件下的正向绿色供应链管理运作模式可被概括为：制造商通过绿色制造生产绿色产品，经过绿色物流和绿色营销将产品送达消费者手中，并使消费者绿色消费，这个过程要求低能耗、低污染、低排放，尤其是要控制温室气体的排放量，使资源利用减量化，提高能源利用效率并创建清洁能源结构。低碳经济条件下的逆向绿色供应链物流活动是指将不符合消费者要求的绿色产品、资源通过回收返回到制造商手中，即退货物流；绿色产品经消费者使用后，回收的废旧产品经检测和分拣，仍可能具有使用价值的产品经过维修可再回到营销环节，有修复价值的废品则将通过再制造重新回到营销环节，不能修复或再制造的产品将进入材料循环环节，其中有用的物质将被还原，以零件的形式返给绿色采购，实现资源再循环。最后将检测分拣后无用的物质进行焚烧或填埋，力争做到使其"无害化"地回到大

自然生态系统。

影响绿色供应链管理的因素很多，其中主要的制约因素有：生产成本高、采用环境友好型产品和绿色包装的成本较高、政府环保等方面的法规政策激励不足、绿色供应链技术水平较低等。其中生产、包装等成本费用是制约企业实施绿色供应链管理的重要因素，绿色供应链管理在带来经济绩效的同时也会使成本增加。若企业开展绿色供应链管理还处于起步阶段也缺少经验和能力，那么超前的绿色供应链管理将导致成本增加，从而使生产环境友好型产品以及采用绿色环保包装的成本变高。基于低碳经济的绿色供应链管理需要应用绿色技术，选取绿色材料、设计绿色产品、对供应商的评估和挑选、绿色生产、运输和分销、包装、销售和废物的回收等过程中的每一个环节都需要绿色技术的支持，否则绿色供应链的绿色传导就会受到阻碍，进而影响供应链的环保绩效。

因此，低碳经济下的绿色闭环供应链管理模式是由正向绿色供应链和逆向绿色供应链形成绿色闭环供应链管理系统：绿色产品设计—绿色采购—绿色供应商—绿色制造—绿色营销—绿色回收处理。绿色物流、绿色技术、绿色成本、政府环保法规构成了绿色供应链管理系统的影响因子。其中，绿色物流贯穿整个供应链系统；绿色技术是实现绿色供应链管理系统的关键，也是降低绿色供应链管理成本的关键；绿色成本是绿色供应链管理系统的决定因素；国家和地方法规是影响企业开展绿色供应链管理的主要因素，是实施绿色供应链管理系统的助力器。

10.3 闭环、绿色及低碳供应链的发展趋势

10.3.1 闭环供应链的发展趋势

"以旧换再"作为政府鼓励和企业积极推动的政策正通过吸引消费者主动参与逆向物流过程，在实现对消费者消费水平、企业市场份额和品牌忠诚度以及环境友好型供应链管理和绿色物流管理积极影响的同时，通过构建逆向物流进一步推进物流业与制造业深度融合，从而促进闭环供应链良性发展。在绿色、低碳的发展背景下，闭环供应链将呈现以下发展趋势。

1) 充分考虑环境问题

传统的供应链管理是对供应链中物流、信息流、资金流以及工作流进行计划、组织、协调及控制，以顾客需求为中心，将供应链各环节联系起来进行集成化管理。而闭环供应链强调将产品从顾客手中回收再制造，充分实现资源的最大化利用。但它仅局限于对供应链内部资源的充分利用，没有考虑供应过程中的方案对周围环境和人员产生的影响、是否合理利用资源、是否节约能源、废弃物和排放物的处理、是否对环境影响做出评价等，而这些正是闭环供应链管理未来发展所需要考虑的问题。闭环供应链中的物流不仅是普通的原材料、中间产品和最终产品，更是一种"绿色"的物流。在生产过程中产生的废品、废料和在运输、仓储、销售过程中产生的损坏件及被用户淘汰的产品均须被回收处理。报废产品或其零部件经回收处理作为原材料再利用而重新销售时，闭环供应链并未到达终止点。

2）实现供应链之间的数据共享

数据共享包含共享绿色材料的选取、产品设计、对供应商的评估和挑选、绿色生产、运输和分销、包装、销售和废物回收等过程的数据。供应商、制造商和回收商以及执法部门和用户之间的联系都是通过互联网实现的，闭环供应链管理的信息数据流是双向互动、通过网络支撑的。在闭环供应链未来的发展进程中，需要更加注重供应链流程的绿色与低碳化，在选择供应商、回收商时，通过数据共享可判断其是否在环境方面合规、是否采用环保节能技术、回收再制造时是否充分利用回收产品的价值、整个过程是否减少了供应链的碳排放等。

3）闭环供应链管理体现并行工程的思想

闭环供应链管理从原材料生产、制造到回收处理，实际上是研究产品生命周期的全过程。并行工程要求面向产品的全生命周期，从设计开始就充分考虑下游可能涉及的影响因素、考虑材料的回收与再利用，尽量避免在某一设计阶段完成后才意识到因工艺、制造等因素的制约造成设计方案的变更。因此需要应用并行工程的思想，将材料生产、产品制造全过程与回收再利用各环节并行考虑。

4）充分应用智能技术

智能技术的发展和应用加速了全球经济一体化的进程，也为闭环供应链的发展提供了机遇。企业利用网络完成产品设计、制造，寻找合适的生产合作伙伴以实现企业间的资源共享和优化组合，节约资源；通过电子商务搜寻产品的市场供求信息，减少销售渠道环节；通过网络技术进行集中配送资源和回收处理，减少运输对环境的影响。数字化、智能化等技术将助力闭环供应链的发展。例如，新的节能环保设备和技术可以减少污染物的产生；遥感、无人机、传感器等技术也可以用于污染物的检测、识别和预防等领域；利用大数据、传感器、RFID 等技术可加强供应链管理获取信息的能力，建立绿色部件数据库以便产品设计中的碳足迹和限用物质测算；利用传感器和大数据分析消费者使用习惯和购买偏好，从而改进产品设计、生产和销售的策略；利用互联网打通上下游产业链条的联系，利用大数据解决网点分散、定价乱及信息断层等问题，推动回收体系建设，促进循环经济发展。

10.3.2 绿色供应链的发展趋势

2021 年 11 月 12 日，国际采购与供应管理联盟亚太区主席、中国物流与采购联合会副会长蔡进出席亚洲可持续供应链与循环经济在线会议，并作了题为"中国绿色供应链和可持续发展"的主题演讲。他认为"供应链与社会经济各产业发展息息相关，已引起各国和地区的高度重视，尤其在新冠肺炎疫情的影响下，当前国际社会非常关注供应链的柔性和韧性，在应对气候变化的国际大背景下，供应链的绿色发展对推动整个产业链的绿色发展具有重要意义"。

绿色供应链是将绿色思想理念与原材料采购、产品生产和交付给最终客户的过程同步，以获得环境可持续性方面的竞争优势。在双碳目标约束下，我国绿色供应链管理发展将呈现以下趋势。

1）政策与市场环境日趋完善

绿色供应链管理就是将产品的生命周期管理和生产者责任延伸的理念融入企业供应链管理工作中，依托上下游企业间的供应关系，通过绿色化的供应商管理、绿色采购等工作实现经济、社会、环境效益的协调统一。为此，我国制定了《环境保护法》《清洁生产促进法》《循环经济促进法》《节约能源法》等多部法律，从法律层面为企业打造绿色供应链提供保障。在政策方面，我国中央政府于2015年首次明确提出打造绿色供应链；2017年，国务院印发《关于积极推进供应链创新与应用的指导意见》，提出打造全过程、全链条、全环节的绿色供应链发展体系；2021年，构建绿色供应链被纳入中国绿色低碳循环发展经济体系。在企业层面，工信部于2016年制定了《绿色供应链企业评价要求》指标体系，从绿色供应链管理战略、实施绿色供应商管理、绿色生产、绿色回收、绿色信息平台建设、绿色信息披露六大类20项指标开展评价。截至目前，共评出189家绿色供应链企业。

2018年至今，全世界已有近130个国家和地区通过立法、政策宣示等方式承诺碳中和。例如，美国"清洁能源革命与环境正义计划"提出要求上市公司披露其运营和供应链中的气候风险和温室气体排放情况；欧盟委员会通过《欧盟气候法》，将欧盟到2050年保持气候中立的政治承诺写入立法。随后，各国主要企业纷纷提出碳达峰、碳中和的目标时间，积极关注供应链碳排放。例如，施耐德电气提出2025年前实现运营碳中和、2040年实现供应链碳中和、2050年供应链净零碳排放。

绿色供应链是综合考虑环境问题和资源约束问题的现代管理思想，也是可持续发展在制造业的战略性任务。然而，大多数企业在绿色制造时需要付出巨大的前期成本，进行制造技术或生产工艺的绿色化改进，这导致了绿色产品较高的单位生产成本及市场零售价格。如果仅从自身角度考虑，很多企业并不愿意选择高成本的绿色制造模式。但是随着经济的全球化发展，企业间的竞争正逐渐转变为供应链间的竞争，这使供应链成员之间的关系越来越紧密。在此背景下，很多制造企业受到了供应链下游企业的压力，被要求采用绿色制造模式，生产绿色产品。企业甚至对供应链上游企业提出了一些具体要求。例如，苹果公司在2018—2019年的CSR（corporate social responsibility，企业社会责任）报告中提出了具体的环境策略，要求其供应商向100%可再生能源转型。此外，苹果公司还专门为供应商制定《供应商行为准则》，明确规定供应商应该在维修和生产中使用绿色节能技术或通过循环利用的方式达到绿色环保要求。苏宁易购在2019年的CSR报告中也指出，要优先选择绿色化的供应商、采购绿色化的产品，降低末端环境治理成本。

2）管理动力从"政策驱动"转向"主动布局"

从理论上讲，绿色供应链管理的最佳状态是核心企业提出的绿色要求并影响到供应链上的所有企业，而各级供应商都主动配合核心企业改进环境绩效，使整个供应链的绿色化水平持续提升。然而，实践与理论往往会存在差距。实践中，打造绿色供应链的企业虽然在增多，但是绝大多数企业关注的重点是存在直接采购联系的一级供应商，而对二级、三级……N级等联系相对间接的供应商则不够重视。从整体上看，绿色供应链管理实践呈现"重直接管理而轻间接管理"的特点。

企业开展绿色供应链管理的目的不尽相同，例如，有的企业是为了切实践行社会责任，有的是为了确保供应链安全，有的是为了提升品牌声誉，有的是为了获得项目支持、资金奖励或税收优惠，有的是为了使产品能够进入政府或其他企业的绿色采购目录等。通过目的分析可知，企业打造绿色供应链的动力与制度环境密切相关，也就是所谓的"政策驱动"。一方面，法律规定的污染物排放标准、能耗限额等生态环境利用的"红线"通常也是企业绿色供应链管理的"底线"；另一方面，政府推出的正向激励措施如绿色采购、绿色信贷、试点示范、资金奖励等则是核心企业在环保合规基础上提高绿色供应链管理要求的"润滑剂"。特别是在"双碳目标"提出后，在我国产业结构和能源结构新变化趋势下，在政策和市场的双轮驱动下，多数企业对绿色供应链的管理已从被动应对转向主动布局，很多头部企业都提出了碳达峰和碳中和的时间节点。

在碳达峰与碳中和背景下，欧盟、我国等都在积极构建低碳法律政策体系。各国现有法律虽然鲜有关于供应链减碳的强制要求，也很少有直接关于零碳供应链的"政策红利"，但是值得一提的是，苹果、施耐德、华为等企业除环保合规的强制要求和"政策红利"的直接需求外都在积极履行社会责任，主动打造零碳供应链。一些企业的探索更加超前，如威卢克斯承诺到2041年实现从1941年成立以来累计排放的碳中和并对供应商提出相关要求。

3）发展要求从"浅绿"走向"深绿"

谈到环境保护必然绕不开经济发展。环境问题产生于经济发展的过程中，也需要在经济发展中得到解决。以牺牲环境为代价获取经济发展机会或者为保护环境而不去发展经济都是不科学的。绿色发展是一种新的发展方式，该方式提出了处理环境保护与经济发展关系的新思路，旨在将经济发展对生态环境的影响降至最低，进而实现经济的高质量和可持续发展。因此，在经济发展过程中，一切有助于使能源资源消耗最低、生态环境影响最小、可再生率最大的行为都应被视为绿色行为。

实践中，多数绿色供应链其实是"浅绿色"的，核心企业关注的点也多停留在环保合规上，而对节能、节水、减碳以及产品良品率、耐用性、再利用率等更广义层面绿色因素的关注显然不够。在特定历史时期，由于多数国家的环境管理工作不到位，企业环境违规问题一度频发，企业开展的绿色供应链管理若能促使上游违规企业符合环境规定、大幅减少供应链的环境违规行为，那么其绿色供应链管理的成效将是显著的。现阶段，随着各国环境立法趋于完善和执法力度提升，违规企业几乎已无生存空间，若再以符合环境规定与否作为评价核心企业绿色供应链管理水平的唯一标准则过于宽松了。只有在合乎环境规定的情况下，企业对上游企业提出更为严格的绿色要求如更高的污染物减排、节能、节水、减碳等或者绿色设计、高良品率、高回收利用率等才能推动供应链从环保的"浅绿色"向环境绩效持续提升的"深绿色"迈进，才称得上是优秀的绿色供应链管理企业。

在从"浅绿"走向"深绿"的实践中，部分公益机构也进行了积极探索。2014年，公众环境研究中心与美国自然资源保护协会合作开发了全球首个基于品牌企业在华供应链环境管理表现的评价体系——《绿色供应链（CITI）指数》，该评价指标涵盖透明与沟通、合规守法性与整改行动、延伸绿色供应链、节能减排、责任披露5方面的内容，以路线图的形式引导企业由浅入深地完善供应链环境管理机制,最终形成最佳实践。结合前期探索,2021年10月,公众环境研究中心发布了《企业气候行动CATI指数》,立足企业碳减排问题,重点围绕治理机制、测算与披露、目标与绩效、减排行动等方面对石化、电力、钢铁、建材、汽车零部件、光伏等30个行业的662家企业进行了评价。2016年,阿拉善SEE生态协会联合中城联盟、全联房地产商会、朗诗集团和万科集团共同发起"中国房地产行业绿色供应链"行动,依据对供应商环保状况评价后形成的"白名单"和"黑名单",以联合采购方式大力支持符合环境规定的"白名单"企业,推动了钢铁、水泥、铝合金、木材等行业大量供应商改善环境绩效。随着实践成熟,在原有"白名单"和"黑名单"之外,行动推出了具有行业引领性的"绿名单",对环境绩效表现优异的"绿名单"企业进行优先采购支持。

与此同时,一些欧美企业提出的零碳供应链承诺也已经对供应商产生了新的规制。随着低碳供应商管理工作的推进,整个供应链势必在环保合规的基础上从高碳走向低碳甚至零碳,由"浅绿色"逐步转变为"深绿色"。

4)管理方式从"封闭"走向"透明"

绿色供应链在未来发展方式上更加注重协同,供应链企业积极联动上下游合作企业,共同推动绿色供应链管理方式由"封闭"走向"透明"。环境信息只有公之于众、广泛接受社会监督才能确保真实性和可靠性。在传统绿色供应链管理实践中,除法律强制要求环境信息公开的大企业之外,绝大多数企业的环境信息是不公开的。即使一些企业开展了绿色供应链管理工作并要求上游企业提供环境信息,这些信息也多是封闭的点对点流动,仅有提出要求的少数企业才可以获取,公开范围极为有限。

在环境信息公开方面,苹果公司的案例具有里程碑式的意义。2011年8月,自然之友、公众环境研究中心等环保组织曝光苹果公司27家疑似供应商存在严重的环境违规问题。对此,苹果公司及时整改,开始加强对供应链的绿色管理,广泛公开环境信息,2012年发布的《供应商责任2011年进展报告》首次公布了156家供应商和生产合作伙伴名单,从"封闭"的供应链转向了"透明"的供应链。截至2018年底,苹果公司连续5年在公众环境研究中心发布的《绿色供应链CITI指数》中排名在华企业第一,并在2019年、2020年和2021年连续3年荣获绿色供应链CITI卓异品牌企业。从苹果公司供应链的"绿色蝶变"足可看出信息公开的重要性。

信息公开不是政府的强制要求,也不是简单的喊口号,而是企业以信誉进行担保的自愿减排行动,这将推动以往环境信息从单向流动和封闭管理方式转为公之于众。不少核心企业已经将供应链碳中和的时间表、各时间节点的减排量、供应商名录等环境信息予以公开,广泛接受政府、同业和社会公众的监督,向可测量、可核实、透明的绿色供应链迈进。

10.3.3 低碳供应链的发展趋势

在应对气候变化的全球大势下,130多个国家和地区都提出了零碳或碳中和目标,并向低碳的方向发展经济。在碳达峰碳中和背景下,一些企业提出了全供应链碳中和甚至净零排放的目标,引领了供应链低碳转型的新趋势。

1）低碳逐渐成为一种竞争力

在全球发展低碳经济的背景下，为获得持续生存与发展的能力，企业将传统竞争力延伸，逐渐将低碳融入企业竞争力之中，形成一种"附加值"，即低碳竞争力。企业采取各种手段减少产品和服务的碳排放，由传统的"高碳"经营模式转向"低碳"模式，从而获得竞争力的"增量"。从狭义层面讲，企业的低碳竞争力仅注重产品及服务的低碳化，并未将低碳的实质融入生产经营过程；而广义层面上，低碳竞争力是企业整合内外部资源，以低碳技术、低碳管理、低碳文化等为构成要素进行产品、服务及经营过程的低碳化管理，最终实现低污染、低排放、低能耗的可持续发展。基于企业竞争力理论，可从资源基础观和核心能力观两个视角探析企业低碳竞争力的内涵，前者强调企业资源的低碳配置能力，后者强调减少碳排放量进而创造经济价值。

综合而言，低碳竞争力是企业在低碳经济背景下权衡碳排放与自身发展、向低碳化发展的综合能力，是政府、企业和社会三方博弈的产物。低碳竞争力作为企业发展的重要议题而存续，受到的客观评价显得尤为重要。与传统竞争力评价不同，学者们将低碳纳入竞争力评价指标体系后采用神经网络法、模糊综合评价法、层次分析法等方法从不同方面展开构建，例如，有的学者从构建内部减排潜力、转移减排成本能力和碳资产管理能力三个维度展开。目前尚处于探索阶段的评价体系内容的研究仍停留在二级指标层面，较为单薄，有待深层次的细化研究；在评价方法的选择上，定性与定量相结合的方法已被部分学者采纳；在评价效果的检验上，部分学者展开了针对特定行业企业的实证研究，但科学的实证检验仍有待完善。

低碳经济为企业的竞争力带来了双重影响。以中国制造企业为例，低碳经济短期内会对其国际竞争力产生负面影响，从长远来看，则促进了其培育可持续发展的竞争力。随着低碳理念在企业管理中的实践，沃尔玛、杜邦、IBM、可口可乐等跨国企业陆续展开低碳竞争力的培育，并取得了一定的成效。学界同样展开了对企业低碳竞争力培育路径的探析，例如，江玉国和范莉莉验证了人力资本、技术水平、管理水平、文化建设、资金投入、能源结构对低碳竞争力的影响路径；黄山等提出甄别客户低碳诉求、开发低碳产品与服务、精益生产与管理、持续创新等低碳竞争力培育途径。现有研究指出，低碳竞争力最有可能源于目前的比较优势、技能和生产模式，并作为组织通过低碳技术、产品或服务创造持续经济价值的能力。低碳竞争力的培育由顶层战略设计到具体职能管理都与利益相关者连接，是由上到下、由中心向外扩散的网络化、系统化过程，目前的研究已逐渐由战略层面的目标设定向具体职能管理的低碳化实践拓展。

2）低碳会计逐步发展并成熟

低碳会计由环境会计与绿色会计的基础上发展而来，是企业在应对投资者的低碳要求、控制治理成本的背景下将与温室气体排放相关的资产、负债和风险纳入传统会计与治理控制机制而产生的企业碳排放管理体系，包含碳排放、碳排放涉及的财务问题、碳交易及其鉴定方面的会计问题。

低碳会计的研究，是基于传统的财务会计视角展开，从碳交易市场中从对碳排放权的确认、计量和披露等问题逐渐延伸至低碳管理会计、低碳审计等领域。当前研究存在部分争议，如碳排放权的确认问题上，有的被确认为存货，有的被确认为无形资产，有的被确认为金融工具。在碳排放权的计量研究上,有的采用历史成本计量;有的选择公允价值计量;有的将历史成本与公允价值计量相结合,在初始计量的有偿与无偿分配上分别采用历史成本与公允价值计量;资产负债表采用公允价值模式进行再评估;还有提出动态估价的新方法,将碳排放非货币计量转变为货币计量,对自身能够产生或耗费碳额度的长期碳资产进行估价。虽已有学者将碳会计纳入企业财务报告,但碳会计的相关理论基础仍有待完善,低碳会计基于财务会计而产生,有待融入管理会计、成本管理、审计等知识加以丰富。碳排放权的确认、计量及披露问题还存在较大争议,有待形成统一的标准,建立与国际接轨的低碳会计体系。

在碳交易市场与金融工具的结合下,企业的碳排放权逐渐与财务、金融挂钩,产生碳资产。狭义层面的碳资产是企业可量化的减排权和减排量,可通过制度分配、配额交易、减排活动等获取;广义层面的碳资产则包括其他与碳减排相关,能为企业带来直接或间接利益的资源,如低碳技术、低碳管理方法、低碳生产工艺等。目前,针对碳资产的研究范畴正被拓展至低碳技术、低碳策略、碳标签等企业碳资源方面,囊括碳资产综合管理业务和碳资产保值与增值管理业务。有学者对汽车企业、电力企业和高新技术企业的碳资产架构进行识别,构建企业低碳行为仿真模型。基于碳资产的形态差异,有学者将额定碳排放权、碳减排量、低碳技术等具备无形资产特征的资源界定为碳无形资产,并按照排放权来源将碳无形资产分为配额、项目、减排型三类,继而展开影响因素分析、价值评估和演绎路径等研究。

低碳会计不同于传统会计,其确认、计量、披露等问题的争议有待在碳交易市场的构建中结合实践得到解答。目前,企业尚未建立以减少碳排放为目的的低碳会计系统,因此低碳会计体系仍有待改进,企业碳资产等的识别、评估标准尚缺乏足够的公信力,还有待研究与完善,并与国际会计系统的规范相契合。

3) 低碳供应链管理将更注重协同

低碳管理已成为企业实现可持续发展、应对环境问题、实现绿色发展的重要管理内涵,正日益渗透到企业的管理实践中。从碳足迹入手,供应链的碳排放贯穿于产品设计、生产、销售等生命周期的全过程,直接或间接产生于从上游到下游、从生产到使用的全过程,而企业低碳供应链管理则以减少企业内部和供应链全过程的温室气体排放为目标。有研究表明,采购模块更加注重环保的公司更可能实施低碳供应链管理,低碳成为了越来越多企业选择供应商的一个衡量标准;与供应商更紧密合作的企业,公司的供应链管理将减少其自身的温室气体排放,企业与供应商间的直接协调与碳生产率间有着显著的正向关系。学者们利用模糊层次分析法、综合网络分析法、决策与试验评价实验室法、熵权法等方法构建供应商选择指标体系,展开对低碳供应链绩效的评价,并构建评价指标体系。

企业低碳管理与利益相关者的协同机制成为研究的趋势,有学者将公众的低碳需求与企业的低碳生产相联合,构建连接消费端与供给端的联动推进机制。另外,企业利益相关者对低碳供应链管理起到了关键作用,其与企业构成协同关系,进而构成企业与政府、企业与消费者、企业与企业间的博弈。

有关低碳供应链方面的研究较多地关注供应链指标体系的构建,并正逐渐由企业的单维发展拓展至与多边利益者间的协同与博弈。现有的指标评价体系多以定性研究为主，有待结合定性与定量研究，构建基于企业与利益相关者间博弈的低碳供应链模型。低碳供应链管理是供应链管理的拓展，它贯穿产品设计、材料采购、生产、销售等全过程。在低碳经济背景下，不少国家和地区对碳排放的关注点已经从单个企业转向产品全生命周期，使用或计划使用的碳税、碳关税、产品生态设计、碳标签等制度都体现出了产品全生命周期碳管理的要求。

一些跨国企业更是先行先试，在供应链管理工作中开始对供应商提出节能减碳要求，并将这一要求从一级供应商向上游逐级延伸，实现了对供应链上所有供应商的全覆盖，使低碳发展范围由大企业扩大至中小企业，令企业的参与度更高。目前，越来越多的跨国企业已经提出供应链碳中和目标，例如，苹果公司在 2020 年实现自身运营的碳中和后，提出将在 2030 年实现供应链和产品碳中和的目标；西门子公司提出 2030 年实现全球供应链减排 20%的目标，到 2050 年实现供应链碳中和等。华为公司计划在 2025 年前推动 Top100 供应商制订碳减排目标；隆基公司在 2021 年度供应商大会上发布《绿色供应链减碳倡议》，得到 150 余家供应商积极响应；联想公司计划到 2026 年实现全球运营活动 90%的电力来自可再生能源，推动全球供应链减少 100 万吨温室气体排放。

10.4 可持续供应链的发展方向

10.4.1 可持续供应链的内涵

随着经济发展，工业部门以及交通运输行业大量消耗化石燃料，对环境造成了许多负面影响，如大量温室气体排放而导致的全球变暖等，这是目前和过去几十年全球最关心的问题之一。早期的可持续倡议倾向关注环境问题，但随着时间的推移，他们越来越多地采用三重底线（即环境、经济和社会）方法来实现可持续发展（即企业在不损害环境、社会和经济三个维度的情形下，作出供应链决策的能力被称为可持续性，它是一种可以长久维持的过程或状态）。人类社会的可持续性由生态可持续性、经济可持续性和社会可持续性三个相互联系不可分割的部分组成。

早期供应链的重点是考虑成本最小化和利润最大化等经济方面，但由于社会发展带来的变化，考虑环境、经济和社会这三重底线才是目前最被关注的问题。所谓三重底线，即可持续性的三大支柱：经济责任、社会责任、环境责任。2002 年世界首脑会议后，三重底线被称为经济、环境和社会绩效的平衡整合。正如联合国所定义的那样，在不牺牲后代满足其自身需求能力的情况下，满足当代人需要的发展被视为可持续发展。在 21 世纪，许多国家努力通过高效的可持续供应链来解决温室气体排放等问题，以实现可持续发展。关于可持续供应链，目前尚没有统一的概念，有学者指出可持续供应链是管理从供应商到制造商、服务商再到客户的产品和服务，能够改善对社会和环境的负面影响；也有学者认为可持续供应链是综合考虑由客户和利益相关方的需求驱动的可持续发展的经济、环境和社会目标，对供应链中的物流、信息流和资金流以及供应链上企业间的合作进行管理。因此，可持续供应链主要由四个关键特征组成。

（1）低碳。可持续供应链的基石是脱碳，从原材料开采、生产制造到分销，供应链的每个阶段都有减少碳排放的余地。这可能意味着选择电动汽车而不是燃气汽车，在办公室中选择节能电器，或者使用可被生物降解、被回收的一次性产品。一些负责确定在何处以及如何减少碳排放的供应链管理者正在致力于让其今后的业务运营更具可持续性，并最终为企业合规和环境、社会责任、公司治理（environment, social responsibility, corporate governance，简称ESG）评分做好准备。

（2）低成本。与减少碳排放类似，供应链或采购经理在减少成本和资源浪费方面发挥着直接作用。库存管理是减少财务、材料成本以及运输产生碳排放的关键。低费供应链战略将应用更精确的补充和调整失衡的做法。企业也应积极向数字化迈进，尽可能减少消费纸张、材料、能源，以节省成本。

（3）社会责任。优先考虑可持续性的企业在选择供应商时必须考虑包括社会保障和企业管理在内的所有因素，并确保供应商施用公平劳动和反腐败政策。这样做既遵守了法规，又可以满足客户和顾客的期望，从而维护供应链的完整性，促进可持续发展。这也是企业或ESG政策衡量社会影响时的必要因素。

（4）透明度。可持续供应链最重要的是供应链企业需要用数据清晰、透明地向合作伙伴和客户展示相关信息。政府、客户和投资者都可以要求企业提供证明其符合国际可持续发展和ESG标准的文件。

可持续供应链是在传统供应链内涵的基础上加入可持续发展的理念，除了考虑传统供应链所关注的财务绩效，其更加注重社会效益和环境效益，寻求供应链企业间的长期互惠合作，寻求一个经济、社会和环境的长久平衡。其在最初被称为绿色供应链管理，随后社会问题也被给予了同等重视，现阶段基于经济、环境和社会责任三维底线的可持续性供应链观点被广泛研究，使传统的供应链管理得到了完善和创新。有学者指出可持续供应链是管理从供应商到制造商、服务提供商再到客户的服务，能够改善对社会和环境的负面影响。可持续供应链不仅是关于环境的，而且是经济、社会和环境三个维度的可持续。按照利益相关者的需求，可持续性供应链将从这三个维度对供应链中的物流和信息流以及上下游企业进行管理。

因此，可持续供应链是将可持续性概念引入到供应链运营的所有环节中，融合了一些超出供应链管理核心的问题，如产品设计、生产副产品、产品使用过程中的管理、延长产品生命周期和废旧产品的回收利用等，极大地增加了这一运营模式的复杂性，形成了一个从原材料采购到产品设计、制造、交付和生命周期支持的完整供应链体系。

10.4.2　向数字化供应链方向发展

随着信息技术的发展，未来人们可通过智能技术实现供应链数字化，即利用支持智能制造的技术或工具[如物联网（internet of things，IoT）、人工智能、大数据分析、云计算和3D打印等]，这是企业在新型冠状病毒肺炎（corona virus disease 2019，COVID-19）等全球流行病中应对和减轻干扰并实现业务弹性的重要一步。可持续供应链的价值驱动因素需要延长使用寿命和最大化资产利用率，智能资产价值驱动因素需要收集有关资产位置、状况和可用性的知识，减少这些驱动因素可以提供广泛的机会，从而改变产品和商业模式的性质，实现创新和价值创造。例如，如果采用得当，大数据分析可以帮助企业简化供应商选择流程；云计算目前被用于促进和管理供应商关系；自动化和物联网技术可以大大增强物流和运输流程。总结起来，数字化技术可实现预测性维护，防止故障同时延长整个供应链产品的使用寿命。

因此，数字化技术构成了推动可持续供应链过渡的理想工具，提供了加强材料循环和改进流程的机会。事实上，COVID-19 促使人们重新迫切采用自动化和机器人技术，以限制人员流动、减轻疫情对供应链的破坏性影响。许多企业正在利用这一点来自动化他们的生产线。在 COVID-19 之前，采用 5G 技术的势头正猛，但由于预期使用评估、安全、竞争和无线电通信监管问题等因素造成的延误限制了技术推广应用的进展。COVID-19 的经历可能会为 5G 提供监管确定性，从而加快物联网设备远程监控的部署，以支持 COVID-19 后时代可持续供应链的弹性。尽管如此，领导者必须意识到他们进行业务转型的潜力，并开始积极地探索和试验。高德纳特别指出了五个值得关注的供应链数字化战略趋势，如表 10-3 所示。

表 10-3 五个供应链数字化战略趋势及描述

5个供应链数字化战略趋势	描 述
人工智能（AI）	人工智能仍处在产品生命周期的创新萌发期，它是未来供应链新的基础设施之一；对于供应链来说，人工智能是战略性的变革技术，广泛采用人工智能将有助于实现供应链的自动化愿景
身临其境的体验	身临其境的体验描述了数字世界和物理世界的融合，以创造一种全新的体验；它是对话系统的增强和虚拟现实的结合，在供应链数字化中将扮演重要角色
物联网	物联网技术已逐渐趋于成熟，它是数字化供应链的基础设施之一，许多企业已经以某种形式实施了物联网技术，但是他们很难定义使用其测量和跟踪功能的最佳机会
数字供应链战略	数字供应链战略是企业最重要的战略之一，可以为供应链创建短期和长期愿景，使利益相关者在一套综合原则以及数字化能力和投资的支持下保持一致
描述性分析	描述性分析是接近成熟的供应链技术之一，它将逻辑、模式检测和业务规则应用于数据系统，可以帮助组织了解当前正在发生或已经发生的事情，如通过供应链将解决方案可视化等。这种技术被认为是想要了解自身供应链组织绩效的基础和起点。描述性分析涵盖多种格式，如静态报告、交互式仪表板和数据可视化等

另外，还有一些高价值但尚未被广泛采用的技术在未来的发展过程中可能会对可持续供应链的数字化进程起到一定的推动作用，如下所述。

（1）下一代控制塔。强大的供应链控制塔需要建立在供应链的跨功能、端对端数字孪生模型上。数字孪生模型能对运输、仓储、生产中的约束进行建模，然后可以让人们制订优化的计划以应对不可避免的异常情况。过去，供应链控制塔往往更侧重于处理运输异常或者协调异常而不是使用真正的优化以最低的成本最大化服务。为了获取和清理数据并将之规范化，这些现代控制塔中的大多数都使用数据库来构建。

（2）机器人自动存储和检索。目前，一种从商品到人的自动化系统已经被投放到市场中。这些"机器人穿梭系统"是传统穿梭系统和免费漫游机器人的混合体。由于机器人的动态运动都具有高存储密度和高度灵活性的优点，该漫游机器人的敏捷性消除了吞吐量和排序约束，从而提高了生产潜力。这些解决方案符合许多行业的运营需求，在投放市场后需求将得以加速增长。

（3）机器人流程自动化（robotic process automation，RPA）。机器人流程自动化是被用于自动化操作大量可重复任务的软件。随着时间的推移，企业会开发更好的自动化软件，用户可以更有效地完成工作。而使用旧式系统的企业可能有机会使用外部 RPA 解决方案来自动化旧式系统内部的工作。RPA 可通过执行相同的计算机操作并执行与人类相同模块来实现此目的。第三方物流通过使用 RPA 自动化与旧式运输管理系统中的规划优化相关的高度手动任务而获得了良好的回报。

除此之外，区块链、3D 打印、无人驾驶等技术的成熟将为可持续供应链带来巨大的影响和变革。未来几年，区块链的力量可将信息价值化，从而使基于价值和信用的交流更加高效、快捷、公平。运用智能技术将推进供应链领域的标准化进程，为供应链赋能，实现供应链数字化发展。

10.4.3 可持续供应链向增强供应链弹性方向发展

有研究报告指出，大多数供应链领导者都意识到在当前环境中提高弹性是必要的，但是，诸如替代工厂、双重采购和更充足的安全库存之类的措施与近几十年来盛行的精益供应链哲学背道而驰，导致效率和弹性之间的平衡将被打破。在大多数情况下，增强的弹性会带来额外的成本，但是无所作为的代价也可能是巨大的。因此，供应链领导者可以采用 6 个主要策略来增强可持续供应链网络的弹性，如图 10-2 所示。

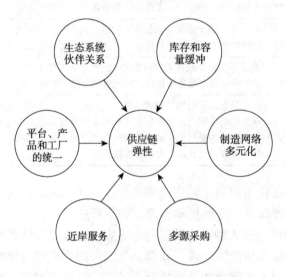

图 10-2　增强供应链弹性的六个策略

下面对这六个策略进行简单描述和分析。

（1）库存和容量缓冲。缓冲是增强供应链恢复能力的最直接方法，无论其是以未充分利用的生产设施还是超出安全库存要求的库存形式。领先的企业往往将缓冲能力用于新产品的发布或扩展到新的增长领域，还可以策略性地使用合同制造商，通过满足其激增的需求来创建缓冲能力。

（2）制造网络多元化。为应对中美贸易战，许多公司已开始多元化采购或生产。对于中国的企业来说，这意味着要转向美国以外的新供应商；对于其他企业来说，这意味着要转向中国以外的新供应商，或者要求现有合作伙伴从亚洲其他地方或墨西哥等国家谋求渠道。由于疫情的影响加剧了供应链运营受到的干扰，保留多个供应地点的成本必须更多地被视为开展业务的成本而不是效率低下的冗余。

（3）多源采购。因疫情而中断的全球供应链使很多企业依赖单一供应来源的问题暴露无遗。例如，在汽车工业中，因2022年上半年上海疫情导致的缺少零件使多家企业几乎无法将成品车运送给客户。多元化采购是降低这种风险的一种有效方法。为了制定多来源战略，供应链领导者必须详细了解供应商网络，并能够在发生破坏性事件时按支出及收入影响对供应商进行分类。通过将业务授予其他供应商或与能够在多个地点生产的现有供应商合作实现多元化。

（4）近岸服务。除了多元化采购，一些企业还希望减少其全球网络中的地域依赖性，并缩短制成品的生产周期。区域或本地供应链可能会更昂贵，因为它们增加了生态系统的参与者和复杂性，但是它们允许企业对库存进行更多的控制，并使产品更接近最终消费者。

（5）平台、产品或工厂的统一。供应链网络越区域化，工厂技术必须越协调一致，以使产品在网络中无缝移动。在汽车工业中将通用的车辆平台用于各种模型是这种协调的公认做法。跨多个产品（尤其是那些对客户不可见或不重要的产品）的组件进行标准化是另一种形式的协调。这简化了采购策略，并创造了企业与多个供应商的合作机会，从而增强了供应链弹性。

（6）生态系统伙伴关系。企业有必要采取多种采购方式，但与战略原材料供应商和外部服务合作伙伴的合作对确保更好地为未来做好准备和具有韧性也至关重要。对于能力不够的企业而言，与合同制造商和全球第三方物流建立牢固的关系对于使生产多样化和向不同国家分销而言是必不可少的。

10.4.4　向绿色、低碳化发展

我国在实现经济高速发展的同时也积累了大量的生态环境问题，因此保护资源和环境势在必行。为了坚持绿色、循环、低碳发展，切实缓解长期高投入、高消耗、高排放、高污染带来的资源环境生态压力，我国发布了《工业绿色发展规划（2016—2020年）》和《绿色制造工程实施指南（2016—2020年）》等政策文件。党的十九届五中全会提出要深入实施可持续发展战略，促进经济社会发展全面绿色转型，建立绿色低碳循环发展产业体系。在十九大报告中，习近平同志又进一步强调"建立健全绿色低碳循环发展的经济体系"，强调绿色低碳将成为我国未来经济新增长点、新动能的重要领域之一。因此，发展低碳经济成为由绿色发展延伸的、实现经济与社会效益相统一的重要途径。随着社

会各界对生态文明、绿色发展、低碳发展的广泛关注，国内外学者对低碳经济的研究已由国家、区域等宏观层面向微观层面渗透，逐渐深入到行业、企业甚至家庭和个人方面。

调查显示，我国消费者环保意识和绿色消费观念正在不断增强，也倒逼企业强化绿色服务理念，实现供应链绿色化。电子、家电、服务、食品等行业纷纷开展绿色供应链管理，各行业的供应商纷纷提供绿色服务，切实满足企业绿色转型。戴尔、联想、华为、苹果等企业设立官方服务中心，为消费者提供电子产品的以旧换新、环保回收等绿色服务。小米启动"绿色服务月"和"安心服务月"；华为推出"华为服务日"和"服务感恩回馈季，为客户推出绿色出行送福利等专项活动，提供免费贴膜、清洁、保养、消毒等服务"；新能源汽车企业为了争夺消费者，纷纷提出免费保修、充电、保养、道路救援等售后服务。优质的绿色服务不仅可以满足客户需求和提升体验度，还能增加经济效益。被评为最佳绿色IT企业的IBM公司始终致力于绿色服务，其"绿色创新工程"启动第一年即为2000多家企业提供硬件、软件和服务技术，为客户降低了40%的能源消耗和成本。

在企业、政府、消费者等各方的不断努力下，供应链正不断向环境友好的方向发展。作为重要的供应链成员，制造商采用绿色技术创新产品可以为客户、企业创造绿色增值从而获得市场和竞争优势。在生产中，采用具有先进能源管理系统的环保仓库可以通过计时器和仪表监测设施中电、热、水和天然气的使用，这些系统有助于防止过度浪费资源。电动和太阳能汽车在供应链中的使用也越来越多，它们有助于减少供应链总体的碳足迹。在未来，气候智能型供应链计划有望在供应链管理中发挥更重要的作用。

实现供应链零（低）碳转型是供应链可持续发展的最重要趋势之一。气候变化带来的环境变化影响了材料和资源的可用性，对供应链构成了潜在的破坏。企业将不得不考虑这些因素，并在必要时寻找其他资源。更多的企业将采用可再生能源（光伏、风能等）和绿色物流（如采用新能源车）来减少碳足迹，并寻找更多可持续资源。除了为保护环境做出自己的贡献外，践行可持续发展的企业还将在利润和客户忠诚度方面获得更多收益，毕竟，多数客户不介意为可持续产品支付溢价。随着绿色消费主义的兴起，预计未来几年将有更多企业实施环保供应链流程。

作为未来经济发展的主流模式，低碳经济为企业实施环境经营战略提供了重要契机，并推动企业战略转型。目前许多企业已呈现将低碳纳入战略管理框架的趋势，向以环境经营为基轴、以可持续发展为目标的战略构建转变，力图实现节能减排等低碳目标获取持续竞争优势。

10.4.5　向循环经济方向发展

在后疫情时代，以全球化及经济增长驱动可持续发展的模式将不再适用，循环经济（circulareconomy，CE）将成为未来可持续发展的方向。

循环经济最著名的定义是由艾伦麦克阿瑟基金会制定的，即"通过意图和设计来恢复或再生的工业经济"。同样，有学者着眼于我国对这一概念的实施，将循环经济描述为"在整个经济系统中实现闭环物质流动，是一种通过设计恢复的经济，旨在始终保持产品、组件和材料的最高效用和价值"。循环经济的基础是材料的循环（封闭）流动以及多阶段对原材料和能源的利用。基于这些不同的贡献，可将循环经济定义为一种再生系统，在该系统中，通过缩小材料、能源的循环可以最大限度地减少资源的输入、排放和浪费，这可以通过持久的设计、维修、再利用、再制造、翻新和回收来实现。

循环经济的核心思想是按照生态规律指导包括产品生产、分配、消耗以及废弃物回收处理在内的经济活动，实现资源消耗减量化、生产效率最大化和环境影响最小化，彻底从传统的开放经济增长模式转化为"资源—产品—再生资源"的闭环模式。针对循环经济模式，学术界产生了包括案例研究、文献综述、研究报告在内的大量研究成果，对循环经济的实践应遵循 3R 原则，即减量化（reduce）、再利用（reuse）和再资源化（recycle），基本达成共识。相应地，企业实施 3R 原则所应具备的能力被称为循环经济能力。

低效粗放的发展模式极大地威胁了我国经济的发展潜力，使企业不得不重新审视传统经济增长模式，并寻求新的发展方式。近年来，我国致力于降低经济发展对自然环境的影响，构建资源节约型与环境友好型社会，力求最终实现全面协调的可持续发展。其中，循环经济被视为实现可持续发展的重要手段，国家先后颁布了一系列法律法规，从政府、企业、社会等多层面明确了构建循环经济产业体系、推进工业园区和社会层面循环经济发展、推行绿色生产方式以及强化组织保障的任务目标。

对于将循环经济嵌入可持续发展战略的企业而言，循环经济能力可以被理解为是为了实现能源和资源减量、材料和物资重复利用及废弃物再循环等目标的一系列活动。因此，循环经济能力可以从减量化、再利用和再资源化三方面衡量。其中，减量化能力是指一系列相互关联并用于降低资源、能源消耗的活动，例如，压缩单位产品的劳动力投入、减轻设备的运转负荷、减少设备的能耗及改进生产流程等；再利用能力指一系列相互关联并用于再次使用生产材料和部件的活动，将可利用的零部件、材料和相关副产品再次用于同样的生产流程或其他生产流程，如企业可将包装材料、边角料等用于生产同样的产品或不同的产品；再资源化能力指将一系列相互关联并经过回收再处理的产品和废弃物，用于新的生产流程的活动，包括副产品、包装材料以及废弃物的回收再循环。

可持续供应链的设计和操作离不开环境制度准则的导向。对企业管理层而言，明确可持续供应链管理与经济绩效、环境绩效之间的联系尤为重要。环保压力作为企业实施可持续供应链的重要动因，主要通过市场竞争、客户环保倾向和法律规制的形式给企业的绿色供应和生态设计施加压力，敦促企业在采购、加工、包装、运输、消费等环节融入可持续理念。循环经济视角下的供应链管理除了关注客户需求外，还强调在供应链各节点都遵循循环经济的 3R 原则。有研究发现，随着欧盟在回收再利用方面法律的日趋健全，更多国家开始敦促企业关注它们在废物减量化方面的表现，以实现供应链的全面协调可持续发展。

线性经济导致线性供应链，即传统的供应链，而循环经济导致循环供应链。数字经济必然转型为循环数字经济，循环数字经济必然导致循环数字化供应链。循环数字化供应链可以帮助降低成本，而无需执行新流程；可以帮助企业减少原材料支出，从而降低价格波动的风险。此外，循环数字化供应链减少了浪费，有助于企业减少对环境的总体影响。更严格的、关于回收和废物处理的法规也促使企业考虑采用循环数字化供应链。

具有可持续实践的企业也可能会从他们的努力中获得激励,这种激励不仅来自政府,而且来自消费者,因为大多数消费者更喜欢环保产品。

新的经济形态驱动了这个伟大的供应链变革:数字经济(客户体验、降本增效)驱动了供应链的数字化转型;循环经济(可持续发展、环境社会治理)驱动了供应链的可循环转型;零(低)碳经济驱动了供应链零(低)碳转型,如图10-3所示。尽管这三大变革各有不同的特征和目标,但三者是相互联系、相互依存的。虽然数字化转型相对另外两个转型更基础和成熟,但数字化转型和可循环转型都会产生碳足迹;数字化转型是可循环转型和零(低)碳转型的赋能者,可循环转型也可赋能、助力于零(低)碳转型,而零(低)碳转型能帮助减少或消除数字化转型和可循环转型产生的碳足迹。

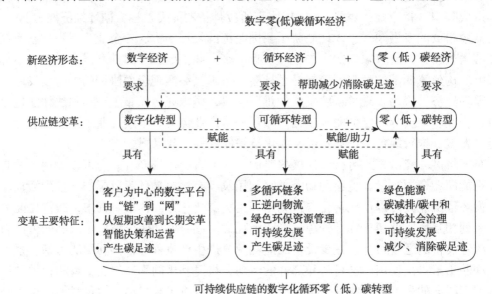

图10-3 可持续供应链的数字化循环低碳转型

思考题

1. 讨论绿色供应链与闭环供应链的主要区别。
2. 讨论绿色供应链与低碳供应链的主要区别。
3. 讨论低碳供应链与闭环供应链的主要区别。
4. 分析闭环供应链、绿色供应链,以及低碳供应链的发展趋势。

参 考 文 献

[1] 马士华. 供应链管理[M]. 北京：机械工业出版社，2016.
[2] 马士华，林勇，陈志祥. 供应链管理[M]. 北京：机械工业出版社，2014.
[3] 许建，田宇. 基于可持续供应链管理的企业社会责任风险评价[J]. 中国管理科学，2014，22(增刊 1)：396-403.
[4] 肖序，曾辉祥. 可持续供应链管理与循环经济能力：基于制度压力视角[J]. 系统工程理论与实践，2017，37(7)：1793-1804.
[5] 李婧婧，李勇建，宋华，等. 资源和能力视角下可持续供应链治理路径研究——基于联想全球供应链的案例研究[J]. 管理评论，2021，33(9)：326-339.
[6] 张曙红. 可持续供应链管理理论、方法与应用：基于绿色供应链与再制造供应链的研究[M]. 武汉：武汉大学出版社，2012.
[7] 戴君. 中国企业可持续供应链管理[D]. 北京：对外经济贸易大学，2015.
[8] 施先亮，乔晓慧. 区域生态供应链的内涵研究[J]. 管理世界，2010(2)：171-172.
[9] 王能民，汪应洛，杨彤. 绿色供应链管理的研究进展及趋势[J]. 管理工程学报，2007，21(2)：118-122.
[10] 徐迪，吴隽. 构建面向双碳目标的低碳供应链[N]. 中国社会科学报，2022-08-03(003).
[11] 聂佳佳. 渠道结构对第三方负责回收闭环供应链的影响[J]. 管理工程学报，2012，26(3)：151-158.
[12] 邹清明. 闭环供应链的定价与协调研究[M]. 西安：西安交通大学出版社，2017.
[13] 谢菲. 柔韧——麻省理工学院供应链管理精髓[M]. 杨晓雯，译. 北京：北京大学出版社，2007.
[14] 王长琼. 绿色物流[M]. 北京：中国物资出版社，2011.
[15] 周红梅. 可持续发展的交通运输[M]. 武汉：武汉理工大学出版社，2009.
[16] 乔普拉，麦因德尔. 供应链管理[M]. 5 版. 北京：中国人民大学出版社，2013.
[17] 杨浩，赵鹏. 交通运输的可持续发展[M]. 北京：中国铁道出版社，2001.
[18] 中华人民共和国国家质量监督检验检疫总局. 供应链风险管理指南：GB/T 24420- 2009[S]. 北京：中国标准出版社，2009.
[19] 宋华，胡左浩. 现代物流与供应链管理[M]. 北京：经济管理出版社，2000.
[20] 蔡岳. 面向低碳供应链的采购优化决策研究[D]. 上海：华东理工大学，2012.
[21] 孟宪锁. 基于低碳供应链的企业采购物流成本控制探讨[J]. 现代商业，2018(24)：88-89.
[22] 刘国莲. 基于低碳供应链的企业采购物流成本控制研究[J]. 财务与金融，2016，(5)：33-39，53.
[23] 冯. 机械制造中的低碳制造理论与技术[J]. 科技与创新，2017，(9)：66，68.
[24] 张瑛. 机械制造中的低碳制造理论与技术[J]. 科技传播，2016，8(17)：131-132.
[25] 张荣荣. 新兴支付方式下 E 公司货款结算风险与控制研究[D]. 邯郸：河北工程大学，2020.
[26] 于晗. 支付清算协会倡议"绿色支付"[N]. 中国银行保险报，2021.
[27] 杨继利. 低碳物流与绿色、逆向、循环物流之对比分析及启示[J]. 商，2016，(4)：251.
[28] 刘海鹰，许琼瑶. 绿色经济下的低碳供应链管理研究[J]. 科技经济市场，2021，(7)：89-90.
[29] 樊纲. 走向低碳发展：中国与世界：中国经济学家的建议[M]. 北京：中国经济出版社，2010.
[30] 刘光复. 绿色设计与绿色制造[M]. 北京：机械工业出版社，2000.
[31] 刘思华. 企业可持续发展伦[M]. 北京：中国环境科学出版社，2002.
[32] 孙桂娟，殷晓彦，孙相云，等. 低碳经济概论[M]. 济南：山东人民出版社，2010.
[33] 王君. 可持续发展[M]. 北京：中国发展出版社，2009.

[34] 魏一鸣，王恺，凤振华，等. 碳市场与碳金融：方法与实证[M]. 北京：科学出版社，2010.
[35] 夏良杰. 基于碳交易的供应链运营协调与优化研究[D]. 天津：天津大学，2013.
[36] 熊焰. 低碳之路：重新定义世界和我们的生活[M]. 北京：中国经济出版社，2010.
[37] 杨红娟. 绿色供应链管理[M]. 北京：科学出版社，2007.
[38] 杨红娟. 低碳供应链管理[M]. 北京：科学出版社，2013.
[39] 朱庆华. 绿色供应链管理[M]. 北京：化学工业出版社，2004.
[40] 杨星. 碳金融概论[M]. 广州：华南理工大学出版社，2014.
[41] 杨星. 碳金融市场[M]. 广州：华南理工大学出版社，2015.
[42] 徐春秋，赵道致，原白云，等. 上下游联合减排与低碳宣传的微分博弈模型[J]. 管理科学学报，2016，19(2)：53-65.
[43] 江佳秀，何新华，胡文发. 考虑碳补贴和企业社会责任的三级供应链减排策略[J]. 系统工程，2022，40(1)：97-106.
[44] 刘昊，樊毓卿，张诗青. 碳限额交易机制下低碳供应链协调策略[J]. 工业工程，2021，24(3)：60-67，82.
[45] 夏西强，朱庆华，路梦圆. 外包制造下碳交易对低碳供应链影响及协调机制研究[J]. 系统工程理论与实践，2022，42(5)：1290-1302.
[46] 鲁政委，叶向峰，钱立华，等. "碳中和"愿景下我国碳市场与碳金融发展研究[J]. 西南金融，2021(12)：3-14.
[47] 王一雷，夏西强，张言. 碳交易政策下供应链碳减排与低碳宣传的微分对策研究[J]. 中国管理科学，2022，30(4)：155-166.
[48] 刘名武，万谧宇，付红. 碳交易和低碳偏好下供应链低碳技术选择研究[J]. 中国管理科学，2018，26(1)：152-162.
[49] 杨晴，张毓. 中国碳金融的创新与发展趋势[J]. 金融博览，2021(3)：11-13.
[50] 邱若臻，黄小原. 闭环供应链结构问题研究进展[J]. 管理评论，2007，19(1)：49-55.
[51] 王玉燕. 基于博弈视角的闭环供应链定价与利益协调激励研究[D]. 南京：南京航空航天大学，2008.
[52] 徐红. 不同渠道和信息条件下闭环供应链的协调与激励研究[D]. 镇江：江苏大学，2014.
[53] 姚卫新. 电子商务条件下闭环供应链物流网络的设计[J]. 管理科学，2005，18(6)：43-49.
[54] 尤建新，隋明刚. 闭环供应链的经济学解释[J]. 同济大学学报：社会科学版，2005，16(5)：102-106.
[55] 张克勇. 闭环供应链系统定价与契约协调研究[D]. 成都：西南交通大学，2011.
[56] 赵晓敏，冯之浚，黄培清. 闭环供应链管理——我国电子制造业应对欧盟WEEE指令的管理变革[J]. 中国工业经济，2004(8)：48-55.
[57] 郭峻芳. 闭环供应链协同管理研究[D]. 太原：山西财经大学，2011.
[58] 李青. 闭环供应链管理问题研究[D]. 大连：大连海事大学，2009.
[59] 熊中楷. 闭环供应链协调[M]. 北京：科学出版社，2014.
[60] 洪江涛，全禹亭. 基于以旧换新和供应链结构差异的闭环供应链决策模型[J/OL]. 中国管理科学：1-17[2022-10-02]. DOI:10.16381/j.cnki.issn1003-207x.2021.0910.
[61] 林贵华，冯文秀，杨振平. 回收商参与的多阶段绿色闭环供应链竞争模型[J]. 中国管理科学，2021，29(6)：136-148.
[62] 张令荣，彭博，程春琪. 基于区块链技术的低碳供应链政府补贴策略研究[J/OL]. 中国管理科学：1-13[2022-10-02]. http://kns.cnki.net/kcms/detail/11.2835.G3.20210926.1324.002.html.
[63] 聂佳佳，王拓，赵映雪，等. 碳排放约束下再制造闭环供应链回收策略[J]. 管理工程学报，2015，29(3)：249-256.
[64] 姚锋敏，闫颖洛，滕春贤. 考虑政府补贴及CSR投入的闭环供应链运作协调[J]. 系统工程学报，

2021，36(6)：817-832.

[65] 张福安，李娜，达庆利，等. 基于两种补贴政策的多元需求闭环供应链低碳减排研究[J/OL]. 中国管理科学：1-11[2022-10-02]. DOI:10.16381/j.cnki.issn1003-207x. 2021.1251.

[66] 林志炳. 考虑企业社会责任的绿色供应链定价与制造策略研究[J]. 管理工程学报，2022，36(3)：131-138.

[67] 罗剑玉，宋华，杨晓叶，等. 竞争性绿色供应链中制造商提供绿色服务的信息共享研究[J/OL]. 中国管理科学：1-12[2022-10-02]. http://kns.cnki.net/kcms/detail/11.2835.G3.20210908.2044.005.html.

[68] 熊峰，魏瑶瑶，王琼林，等. 考虑成员风险规避的双渠道绿色供应链定价与绿色投入决策研究[J]. 中国管理科学，2022，30(8)：267-276. DOI:10.16381/j.cnki.issn1003-207x.2020.2336.

[69] 王璟珉，李晓婷，窦晓铭. 低碳经济研究前沿——基于企业低碳管理的微观视角[J]. 山东大学学报(哲学社会科学版)，2018(2)：169-176.

[70] 陈剑. 低碳供应链管理研究[J]. 系统管理学报，2012，21(6)：721-728，735.

[71] 李婧婧，李勇建，宋华，等. 资源和能力视角下可持续供应链治理路径研究——基于联想全球供应链的案例研究[J]. 管理评论，2021，33(9)：326-339.

[72] 单明威，谢园园，张理. 中国绿色供应链发展20年现状与趋势[J]. 信息技术与标准化，2019(12)：66-72.

[73] 肖序，曾辉祥. 可持续供应链管理与循环经济能力：基于制度压力视角[J]. 系统工程理论与实践，2017，37(7)：1793-1804.

[74] 唐隆基，潘永刚，余少雯. 2021年及未来供应链发展趋势研究[J]. 供应链管理，2021，2(4)：29-47.

[75] A. Ravi Ravindran, Donald Warsing Jr. Supply chain engineering: Models ad applications[M]. CRC Press, 2013.

[76] ACQUAYE A, GENOVESE A, BARRETT J, et al. Benchmarking carbon emissions performance in supply chains[J]. Supply Chain Management: An International Journal, 2014, 19(3): 306-321.

[77] AHI P, SEARCY C. A comparative literature analysis of definitions for green and sustainable supply chain management[J]. Journal of Cleaner Production, 2013, 52: 329-341.

[78] ARIKAN E, JAMMERNEGG W. The single period inventory model under dual sourcing and product carbon footprint constraint[J]. International Journal of Production Economics, 2014, 157: 15-23.

[79] ATASU A, VAN WASSENHOVE L N, SARVARY M. Efficient take-back legislation[J]. Production and Operations Management, 2009, 18(3): 243-258.

[80] BAI Q, CHEN M, XU L. Revenue and promotional cost-sharing contract versus two-part tariff contract in coordinating sustainable supply chain systems with deteriorating items[J]. International Journal of Production Economics, 2017, 187: 85-101.

[81] BADURDEEN F, IYENGAR D, GOLDSBY T J, et al. Extending total life-cycle thinking to sustainable supply chain design[J]. International Journal of Product Lifecycle Management, 2009, 4(1/2/3): 49-67.

[82] BERLING P, ENG-LARSSON F. Pricing and timing of consolidated deliveries in the presence of an express alternative: financial and environmental analysis[J]. European Journal of Operational Research, 2016, 250(2): 590-601.

[83] BOUCHERY Y, GHAFFARI A, JEMAI Z, et al. Impact of coordination on costs and carbon emissions for a two-echelon serial economic order quantity problem[J]. European Journal of Operational Research, 2017, 260(2): 520-533.

[84] BRANDENBURG M, GOVINDAN K, SARKIS J, et al. Quantitative models for sustainable supply

chain management: Developments and directions[J]. European Journal of Operational Research, 2014, 233(2): 299-312.

[85] CHEN J. The impact of sharing customer returns information in a supply chain with and without a buyback policy[J]. European Journal of Operational Research, 2011, 213(3): 478-488.

[86] CHEN X, HAO G. Sustainable pricing and production policies for two competing firms with carbon emissions tax[J]. International Journal of Production Research, 2015, 53(21): 6408-6420.

[87] CHOI T M. Carbon footprint tax on fashion supply chain systems[J]. The International Journal of Advanced Manufacturing Technology, 2013, 68(1): 835-847.

[88] CHOI T M, LI Y, XU L. Channel leadership, performance and coordination in closed loop supply chains[J]. International journal of Production Economics, 2013, 146(1): 371-380.

[89] CHOPRA S, SODHI M S. Supply-chain breakdown[J]. MIT Sloan Management Review, 2004, 46(1): 53-61.

[90] CHRISTOPHER M, LEE H. Mitigating supply chain risk through improved confidence[J]. International Journal of Physical Distribution & Logistics Management, 2004, 34(5): 388-396.

[91] CHUANG C H, WANG C X, ZHAO Y. Closed-loop supply chain models for a high-tech product under alternative reverse channel and collection cost structures[J]. International Journal of Production Economics, 2014, 156: 108-123.

[92] CLOSS D J, SPEIER C, MEACHAM N. Sustainability to support end-to-end value chains: the role of supply chain management[J]. Journal of the Academy of Marketing Science, 2011, 39(1): 101-116.

[93] CILIBERTI F, PONTRANDOLFO P, SCOZZI B. Investigating corporate social responsibility in supply chains: a SME perspective[J]. Journal of Cleaner Production, 2008, 16(15): 1579-1588.

[94] DAS C, JHARKHARIA S. Low carbon supply chain: A state-of-the-art literature review[J]. Journal of Manufacturing Technology Management, 2018, 29(2): 398-428.

[95] DE GIOVANNI P. Environmental collaboration in a closed-loop supply chain with a reverse revenue sharing contract[J]. Annals of Operations Research, 2014, 220(1): 135-157.

[96] DE GIOVANNI P. A joint maximization incentive in closed-loop supply chains with competing retailers: The case of spent-battery recycling[J]. European Journal of Operational Research, 2018, 268(1): 128-147.

[97] DE GIOVANNI P, ZACCOUR G. A selective survey of game-theoretic models of closed-loop supply chains[J]. 4OR, 2019, 17(1): 1-44.

[98] DING H, ZHAO Q, AN Z, et al. Collaborative mechanism of a sustainable supply chain with environmental constraints and carbon caps[J]. International Journal of Production Economics, 2016, 181: 191-207.

[99] DU S, HU L, WANG L. Low-carbon supply policies and supply chain performance with carbon concerned demand[J]. Annals of Operations Research, 2017, 255(1): 569-590.

[100] FERRER G, SWAMINATHAN J M. Managing new and remanufactured products[J]. Management Science, 2006, 52(1): 15-26.

[101] FLEISCHMANN M, BLOEMHOF-RUWAARD J M, DEKKER R, et al. Quantitative models for reverse logistics: A review[J]. European Journal of Operational Research, 1997, 103(1): 1-17.

[102] GENC T S, DE GIOVANNI P. Trade-in and save: A two-period closed-loop supply chain game with price and technology dependent returns[J]. International Journal of Production Economics, 2017, 183: 514-527.

[103] GENC T S, DE GIOVANNI P. Optimal return and rebate mechanism in a closed-loop supply chain game[J]. European Journal of Operational Research, 2018, 269(2): 661-681.

[104] GHANEM S, LOUNNAS R, BRENNAND G. Global energy outlook: an oil price scenario analysis[J]. OPEC Review, 2000, 24(4): 251-285.

[105] GHADGE A, DANI S, CHESTER M, et al. A systems approach for modelling supply chain risks[J]. Supply Chain Management: An International Journal, 2013, 18(5): 523-538.

[106] GHADGE A, DANI S, KALAWSKY R. Supply chain risk management: present and future scope[J]. The International Journal of Logistics Management, 2012, 23(3): 313-339.

[107] GOVINDAN K, POPIUC M N. Reverse supply chain coordination by revenue sharing contract: A case for the personal computers industry[J]. European Journal of Operational Research, 2014, 233(2): 326-336.

[108] GOVINDAN K, SOLEIMANI H, KANNAN D. Reverse logistics and closed-loop supply chain: A comprehensive review to explore the future[J]. European Journal of Operational Research, 2015, 240(3): 603-626.

[109] GUIDE JR V D R, JAYARAMAN V, LINTON J D. Building contingency planning for closed-loop supply chains with product recovery[J]. Journal of Operations Management, 2003, 21(3): 259-279.

[110] HAAKE H, SEURING S. Sustainable procurement of minor items e exploring limits to sustainability[J]. Sustainable Development, 2009, 17(5): 284-294.

[111] HADDADSISAKHT A, RYAN S M. Closed-loop supply chain network design with multiple transportation modes under stochastic demand and uncertain carbon tax[J]. International Journal of Production Economics, 2018, 195: 118-131.

[112] HAN X, WU H, YANG Q, et al. Collection channel and production decisions in a closed-loop supply chain with remanufacturing cost disruption[J]. International Journal of Production Research, 2017, 55(4): 1147-1167.

[113] HONG X, WANG Z, WANG D, et al. Decision models of closed-loop supply chain with remanufacturing under hybrid dual-channel collection[J]. The International Journal of Advanced Manufacturing Technology, 2013, 68(5): 1851-1865.

[114] HONG X, XU L, DU P, et al. Joint advertising, pricing and collection decisions in a closed-loop supply chain[J]. International Journal of Production Economics, 2015, 167: 12-22.

[115] HUANG Y, WANG K, ZHANG T, et al. Green supply chain coordination with greenhouse gases emissions management: A game-theoretic approach[J]. Journal of Cleaner Production, 2016, 112: 2004-2014.

[116] HUANG M, SONG M, LEE L H, et al. Analysis for strategy of closed-loop supply chain with dual recycling channel[J]. International Journal of Production Economics, 2013, 144(2): 510-520.

[117] INDERFURTH K, TEUNTER R. Production planning and control of closed-loop supply chains[R]. London: Econometric Instiute Report, 2001.

[118] IBN-MOHAMMED T, MUSTAPHA K B, GODSELL J, et al. A critical analysis of the impacts of COVID-19 on the global economy and ecosystems and opportunities for circular economy strategies[J]. Resources, Conservation and Recycling, 2021, 164: 105169.

[119] JABER M Y, GLOCK C H, EL SAADANY A M A. Supply chain coordination with emissions reduction incentives[J]. International Journal of Production Research, 2013, 51(1): 69-82.

[120] JENA S K, SARMAH S P. Price competition and co-operation in a duopoly closed-loop supply chain[J]. International Journal of Production Economics, 2014, 156: 346-360.

[121] JI J, ZHANG Z, YANG L. Carbon emission reduction decisions in the retail-/dual-channel supply chain with consumers' preference[J]. Journal of Cleaner Production, 2017, 141: 852-867.

[122] JIANG W, CHEN X. Optimal strategies for manufacturer with strategic customer behavior under carbon emissions-sensitive random demand[J]. Industrial Management & Data Systems, 2016,

116(4): 759-776.

[123] JIN M, ZHANG X, XIONG Y, et al. Implications of green optimism upon sustainable supply chain management[J]. European Journal of Operational Research, 2021, 295(1): 131-139.

[124] JÜTTNER U. Supply chain risk management: Understanding the business requirements from a practitioner perspective[J]. The International Journal of Logistics Management, 2005, 16(1): 120-141.

[125] VAN DER HEIJDEN K. Scenarios: The Art of Strategic Conversation[M]. New York: John Wiley &Sons Ltd, 1996.

[126] KSHETRI N. Blockchain and sustainable supply chain management in developing countries[J]. International Journal of Information Management, 2021, 60: 102376.

[127] KUMAR S, YAMAOKA T. Closed loop supply chains–A study of US and Japanese car industries[J]. Human Systems Management, 2006, 25(1): 51-70.

[128] LIU Y, XIAO T. Pricing and collection rate decisions and reverse channel choice in a socially responsible supply chain with green consumers[J]. IEEE Transactions on Engineering Management, 2020, 67(2): 483-495.

[129] LIU Z L, ANDERSON T D, CRUZ J M. Consumer environmental awareness and competition in two-stage supply chains[J]. European Journal of Operational Research, 2012, 218(3): 602-613.

[130] LUKAS E, WELLING A. Timing and eco(nomic) efficiency of climate-friendly investments in supply chains[J]. European Journal of Operational Research, 2014, 233(2): 448-457.

[131] MA P, LI K W, WANG Z J. Pricing decisions in closed-loop supply chains with marketing effort and fairness concerns[J]. International Journal of Production Research, 2017, 55(22): 6710-6731.

[132] MA Z J, ZHANG N, DAI Y, et al. Managing channel profits of different cooperative models in closed-loop supply chains[J]. Omega, 2016, 59: 251-262.

[133] MARTÍ J M C, TANCREZ J S, SEIFERT R W. Carbon footprint and responsiveness trade-offs in supply chain network design[J]. International Journal of Production Economics, 2015, 166: 129-142.

[134] MIAO Z, FU K, XIA Z, et al. Models for closed-loop supply chain with trade-ins[J]. Omega, 2017, 66: 308-326.

[135] MITRA S. Models to explore remanufacturing as a competitive strategy under duopoly[J]. Omega, 2016, 59: 215-227.

[136] MOGHADDAS Z, TOSARKANI B M, YOUSEFI S. A Developed Data Envelopment Analysis Model for Efficient Sustainable Supply Chain Network Design[J]. Sustainability, 2021, 14(1): 262-285.

[137] PAGELL M, WU Z. Building a more complete theory of sustainable supply chain management using case studies of 10 exemplars[J]. Journal of Supply Chain Management, 2009, 45(2): 37-56.

[138] PANDA S, MODAK N M, Cárdenas-Barrón L E. Coordinating a socially responsible closed-loop supply chain with product recycling[J]. International Journal of Production Economics, 2017, 188: 11-21.

[139] QI Q, WANG J, BAI Q. Pricing decision of a two-echelon supply chain with one supplier and two retailers under a carbon cap regulation[J]. Journal of Cleaner Production, 2017, 151: 286-302.

[140] SAVASKAN R C, BHATTACHARYA S, VAN WASSENHOVE L N. Closed-loop supply chain models with product remanufacturing[J]. Management Science, 2004, 50(2): 239-252.

[141] SAVASKAN R C, VAN WASSENHOVE L N. Reverse channel design: the case of competing retailers[J]. Management Science, 2006, 52(1): 1-14.

[142] SABATH R E, FONTANELLA J. The unfulfilled promise of supply chain collaboration[J]. Supply Chain Management Review, 2002, 6(4): 24-29.

[143] SAHA S, SARMAH S P, MOON I. Dual channel closed-loop supply chain coordination with a reward-driven remanufacturing policy[J]. International Journal of Production Research, 2016, 54(5): 1503-1517.

[144] SAVASKAN R C, BHATTACHARYA S, VAN WASSENHOVE L N. Closed-loop supply chain models with product remanufacturing[J]. Management Science, 2004, 50(2): 239-252.

[145] SEURING S, MULLER M. From a literature review to a conceptual framework for sustainable supply chain management[J]. Journal of Cleaner Production, 2008, 16(15): 1699-1710.

[146] SEURING S A. Assessing the rigor of case study research in supply chain management[J]. Supply Chain Management: An International Journal, 2008, 13(2): 128-137.

[147] SHEU J B. Bargaining framework for competitive green supply chains under governmental financial intervention[J]. Transportation Research Part E: Logistics and Transportation Review, 2011, 47(5): 573-592.

[148] STEERMANN H. A practical look at CPFR: the Sears-Michelin experience[J]. Supply Chain Management Review, 2003, 7(4): 46-53.

[149] SOUZA G C. Closed-loop supply chains: A critical review, and future research[J]. Decision Sciences, 2013, 44(1): 7-38.

[150] TALEIZADEH A A, MOSHTAGH M S. A consignment stock scheme for closed loop supply chain with imperfect manufacturing processes, lost sales, and quality dependent return: Multi Levels Structure[J]. International Journal of Production Economics, 2019, 217: 298-316.

[151] TAO Z G, GUANG Z Y, HAO S, et al. Multi-period closed-loop supply chain network equilibrium with carbon emission constraints[J]. Resources, Conservation and Recycling, 2015, 104: 354-365.

[152] TOPTAL A, CETINKAYA B. How supply chain coordination affects the environment: A carbon footprint perspective[J]. Annals of Operations Research, 2017, 250(2): 487-519.

[153] TSENG S C, HUNG S W. A strategic decision-making model considering the social costs of carbon dioxide emissions for sustainable supply chain management[J]. Journal of Environmental Management, 2014, 133: 315-322.

[154] WANG N, HE Q, JIANG B. Hybrid closed-loop supply chains with competition in recycling and product markets[J]. International Journal of Production Economics, 2019, 217: 246-258.

[155] WANG W, ZHANG Y, ZHANG K, et al. Reward-penalty mechanism for closed-loop supply chains under responsibility-sharing and different power structures[J]. International Journal of Production Economics, 2015, 170: 178-190.

[156] WEI J, GOVINDAN K, LI Y, et al. Pricing and collecting decisions in a closed-loop supply chain with symmetric and asymmetric information[J]. Computers & Operations Research, 2015, 54: 257-265.

[157] WOLF J. Sustainable supply chain management integration: a qualitative analysis of the German manufacturing industry[J]. Journal of Business Ethics, 2011, 102(2): 221-235.

[158] WU C H. Price and service competition between new and remanufactured products in a two-echelon supply chain[J]. International Journal of Production Economics, 2012, 140(1): 496-507.

[159] WU C H, KAO Y J. Cooperation regarding technology development in a closed-loop supply chain[J]. European Journal of Operational Research, 2018, 267(2): 523-539.

[160] XIE J P, LIANG L, LIU L H, et al. Coordination contracts of dual-channel with cooperation advertising in closed-loop supply chains[J]. International Journal of Production Economics, 2017, 183: 528-538.

[161] XIONG Y, ZHOU Y, LI G, et al. Don't forget your supplier when remanufacturing[J]. European Journal of Operational Research, 2013, 230(1): 15-25.

[162] WU X, ZHOU Y. The optimal reverse channel choice under supply chain competition[J]. European Journal of Operational Research, 2017, 259(1): 63-66.

[163] XU J, CHEN Y, BAI Q. A two-echelon sustainable supply chain coordination under cap-and-trade regulation[J]. Journal of Cleaner Production, 2016, 135: 42-56.

[164] XU L, LI Y, GOVINDAN K, et al. Consumer returns policies with endogenous deadline and supply chain coordination[J]. European Journal of Operational Research, 2015, 242(1): 88-99.

[165] YANG L, ZHENG C, XU M. Comparisons of low carbon policies in supply chain coordination[J]. Journal of Systems Science and Systems Engineering, 2014, 23(3): 342-361.

[166] YANG L, CHEN Y, JI J. Cooperation modes of operations and financing in a low-carbon supply chain[J]. Sustainability, 2018, 10(3): 821.

[167] YANG L, ZHANG Q, JI J. Pricing and carbon emission reduction decisions in supply chains with vertical and horizontal cooperation[J]. International Journal of Production Economics, 2017, 191: 286-297.

[168] YOO S H, KIM D S, PARK M S. Pricing and return policy under various supply contracts in a closed-loop supply chain[J]. International Journal of Production Research, 2015, 53(1): 106-126.

[169] ZAKERI A, DEHGHANIAN F, FAHIMNIA B, et al. Carbon pricing versus emissions trading: A supply chain planning perspective[J]. International Journal of Production Economics, 2015, 164: 197-205.

[170] ZHANG J, ZHANG X, LIU W, et al. Critical success factors of blockchain technology to implement the sustainable supply chain using an extended decision-making approach[J]. Technological Forecasting and Social Change, 2022, 182: 121881.

[171] ZHAO J, WEI J, SUN X. Coordination of fuzzy closed-loop supply chain with price dependent demand under symmetric and asymmetric information conditions[J]. Annals of Operations Research, 2017, 257(1): 469-489.

[172] ZHOU W, ZHENG Y, HUANG W. Competitive advantage of qualified WEEE recyclers through EPR legislation[J]. European Journal of Operational Research, 2017, 257(2): 641-655.

[173] ZHAO S, ZHU Q. Remanufacturing supply chain coordination under the stochastic remanufacturability rate and the random demand[J]. Annals of Operations Research, 2017, 257(1): 661-695.

[174] ZHOU Y, BAO M, CHEN X, et al. Co-op advertising and emission reduction cost sharing contracts and coordination in low-carbon supply chain based on fairness concerns[J]. Journal of Cleaner Production, 2016, 133: 402-413.

[175] ZHOU K, LI Y. Carbon finance and carbon market in China: Progress and challenges[J]. Journal of Cleaner Production, 2019, 214: 536-549.

教师服务

感谢您选用清华大学出版社的教材！为了更好地服务教学，我们为授课教师提供本书的教学辅助资源，以及本学科重点教材信息。请您扫码获取。

❯❯ 教辅获取

本书教辅资源，授课教师扫码获取

❯❯ 样书赠送

物流与供应链管理类重点教材，教师扫码获取样书

清华大学出版社

E-mail: tupfuwu@163.com
电话: 010-83470332 / 83470142
地址: 北京市海淀区双清路学研大厦 B 座 509

网址: https://www.tup.com.cn/
传真: 8610-83470107
邮编: 100084